社会学视野下的法社会学研究

张洪涛 夏杰——著

广西大学哲学社会科学文库

法律出版社 LAW PRESS · CHINA
北京

图书在版编目(CIP)数据

社会学视野下的法社会学研究 / 张洪涛, 夏杰著
. -- 北京 : 法律出版社, 2023
ISBN 978 - 7 - 5197 - 7946 - 7

Ⅰ. ①社… Ⅱ. ①张… ②夏… Ⅲ. ①法律社会学 - 研究 Ⅳ. ①D902

中国国家版本馆 CIP 数据核字(2023)第 087990 号

社会学视野下的法社会学研究
SHEHUIXUE SHIYE XIA DE FASHEHUIXUE YANJIU

张洪涛
夏　杰　著

策划编辑 周丽君　张　颖
责任编辑 周丽君　张　颖
装帧设计 汪奇峰　贾丹丹

出版发行 法律出版社
编辑统筹 法律应用出版分社
责任校对 晁明慧　王　皓
责任印制 刘晓伟
经　　销 新华书店

开本 A5
印张 9.75　**字数** 277 千
版本 2023 年 6 月第 1 版
印次 2023 年 6 月第 1 次印刷
印刷 北京建宏印刷有限公司

地址:北京市丰台区莲花池西里 7 号(100073)
网址:www.lawpress.com.cn
投稿邮箱:info@lawpress.com.cn
举报盗版邮箱:jbwq@lawpress.com.cn

销售电话:010 - 83938349
客服电话:010 - 83938350
咨询电话:010 - 63939796

书号:ISBN 978 - 7 - 5197 - 7946 - 7
定价:52.00 元

凡购买本社图书,如有印装错误,我社负责退换。电话:010 - 83938349

目录

第三编　法对社会的影响

引论：为何强调社会学视野？

目前命名为“法社会学”的教材或专著较多，其共同之处在于其一元性，即只具有法学性而缺乏其社会学性。为了弥补中国法社会学的不足，本书特别强调了法社会学的二元性，即不只是具有法学性更应该具有其社会学性，尤其强调了法社会学的社会学性和社会学视野。这就是本书强调社会学视野的原因，也是本书与目前其他法社会学教材或者专著的最大区别。本引论从以下三个方面展开：首先，考察了法社会学的二元性，简单勾勒了其法学渊源和社会学渊源；其次，从知识结构背景和方法论两个视角，考察了当代中国法社会学的一元性，即只有法学性而缺乏社会学性；最后，阐述了本书社会学视野中的法社会学的研究对象及其内容体系和学科地位。

一、法社会学的二元性

（一）法社会学的产生

把法看作一种社会现象并从社会学的角度进行研究，并不是法社会学的首创。例如自然法学派的孟德斯鸠、历史法学派的萨维尼和梅因、功利主义学派的边沁等人，都曾这样做过。但他们在对法与社会的互动关系的研究中，是以自然法、民族精神、神秘的理性、人性或功利主义哲学为理论基础的，运用的是哲学的逻辑思辨方法或历史的方法，而不是运用社会学的理论和方法。运用社会学的理论和方法作为研究法律现象的基础和工具，则是在社会学创立之后（19 世纪末 20 世纪初）的事情。

法社会学产生于 19 世纪末 20 世纪初有其深刻的社会历史背景。首先，经济上，19 世纪以来，西方各主要的资本主义国家先后由自由竞争发展到垄断阶段，各种社会矛盾趋向激化，旧的利益结构急剧变动，新的利益格局正在重组。其次，政治上，各主要的资本主义国家出现了大规模的劳工运动，国家不得不关注以往与国家不相干的劳动、福利、教育、经济等方面的问题，并提出一系列的社会福利政策。再次，法律上，与政治、经济变迁相适应，资本主义政治统治由国家不干预主义转变为国家积极而广泛地干预经济和社会生活，并运用政治和法律的手段进行调节，出现了“法律的社会化”运动。最后，理论上，创立于 19 世纪上半叶的社会学作为一个独立的学科，在 19 世纪末 20 世纪初已形成了自己的基本理论体系和方法论，为法社会学的产生提供了理论前提。例如，狄骥在杜尔克姆“社会分工论”的基础上形成了社会连带主义法学理论，孔德的实证主义哲学和社会学理论为社会法学提供理论来源。正是上述实践需要和理论前提，推动了法社会学的产生。

（二）法社会学的发展阶段与主要流派

1. 发展阶段

人们虽然对法社会学的定位和含义理解不同，对其发展阶段有不同的看法，但共同之处是把法社会学定位在法理学的一个流派上，而不是定位在一个独立的学科上，因此阻碍了人们对法社会学的发展阶段的划分。一个新兴学科的出现，都是其研究视角的转换和研究手段更新的结果，现代科学的发展都证明了这一点。一个学科成熟的标志除了其理论体系，还要有相应的研究方法或手段。法社会学由法理学的一个流派发展成一个独立的学科，也遵循这一规律。因此，把法社会学定位在一个学科上，其发展经历了两个阶段。

第一个阶段是法学流派阶段（20世纪初至第二次世界大战前）。这个阶段的西方法社会学主要是对法社会学的研究对象、其存在的根据、与其他法学流派的关系及其基本理论勾勒出一个大致的轮廓，如庞德提出了法社会学研究的范围和纲领，杜尔克姆和韦伯提出了法律是怎样随社会的发展而进化的模式。至于对具体法律行为的社会学的实证研究，除美国现实主义法学对法官的行为的研究外，还没有其他法学流派深入而细致地开展过此类研究。这个阶段法社会学的理论基本上处于假设阶段，只是根据法社会学家对变化着的社会大环境的"领悟""感应"和对现有的概念法学的不满而进行哲学的演绎和逻辑推理，缺乏进行实证的经验研究，更谈不上进行量化的研究，主要代表人物是韦伯、庞德等。

第二个阶段是学科独立化阶段（第二次世界大战后至今）。这是法社会学"智力自主和成熟（塞尔兹尼克语）"时期，其标志是随着社会学理论和方法论的日益成熟，特别是具体社会学方法论的发展，法社会学家们已经学会了怎样用经验材料论证法社会学的基本理论构想，开始将初创时期及其后来提出的各种不同的法社会学在经验研究的层次上具体化。这个阶段，他们不仅对法社会学进行具体应用研究，而且注意运用社会学的理论对其理论进行从宏观到微观构想，如布莱克的"纯粹法社会学"理论。不仅如此，无论是具体的应用研究还是理论研究，法社会学家更醉心于用在实践上可以检验的经验材料来论证其理论的正确性。正是在这个意义上，法社会学才由法理学的一个流派发展成了一个独立的学科；正是在这个意义上，没有经验的、实证的研究就没有法社会学，就不可能使法社会学脱离哲学的巢穴，或仍然停留在社会哲学的一般概括水平上。其主要代表人物是塞尔兹尼克、布莱克等。

2. 主要流派

就研究的传统、渊源而言，法社会学可分为社会法学派和法社会学派，前者来源于法学传统，后者来源于社会学传统。

在社会法学内部，就地域或思想渊源而言，可划分为欧洲大陆的社会法学和英美的社会法学。欧洲大陆的社会法学包括自由法学和利益法学、社会连带主义法学、北欧的心理法学和现实主义法学等。英美的社会法学主要集中在美国,包括庞德的社会法学和以霍姆斯、卡多佐等为代表的现实主义法学。欧洲大陆的社会法学受欧洲传统的理性主义的影响,而英美的社会法学则受经验主义特别是美国实用主义的影响。从广义上讲,当代西方法学特别是美国法学中出现的批判法律研究运动、经济分析法学、法律与发展运动、女权主义法学等,都属于社会法学这个范畴。

在法社会学内部,依据研究者赖以建立的社会学理论不同,分为法人类学(习惯理论)、结构功能主义法学和冲突论法学。法人类学以英国的马林诺夫斯基,美国的霍贝尔、鲍哈纳、古鲁克曼等人类学家为代表,着重研究未开化民族解决争端的方法、法律的形成和进化。其基本观点为:法律的基础是习惯,法律不能改变习惯,法律是习惯的再制度化;反对西方中心论,认为未开化民族的习惯实际上起着与文明社会的法律一样的作用。结构功能主义法学建立在杜尔克姆和韦伯的法社会学基础之上,在20世纪五六十年代曾经是西方社会占主导地位的理论,以帕森斯、莫顿、梅林等社会学家为代表。其基本观点为:法律制度及其发展根源于社会结构,不同社会法律制度之间的差别在于它们赖以存在的社会结构的不同;社会具有一种平衡、稳定的基本倾向,社会变革除非缓慢地发生,否则会带来破坏性的影响,因此社会统一体的存在和运作,必须同化和减少社会冲突所带来的结构威胁,法律制度在其中起着稳定作用。冲突论法学建立在密尔斯、科塞尔等人提出的冲突理论社会学的基础之上,20世纪70年代以来流行于欧、美,主要代表人物包括萨姆纳、图尔克等。它与美国的批判法律研究运动、英国及欧洲大陆的新马克思主义法学以及依附理论法学等一起构成了较激进的西方左翼法学流派。这种观点以批判西方法律传统的法律观,尤以具有保守色彩的结构功能主义法学而著称。他们认为,社会和法律都不是建立在"共识"的基础之上,而是建立在冲突的基础上,平衡不是社会的正常状态,冲突、斗争才是正常的;社会是统治阶级依靠暴力、依靠意识形态的"霸权"维持的;法根源于社会冲突,法的历史就是统治阶级追求对权利的巩固和控制的历史,因此它往往集中在对由法律制度所巩固和发展的社会不平等问题的研究上。

(三)法社会学的二元性

1. 法社会学的基本特征

所谓法律社会学(广义的)的二元性(dual origins of its intellectual genesis)[1],是指法律社会学在渊源上,既具有法学知识的传统又具有社会学的特征;既是法学学者不满于传统法学的法律形式主义而形成一个新的法学流派并发展的结果,又是社会学学者有感于法律专业者对法律狭隘地、教条地、抱残守缺地理解而积极参与对法律的研究所致。欧洲大陆的"法律社会学"与英美的"法律与社会",不仅是叫法的不同,也代表了法律社会学研究中的两股不同的思潮或研究风格。

"法律社会学"带有社会学考察与探索的色彩,受到社会学复杂而隐晦的理论传统的影响,它带有玄妙、思辨的想法,庞杂但又丰富的理论,各种不同的方法、途径和观点。认为"法律与社会"的研究缺乏理论支撑,只是想通过现存法律秩序来推动社会改造工程,而不大存心要对现存社会秩序有所批判。总之,它强调对法律的考察需要社会学传统的知识源泉,强调在社会学理论的基础上对"法律社会学"理论的重构,而较少顾及法律知识的一致性和法律实践的需要,否则法律的探索会面临窄门甚至死巷,其观点要大打折扣,要受相当局限。

"法律与社会"的研究则批评"法律社会学"的学者只是抽象的理论家,只懂玄思、思辨,脱离社会现实。注重研究法律实际的运作以及对民众影响的研究,一般不会挑战专业法律人员有关法律的理念、知识和学说。这一学术运动所使用的"法律的"概念至今仍是法律专业者所界定的、所承认的法律制度和法律实践。它并没有要排挤掉或排除掉专业者的法律概念。有异于"法律与社会"的研究运动,"法律社会学"则有意经营一个"法律社会学"的帝国,因为社会学就是存心把社会中的各个部门,

---

〔1〕 See Alan Hunt, *The Sociological Movement in Law*, London: the Macmillan Press Ltd., 1978, p. 1 – 10.

无论是政治的、法律的,还是经济的、文化的,都整合或服从于一个庞大的社会学理论体系之中。要之,“法律与社会”的研究主张理论的折中和涵盖,方法上的随和与宽容;它所关注的是辅助专业司法人员,使立法者、司法者、法律学者及一般市民都能理解其取向的法律概念;其核心议题是法律学说、法律制度、法律实践同社会之间的互动关系,这些学说、制度和实践正是立法者和司法者企图要建立的与社会环境之间的关系;其价值取向是实践的,这与英美法系的判例法传统是一脉相承的。

尽管如此,对法律的社会功能、社会起源和社会效果的研究,“法律与社会”的研究也表现出一定程度的热情,也达到了非常精致的程度,以致“法律与社会”研究逐渐地揭发了正统与教条的法律观念之不足,批评了法律专业人员有关法律的性质、范围、效果和功能等应然假设之不当。例如,美国现实主义法学的主要人物格雷认为,“法律是由指导法院制定判决的各种规则所组成的;所有这些规则都是法律,但法院不适用的规则都不是法律;法官与其说是法律的发现者,不如说是法律的创造者”。〔1〕 而霍姆斯也有类似的看法:“法律是对法院实际上将作什么的预言”。〔2〕 因此,他们都认为法不只是像正统的形式主义法学所认为的那样只是指“书本上的法”,还包括“行动中的法”;甚至认为“只要能在社会生活中真正起作用的能建立秩序的东西都可以称为法律”,“无论是现在或者是在其他的任何时候,法律发展的重心不在立法,不在法学,也不在司法判决,而在社会本身”。〔3〕 “法律发展的生命不是逻辑,而是经验”。〔4〕 另外,“法律与社会”的研究尤其是美国的“法律与社会”的研究,在近半个世纪的经验研究的基础上,注重其理论的提炼和上升,并逐渐发展出自己的宏观理论来配合其经验研究,以弥补自己理论上相对于“法律社会学”而言的

---

〔1〕 刘全德主编:《西方法律思想史》,中国政法大学出版社1996年版,第218页。

〔2〕 Holmes Oliver Wendell, *The Path of the Law*, 10 Harvard Law Review 458(1897).

〔3〕 Ehrlich Eugen, *Fundamental Principles of the Sociology of Law*, New York: Arno Press, 1974, p. 1.

〔4〕 Holmes Oliver Wendell, *Common Law*, London: Oxford University Press, 1963, p. 5.

不足。例如，美国当代著名的法社会学家布莱克运用实证研究的方法，探讨了法律与社会之间的互动关系，而且根据社会学的理论将法律与社会之间的互动关系分为“社会分工与法、社会分层与法、社会控制与法、社会组织与法、社会文化与法”等由社会构成的宏观方面加以探讨，[1]并力图将这种宏观的“法律社会学”理论运用于微观的“法律社会学”理论——“案例社会学”[2]之中，使其理论既具有“法律与社会”研究注重实证和实践的色彩，又具有“法律社会学”研究注重社会学理论建构的特征。可见，起初两股泾渭分明的法律社会学研究思潮，现在有一种相互靠拢、泾渭不分的趋势，从而使法律社会学在总体上表现出二元性的特征——法学知识的传统和社会学知识的传统。

法律社会学是人们不满于法律形式主义的“法实质上是一系列规则、司法判决是将规则合乎逻辑地适用于证据而得出的结果”的观念而出现的一种反传统的法学思潮。因此，相对于正统的概念分析法学而言，它具有以下特点：反对传统的法律形式主义，主张法律多元主义；反对纯逻辑的推理，主张进行多元的尤其是强调经验式的理解；反对只研究书本上的“死法”，而更加强调对生活中起着与法律同样的作用——建立社会秩序——的“活法”和“非国家法”的研究；反对只对法律进行单一的封闭式的研究，主张从多维度对法律进行开放式的透视；不仅要研究法律规则的制定、逻辑结构及其体系，而且要研究法律规则的社会基础和法律规则制定以后的实施、法律效果及其社会效果；法律社会学理论的宏观性及其与社会学理论的沟通，法律社会学经验性研究的发达；等等。法律社会学的这些特征归结到一点都是由法律社会学的二元性特征所决定的：有的是由它分解展开而来；有的是由它引申推导而来；还有的是由它们两者结合而成。例如，对法律现象进行经验性、事实实证性[3]甚至定量化的研

---

[1] Black Donald, *The Behavior of Law*, New York: Academic Press, 1976.

[2] Black Donald, *Sociological Justice*, New York: Oxford University Press, 1989.

[3] 分析法学也是实证研究，但它是规则实证研究，而法律社会学是事实实证的研究。

究，是以往的法学理论不可能进行的，因为它主要是以哲学及其逻辑思辨的研究方法作为它的理论基础和研究方法的，不可能对法律现象进行经验性定量化的研究。而只有社会学家参与了法律的研究并将社会学的理论及其经验性的实证的定量化的研究方法运用于自己对法律现象的研究活动，才能对其进行经验性的事实实证性的定量化的研究，并在大量经验性研究的基础上进行理论的提炼，使其理论具有社会学理论宏大而纷繁复杂的面貌；只有当法学家突破了原有的理论基础和研究方法并将社会学理论及其实证研究手段运用于自己的法律研究活动，才能在保持法学的基本框架和基本范畴不变的前提下，拓展法学研究的新领域——法律规则制定前的社会基础和法律规则制定后的法律效果甚至社会效果，并对其进行经验性的事实实证性的定量化的研究。

因此，法律社会学的二元性是法律社会学最基本的特征，可以很好地反映法律社会学历史发展的总体概貌，也是它区别于以往传统法学如自然法学和分析法学的最集中体现。同时，这也是它有异于一般社会学理论的地方，因为它虽然是对传统法学的反叛，或者是对传统法学一套基本范畴进行了局部修正，但最终还是基本保留了传统法学的一套基本范畴系统。而社会学理论虽然十分发达，但在总体上至今还是缺乏法学那样的一套系统而非常规范的基本范畴。

2. 法学渊源勾勒

法律社会学的一个主要渊源是法学。一些法学学者不满于正统的概念法学尤其是"纯粹分析法学"把法仅看作一个封闭而自足的、固定的规则体系的观点；不满于法律制定后法律实施的效果欠佳、法律与现实社会的脱节；尤其是判例法国家的法律学者认为法律规则对法律判决的影响非常有限，质疑法律规则对法律判决的形成没有形式主义法学所认为的那么大的影响力。[1] 因此，学者们对正统地分析法学的法即规则的观念提出了挑战，开始从法律以外的方面即法律的社会环境来研究法律，形成

〔1〕 最为突出的是美国现实主义法学家 Frank 的"法律的消化理论"。

了以庞德为代表的社会学法学、以霍姆斯为代表的现实主义法学以及后来的批判性法律研究等学术流派或运动。当然,这种从社会环境方面来研究法律现象的思想在古典自然法时期就已经存在,其中孟德斯鸠的《论法的精神》和梅因的《古代法》就是这方面的代表。

(1)孟德斯鸠的法律受各种社会环境和自然环境影响的思想

孟德斯鸠虽然是古典自然法派的主要代表人物,但他对自然法的自然状态的基本假设也提出了挑战,认为法是特殊人民的文化的集中体现,是社会中的各种因素(如风俗习惯、地理环境、气候、自然环境等)综合作用而形成的结果,因此法律只能放在具体的社会环境中才能很好地理解。他进一步认为法律是相对的,抽象地谈论法律的好坏是没有任何意义的,每一种法与它所依存的文化背景、社会前见和社会环境有紧密的联系,如果一种法律能很好地契合于这些因素,它就是好的法律;反之,则是不好的法律。当然,孟氏的衡量法律好坏的标准就是他的权力分立的政治理论。与之相符则是好的法律;反之,则是不好的法律。由于孟氏提出了法律在时空上的相对性理论,他强调了法律的具体性和经验主义,因此他总体上尤其是在拓展法学发展新领域上可以被称为现代法律社会学的奠基者。

(2)梅因的法律与社会同时进化的理论

梅因的法律与社会同时进化的思想,集中体现在他的著作《古代法》之中。在该书中,梅因运用历史比较的方法,以达尔文的进化论作为理论基础来论述他的法律的社会史的演变发展的过程。他认为社会的变迁是从重视身份地位的社会转变为重视契约的社会。而社会的进化牵涉到立基于家庭关系的社会地位所衍生的个人权利与义务,变为立基于契约和个人意志所衍生的权利与义务。例如,古代社会尤其是古罗马社会并非由个人组织而成,而是以长老为主的众多家庭的汇集。长老或家长拥有管理家庭绝对的权利,可以决定家庭成员的社会地位。在这种社会中,个人没有自己的意志和权利,社会生活的基本单位是家庭或组织而不是个人,每个个人陷入一个家庭和群体的关系网络之中,其法律关系决定于他的出生和世袭阶层。随着社会发展到文明社会，这种状况逐渐被立基于契约之上的社会制度所取代。在文明社会中，立基于自己后天取得的社会地位之上，独立、自由、有自我决定权的个人开始出现，个人成了社会生活的基本单位。这种对个人后天取得的成就和自愿的契约关系的强调，为一种通过立法法律与社会和谐发展得更加成熟的法律制度的出现创造了条件。这种发展变化可以从古罗马的财产法的发展变化看出来。最初古罗马的儿孙们是没有财产权的，他们所取得的财产是属于家长所有的。随着古罗马帝国的发展，涉及私人财产的法律逐渐发生变化：首先剥夺长老的财产权并转移到个别子女身上，然后引进部分所有权概念即一家之主取得其子女的财产以不伤害该财产为前提，最后明订法条宣示一旦家长逝世他取自子女的财产可被充公。总之，在文明社会，法律关系不是由先天的出身而是由其自愿达成的契约所决定。在进行历史比较研究后，梅因总结认为，"所有进步社会的运动到此为止是一种从身份到契约的运动"〔1〕。

(3)霍姆斯的现实主义法学理论

霍姆斯是美国现实主义法学的创始人。他的法律思想集中体现在《普通法》和《法律的道路》中。他认为，法官的责任是在司法程序中系统地阐述法律的含义，而不是只在法律书籍中寻找法律的含义。他在作出决定的时候必须作出选择，必须决定适用哪个规则，哪一方将获胜。根据法律现实主义的观点，法官在求助于正式法律先例之前，其判决的作出取决于他的正义观念。像这样的先例可以找到或被发展来支持几乎所有的法律判决。真正的法律判决是建立在法官的正义的观念上，部分是以法官的价值观、个人的背景、特殊偏爱等为条件，然后将其正当化并写成书面的法律意见。

霍姆斯特别强调，解决法律问题中使用演绎逻辑推理的局限性，认为法律的生命在于经验而不是逻辑，只有获得了有关法律历史发展的、社会

〔1〕［英］梅因：《古代法》，沈景一译，商务印书馆1959年版，第97页。

和经济等方面的知识的法官和律师，才能胜任其职责，恰当地完成其任务。

霍姆斯认为，在法律的成长过程中，历史的、社会的力量起到了很大的作用，尤其是民族的观念的力量影响更大。法律主要代表社会中处于统治地位的利益集团的意志，并受到这种历史和社会力量的支持。同时，他承认，尽管道德准则能够影响法律规则的初始系统阐述，但主张要将法律的道德性与社会中变化的权力集团的利益兴趣和价值取向区别开来。正如伯纳德·施瓦茨(Bernard Schwartz)所说："霍姆斯是在达尔文和斯宾塞的社会进化论的基础上所形成的一代学者的代表，他从来没能超出达尔文主义的理论视野之外。"[1]

在《法律的道路》中，霍姆斯提出了一些基本的看法："所谓法律的责任只是预测，预测某个人由法院判决他将会做某事或免除做某事。"[2]他认为，一种对法律研究比较实用的途径是必须从"坏人"的观点来理解法律。这样的人从不关心基本的道德现象和抽象的法律学说，重要的是法院实际上可能做什么。任何关于法律绝对确定的看法肯定是一种幻想。

(4)庞德的社会学法学理论

庞德在批评历史上各法学流派关于法的概念的观点的基础上，提出了自己对法的概念的看法。他认为，自公元前6世纪以来，法有三种意义：法律秩序，权威性资料、根据或指示，司法、行政过程。例如，就19世纪几个学派而言，分析法学派所讲的法律，主要是指权威性律令中的立法因素；历史法学派了解社会控制的连续性，但看不到它的分化，因而也就看不到一种高度专门化的社会控制，即法学家所讲的法律；哲理法学派仅仅注意法律中的理想成分。这三派都看不到法律中的司法和行政过程的意义。而20世纪的现实主义法学派却把法律的这一意义当作它的全部

---

〔1〕 Bernard Schwartz, *The Law in America: A History*, New York: McGraw-Hill, 1974, p. 151.

〔2〕 Holmes Oliver Wendell, *The Path of the Law*, 10 Harvard Law Review 458(1897).

意义。由于历史上各法学流派强调它们之间的区别,因此这种多元的法律在历史上只是孤立地甚至对立地存在。而庞德强调对它们的整合,认为法律是一种制度,它是依照在司法和行政过程中运用权威性律令来实施的、高度专门形式的社会控制。

庞德认为,法律的形式主义为崇尚科学的法律思想,自然有其贡献,使法律合乎逻辑、准确、具有预测性等。但"法律并非为科学而呈现科学性。当作达成目的的手段,它必须从其获致的结果来加以评判,而不是靠它内在结构的美好来加以评判。它必须以达致目的的程度而被评价,而非其逻辑过程的优美,或从教条演绎成规则的严谨而被评价"〔1〕。法律形式主义过分强调法律的科学性质,会把立法与司法裁判转变为抽象与人为的契约。此外,司法人员崇尚科学对真理的追求,会导致忽视法律所追求的目的——满足社会需要、需求和利益。再者法律形式主义对字斟句酌的法条的遵守使法律更无法适应变迁中的社会情境。其结果是法律变成静态的条文,丧失它处理与应对日常生活的功能。因此,庞德敦促法律职业者抛弃法律形式主义的技术性操作,而接受更现实的和以行动为取向的"目的法理学",要使法条符合案情,而非案情纳入法条的公式中。

为了说明法律如何实现其目的、如何与时俱进,庞德提出了法律社会利益说。他的社会利益理论成为其社会学法理学的核心,绝非夸张的说法。他将人群的利益分为个人的利益、公共的利益和社会的利益。这里暂且不谈个人利益和公共利益,因为前者与法律关联不大,后者可视为社会利益的一部分。庞德认为,社会利益是指人群集体追求的为社会所承认且靠法律来加以保护的主要的主张需要、意欲和期待。由于受到法律的保护,这些需要、意欲和期待之类的利益可以转化成法律上的权利。权利就是受到法律保护的社会利益。他将社会利益分为涉及社会安全的社会利益、涉及社会制度稳定的社会利益、涉及普遍道德的社会利益、保存社会资源的社会利益、普遍发展的社会利益、个人生活有关的社会利益。

---

〔1〕 Pound Roscoe, *Mechanical Jurisprudence*, 8 Columbia Law Review 605 (1908).

人们在考虑上述社会利益时,应当不时反省或自问:一个法条或一宗法案在实践中如何运作?法律在探讨社会利益时能够带来何种实际益处、实际功用?此外,庞德认为,法律从业者要依靠社会学,采取实证的考察方法去确定人群在某一时间内事实上的主张和要求,即社会学可以帮助人们认清社会利益,维持一个"文明化"的社会。通过庞德社会学法理学的鼓吹,他成功地指引与他同代的法律界注意到法律的研读的实际关怀面,也让他们注意到法律与社会的关联。在这方面,他的贡献与霍姆斯一样,他被尊称为美国法律中社会学运动的先驱。

(5)批判性法律研究运动

批判性法律研究是一种充满生气和活力的、颇具争议的持续性的法学运动,它们正在进行有关社会中法律、法律教育和律师的作用等法学问题的争论。该学术运动开始于20世纪60年代晚期耶鲁大学法学院的一群高级职员和学生,从此以后他们又将这个学术运动转移到其他地方。1977年,这群人又组织成立了批判性法律研究理事会,该组织有成员400多人,每年举行一次学术研讨会,吸引了1000多人参加。

该学术运动一直受到欧洲激进的马克思主义理论的影响,它的根源可以追溯到美国的现实主义法学。20世纪二三十年代的现实主义法学反对19世纪法学法律规则至上的观念,认为实际上不存在法律规则至上的情形,法官可以凭借法律随意作出司法判决,这是不可避免的,因为一个好的律师能够说服一个案件的任何一方。因此他们认为,案件判决的结果大部分(如果不是全部的话)取决于审判法官对案件的预测。可见,法律作为科学还相距甚远,它实际上与政治、经济和文化密不可分,反对法律处于政治和经济之上的观念。

该学术运动的代表人物都反对通过法律推理可以将法律问题分辨清楚的观念,而认为不管是作何种形式的法律分析,法律推理不能离开律师或法官的个人偏见或他们生活的社会环境而进行,而且法律本身是充满矛盾的以致让法官可以根据案件的具体情况来作出判决。由于法律不能涵盖所有的情形,因此不明确性可以称为法律的基本属性。由于法律内部包含着各种各样的冲突和不一致的地方，法律判决就不能按照他们所宣称的法律推理的方式独自完成，不可避免地受到正式法律以外的因素如政治的影响。

该学术运动的学者也否认法律价值中立，否认法律处于政治的、经济的和社会的考量之上。他们认为，从表面来看，法律似乎是中立的、独立的，即使是那些反映社会主导价值的法律也是如此，而且法律将社会的主导价值合法化，并因此将体现这些主导价值的规则和标准合法化；实际上，法律本身是社会权力体系的组成部分，而不是为了保护它。

尽管该学术运动的代表人物坚持认为他们的观念还是实验性的，还在演变之中，但他们对法律和法律教育的抨击也带来许多对法律的批评之声。该学术运动的学者因为通过对权力的讨价还价而支持暴力而受到谴责，也因为提倡该学术运动还包括法律教育的左派人物而受到责难，还因为到处充斥着“不合法的等级制度”而受到批评。他们研究法律的途径是“虚无主义”，并将这种对法律尖刻的批评的方法传授给他们的学生，有可能造成学生对一些不好的研究方法的学习。尽管该学术运动在质疑西方法制的价值上取得了相当大的成功，但是他们还是没有达到他们的目的——将该学术运动发展成能代表更多不同阶层、不同性别和种族的新的法律学说并获得广泛的支持。迄今为止，该学术运动最重要的作用就是清楚地指明了政治影响法律制度的范围。

3. 社会学渊源浏览

法律社会学的另一个重要渊源是社会学。社会学家一般是把法律社会学理论作为其宏大的社会学理论的一个部分来建构，都是从社会学理论的角度来论述其法律社会学理论，因此可以依据其所持的社会学的观点的不同，将该理论大致分为以马克思为代表的冲突论的法律社会学理论、以涂尔干为代表的功能论的法律社会学理论以及韦伯的法律社会学理论等。按照时间的先后，大致可以分为古典的法律社会学理论，主要代表人物是马克思、涂尔干和韦伯；近代法律社会学理论，主要代表人物和作品是法人类学家霍贝尔及其《原始人的法》和法国学者居维奇及其《法律社会学》；现代法律社会学理论，主要包括诺内特和塞尔兹尼克的《转变中的法律与社会：迈向回应型法》、布莱克的《法律的运作行为》和《社会学视野中的司法》、昂格尔的《现代社会中的法律》、托依布纳的《法律：一个自创生系统》、卢曼的《法律的社会学理论》、泰勒的《人们为什么遵守法律》等。当然，法律社会学理论很多，在此不可能一一涉及，只是结合以上两种情形，择其主要的方面并勾勒出一个大致的脉络和框架。

（1）马克思的冲突论法律社会学理论

在世界所有的社会理论思想家中，几乎没有人能够与马克思相提并论。无论是在发达国家还是在发展中的国家，马克思及其马克思主义的理论在现代世界已经引起了很多的社会变化。马克思认为，无论是处于历史发展的哪个阶段，每个社会的发展决定于它的经济基础的发展。他称为生产方式，并由两个要素构成：经济活动中的物质或技术的安排和社会生产关系。这些生产关系的总和构成社会的经济基础，在这个基础之上产生了法律的和政治的上层建筑，并与一定的社会意识形态相适应。马克思认为，生产方式是最终决定性的变量，它的变化必然引起与生产技术相适应的人们之间的关系的变化。马克思的经济决定主义也反映在他的法学理论中。

马克思的法学理论对全世界的社会理论和法学思想产生深远而巨大的影响，简单地可以归结为三个基本的假设：法律是经济力量进化的产物；法律是统治阶级维持对被统治阶级的统治的工具；在将来的共产主义社会中，作为社会控制工具的法律将逐渐式微并最终消失。

法律是经济条件的反映的思想是与马克思的辩证唯物的学说一致的。根据这种学说，任何假定时代的政治、社会、宗教和文化的规则是由现存社会的生产系统决定的，并形成了在此经济基础之上的上层建筑。马克思认为，法律是上层建筑的一个组成部分，它的形式、内容和设定的功能与该社会的经济发展相适应。法律除经济服务功能以外，它没有自己独立存在的价值。

在阶级社会中，生产的工具由统治阶级占有和控制，其法律具有阶级统治的形式的特征。马克思认为,你的法只能是你这个阶级的意志的反映,并将它称为所有人的意志的反映,这种意志是由你这个阶级现存的经济条件决定的。马克思进一步认为,法律作为阶级统治的形式,是由公共权威机构批准的,它也有通过使用暴力加以实施的权力。

最后,马克思认为,随着社会的不断进化,特别是当阶级冲突已被解决和财产私有的制度被共产主义的制度所代替的时候,法律和至今作为阶级压迫和解决阶级冲突的主要机器的国家将式微。由于每个人的需要得到了满足,人们之间和谐的关系占据主导地位,强制没有存在的必要。因此,在将来人类社会发展的最后阶段,法律没有存在的必要,因为没有国家和法律的共产主义社会将永远存在下去。

(2)涂尔干的功能论法律社会学理论

涂尔干的法律社会学思想主要集中体现在他的名著《社会分工论》中。在该书中,他通过追述社会和经济、风俗习惯的发展伴随社会规则的发展过程,来提出自己法律发展的理论——法律是衡量不同社会团结的尺度。他认为,社会存在两种社会团结:机械性的团结和有机性的团结。前者主要存在于相对简单而同质性高的社会中,它通过亲密的人际关系,习惯、观念和对同一事物的态度的相似性来保证;后者是现代社会所具有的特征,它是由复杂的社会分工导致社会的分化和异质性所造成的。社会团结广泛地存在于不同质的个人之间和具有不同社会功能的群体之间相互依赖的地方。

与这两种不同类型社会团结相适应就存在两种不同类型的法律:压制性法和补偿性法。与机械性团结相适应的是压制性和惩罚性的法律。在一个同质性和不存在社会分化的社会中,刑法惩罚违背集体意识的行为,其惩罚的目的是保护和维持社会团结。惩罚是对犯罪行为的一种机械性的反映。犯罪者被惩罚是向共同体成员表示:越轨行为是不能容忍的,它并不考虑对犯罪者的恢复。

在现代异质性的社会中,压制性法让位于恢复性法,它强调的是对被侵犯行为的补偿。惩罚是为了恢复受害者所受到的损失而准备的,犯罪被认为是对他人的违反，而不被看成对共同体集体意志的违反。在能够给犯罪者带来利益的情况下，惩罚被认为是有价值的，而且使用惩罚是为了使犯罪者改过自新。

准确地说，涂尔干所处的社会是一个机械性团结的社会，与之相适应的法律是以惩罚性的刑法为主。现代社会是靠有机性团结组织在一起的社会，因为伴随人们自愿行动的是出现了社会分工和人与人之间的相互依赖性。现代社会也是一个复杂的社会，因为它的有些方面出现了高度的专业化。通过订立契约——现代法律主要关注的方面，人们能够解决好人们之间大量而复杂的社会关系。契约和契约法处于现代社会的中心位置，它通过调整人们之间的关系来影响社会发展的进程。

尽管涂尔干没有详细地论述法律的社会学分析的总体框架或方法论，但他对法律的论述导致了一个法律社会学流派——围绕他的“将法律放在社会发展的过程中来研究法律”的思想而形成的法律社会学理论——的形成。他对法律的论述也为我们以后探讨初民社会法律的特征和刑法的特征提供了一个重要的线索。我们可能对“他为系统的法律社会学的发展作出了一系列的贡献”的评价心存疑念，但他确实为我们理解法律与社会团结之间的关系和法律的演化作出了重要的贡献。

(3)韦伯的法律社会学理论

韦伯在社会学发展历史中具有举足轻重的地位，即使是在现代社会学中也具有很大的影响。他的法律社会学的理论在“法律与社会”的理论中也处于中心地位。

在法律与社会的关系上，韦伯既不赞成马克思的经济决定论，也反对唯心论，他采用开放的、多元的方法，来探讨经济与社会其他制度（含法律）之间的互动关系。他认为，推动历史变迁的固然是人类满足物质的需求（唯物论），但意识与意志的独立自主也可以当作推动历史进步的动力。例如，他对宗教的系统研究，目的是发现新教伦理对资本主义精神进而对西方经济制度产生的影响，但他反对以精神、理念、宗教等唯心论单因方式来解释资本主义的崛起。他认为，法律与经济关系可分为“经济的”、

"经济关联的"和"经济决定的"三种关系,它们之间不能混淆。例如,同为资本主义经济的国家英美和法德等国,却产生了截然相反的两大法系:判例法系和制定法系,这显然与马克思的经济决定论不一致,除经济的影响外,还有非经济因素的影响,其中法律专才的作用不可忽视。可见,法律与经济的关系是多元的,而不是一元的。

韦伯从上述观点出发,研究了法律的含义、类型、变迁及其与社会的互动关系,包括法律与政治、经济以及资本主义的关系。特别是法律的类型及其变迁的理论是韦伯法律社会学理论的精华之所在,囿于篇幅的限制,在此择要介绍他在这个方面的理论。

韦伯的法律变迁的理论是在他的理想法律类型理论的基础上并服从于他的整个社会学理论思想的前提下提出来的。韦伯的法律类型建立于两对基本的概念:理性的或非理性的和形式的或实质的。理性的法律程序是指通过使用逻辑的科学的方法来达到某种具体的目的。非理性的法律程序是指仅靠某种民族的或神秘的方式如魔术或超自然的信念来达到某种目的。形式的法律是指在已经确立的规则基础上作出法律判决,而不考虑公平观念。实质的法律是指根据主导的正义观念来考虑个别案件的情形。这两对基本概念可以组成四种理想的法律类型:一是实质非理性的法律。这种法律存在于根据某些社会特有的宗教、民俗、情感或政治标准而不具有普遍性的法律来判决的社会。二是形式非理性的法律。它指的是法律规则建立在超自然的力量之上。说它是非理性的是因为没有人能够理解或弄清其中的原因;说它是形式的是因为它要求严格遵守法律程序。三是实质理性的法律。这种法律建立在对非法律规则如宗教教规、意识形态和科学规则的应用上。它之所以是理性的,是因为这种法律规则是从某种具体而被人们普遍接受的社会规则演化而来;它之所以是实质的,是因为它在个别的案件中考虑结果的正义。四是形式理性的法律。它是指仅使用具有一致性的逻辑和谐的独立于道德和宗教的法律规则来判案,或者是指将具有形式性的法律标准平等地适用于所有的案件。这只是法律的理想类型,在一个具体的社会中,很少存在这种纯粹理想的法律,一般是两种或两种以上法律类型的混合。

韦伯认为,社会进化的过程就是不断理性化的过程,理性化是社会发展的方向。法律作为社会中一个不可或缺的组成部分,也不例外,法律变迁的过程就是法律不断理性化的过程。上述四种理想的法律类型依次转换就是一个理性化发展的过程。他认为,法律与程序一般的发展经历了四个阶段:一是卡理斯玛(指具有超凡魅力)式法律的天启,依靠的是“法律先知”;二是法律经验的创造与寻求,依赖的是法律优位者;三是世俗的或神学的权力所强制推行的法律;四是专业的法律,即有系统而精致的法律和司法专业的行政管理,是由接受博学与形式逻辑的法律训练的人士来承担的。可见,韦伯的法律社会学主要是研究西方文明中法律概念和法律实践日益增大的理性,他不只是考察了法律思想与法律制度理性化的过程,而且着重分析了某一社会的特殊身份群体对法律的理性化发展的作用。另外,法律理念也随着实际办案经验与大学法学教育的深化而不断提升,使之制法时兼顾一套系统的、抽象化而又具普遍应用性的法律体系。可见,法律专才在法律理性化发展中也具有重要的作用。当然,韦伯所持的法律变迁的理性化方向是与他整个社会学研究的主旨——资本主义为何只在西方出现——分不开的。他认为,欧洲形式理性的法律是资本主义在西方出现的一个重要的原因,它满足了资本主义对理性化、对自己和他人行为要有明确的预期等要求。

(4)布莱克的行为主义法律社会学理论

布莱克的法律思想集中体现在他的三部法学著作《法律的运作行为》、《社会学视野中的司法》与《正确与错误的社会结构》中。他认为,法是通过立法、执法和司法等活动进行的一种政府的社会控制,从而使法律与其他形式的社会控制如道德、风俗习惯等非政府形式的社会控制区别开来。

布莱克认为,法律是一个可变量,可以通过在一个特定的社会中制定法律的多少、规则通过的多少、对犯罪惩罚的强度、对损害的赔偿的金额等方面来测量。因此,法的量在不同的社会是不同的,在同一个社会中的不同历史时期是不同的。社会组织化程度的不同也会有不同量的法。法律的方向也是变化的,与此相应的法律也划分为不同的类型:控告型法(其法律后果为惩罚性的或赔偿性的)和补救型法(其法律后果为治疗性的或协商性的)。在此基础上,布莱克根据五个可测量的社会生活的变量——分层、形态、文化、组织化和社会控制,提出了许多解释法的方向和类型的观点。他认为,社会分层(财产的不平等)可以通过财富的差别和社会流动率的不同来测量;形态可以通过社会分化或依赖性程度来测量;文化可以根据社会观念的规模、复杂性和多样性以及与主流文化的一致性程度来测量;组织化程度可以根据在经济和政治方面比较集中的集体行为的行政化管理程度来测量;非法律形式的社会控制可以通过人们对它们的尊重程度来测量。

在社会学的、历史学的和统计学的基础上,布莱克得出了许多结论。他认为,法的量直接随社会分层的位置、形态、文化、组织化和人们对法律的尊重程度的变化而变化,而与其他形式的社会控制成反方向变化。因此,分层多的社会比简单的没有社会分层的社会有更多的法;富人比穷人有更多的法;法的量随政府的集中化程度而增长。

法的类型随法的方向的变化而变化。在社会分层方面,惩罚性法的方向是向下的,即从社会的上层指向其下层;赔偿性或治疗性法的方向是向上的,即从社会的下层指向其上层;而协商性法中,人们的社会分层的位置是相等的。在形态方面,陌生的人之间法律倾向于惩罚性法;而在关系密切的人们之间法律倾向于赔偿性或协商性法。组织化程度不高的人们更愿意适用惩罚性的法律;而组织化程度高的人更愿意考虑适用赔偿性的法律。这些法律类型的变化可以解释社会生活中的许多法律现象:如果受罪犯侵害的人的社会地位高于罪犯的地位,则罪犯为什么更可能受到惩罚,相反,则为什么更可能采用赔偿的方式处理;为什么正在进行现代化的社会中强制性法被治疗性的法律所取代;为什么亚文化的成员比一般的社会成员更可能适用强制措施;为什么组织化程度高的社会组织对组织化程度低的个人实施侵犯而组织常常逃避法律的制裁。

这些年来,布莱克的法律理论引起了学术界的许多争论,认为他为法律社会学的发展作出了重要的贡献。但是,由于布莱克的法律理论的主题仅仅局限于经验的考察,更主要的是他只局限于微观社会学的层次上,因此招致了许多学者的批评。尽管如此,笔者认为布莱克的法律理论在未来,仍将为法律的发展特别是法律的经验研究提供发展的动力,人们对法律的社会学研究不能忽视他及其理论。

(5)昂格尔的法律社会学理论

昂格尔的法律社会学理论集中反映在他的著作《现代社会中的法律》中。在此书中,昂格尔首先回顾了韦伯关于法律的理论,并着重论述了在一个广阔的历史和比较的框架中理性法律制度的发展。昂格尔把法律研究置于他的总的社会理论的主要问题——个人利益与社会利益的冲突、正当性与强制性的冲突、国家与社会的冲突上。

昂格尔的分析强调采用历史发展的途径,其目的是对现代法律与社会关系的理解。为此,他考察了社会的性质,将氏族法(如中国古代的法律)与现代西方的法律传统进行了比较研究,并将法律划分为三种类型:习惯法、制定法和自治型法。习惯法是个人与群体相互影响的行为模式,该行为模式造成双方互相满足的互惠的期待但双方又没有明确的承诺。制定法或官僚法由已经颁布的明确的并由政府强制实施的法规构成。这种类型的法律不具有社会生活的一般特征,只局限于国家与社会的划分已形成的社会,其行为模式明确规定了禁止什么行为和准许什么行为的情形。自治型法是指既具有一般性又具有自治型、既具有公开性又具有明确性的法律。从历史演变的角度来看,这些不同法律类型是发展转化的,制定法建立在习惯法的基础上,自治型法建立在制定法的基础上。

昂格尔认为,法律表示的是社会生活的规范结构,由两个相互冲突的因素——共识的与工具的——组成。共识的法律表达的是群体或共同体共同的价值取向,表示了人们在交往中的一种稳定的结构。制定法是通过明确而公开的法律规则并由政治机构进行的一种社会控制的工具,而自治型法既具有工具性又具有共识性。

昂格尔还论述了这三种不同的法律演变的社会条件。习惯法演变成官僚法是具有规范性的工具性法律（如国家法、政府法令）发展扩大的结果。而工具性法律发展扩大决定于社会对法律共识基础的认识。昂格尔认为，神秘的自然法理论为工具性法律的正当化提供了社会文化环境，而自治型法的发展导致了工具性法律的进一步扩大。只要不伤害他人的利益，每个人都能追求自己的个人目标，但这种法律也有其局限性。它要求法律基本原则的进一步正当化，并将共识建立在具有实质正义的社会契约和协议之上。

昂格尔为许多社会理论问题——社会科学的方法问题、社会规则问题和现代化问题——提供了一种新的难免有些冲突的解决方案。他的法律理论可以应用于法律变迁的分析，并已产生许多可被检验的建议，使社会学家能在综合的层次上进行对法律的研究。他的作品在社会学界正在逐渐被人们认识和欢迎。

二、我国法社会学的一元性

（一）知识结构上的一元性

近几年来，我国法学学者尤其是从事法学理论研究的学者，为了改变国内法条主义和政策注释法学研究现状，为了改变法学与其他学科相比给予人们以“幼稚论”形象，为了增加法学在整个知识“增量”中的分量，开始了法社会学研究的努力和探索，出版了一些称之为法社会学或没有法社会学之名却有法社会学之实的著作，取得了较大学术成就。然而，由于作者学科背景绝大部分是学习法学的（详见表1），一个人的本属文化和其专业学科在给他以知识的同时也就给他设定了盲点，使他在面对自己视野自以为全都看到了的时候，其实对其中的部分是视而不见。同时，我国法学学科在国外作为通识教育的本科阶段就划分出来，缺乏交叉学科研究，而且随着我国市场经济的发展，法学得到了飞速发展并成为一门“显学”，在部门利益和职业利益推波助澜下，这种学科划分思想更加得以强化，一般缺乏社会学严格研究方法方面学术训练和法社会学学术传统训练。因此，可以这样说，我们至今没有正式的、系统的法社会学理论和方法训练，法条主义和政策注释性法律研究仍是主流。即使目前国内已有不少法学院在教授法社会学课程，但是许多教师甚至带法社会学研究生的教授自己都没有进行过真正的法社会学研究，而是半道出家，从法理或其他专业转过来。昔日专业训练模式、旧思维方式和研究模式使社会上出现了不少名为法社会学而实际上只是昔日法理学之变种的著作。即使近几年法社会学研究由于极少数社会学学者加入，给法社会学研究带来了新的研究视野和研究方法，还出版了一些法社会学著作和发表了一些法社会学的文章，仍然不能改变法律社会学研究原有格局，在研究视野和研究方法上没有质的改变。这既有社会学研究在我国欠发达的原因，也有法学研究学者对社会学研究方法和理论的缺乏的原因。

表1　我国法社会学研究的主要人物及其学科知识背景和主要著作

姓名/单位	学科背景	主要著作(出版时间)
北大法律系	法学	《法律社会学》(1988)
赵震江	法学	《法律社会学》(1998)
苏力	法学、哲学	《法治及其本土资源》(1996)、《送法下乡》(2000)
朱景文	法学	《现代西方法社会学》(1994)、《比较法社会学的框架和方法》(2001)
黄建武	法学	《法的实现——法的一种社会学分析》(1997)
王子琳	法学	《法律社会学》(1993)
马新福	法学	《法社会学原理》(1999)
李楯	不详	《法律社会学》(论文集,1999)
夏勇	法学	《走向权利的时代》(论文集,1995)
苏梅凤	法学	《法律社会学》(1990)
高其才	法学	《中国习惯法论》(1992)、《中国少数民族习惯法论》(2003)

续表

姓名/单位	学科背景	主要著作(出版时间)
梁治平	法学	《清代习惯法:社会与国家》(1996)、《在边缘处思考》(2003)
田成有	法学	《法律社会学的学理与运用》(2002)
付子堂	法学	《法律功能论》(1999)、《法之理在法外》(2003)
石泰峰	法学	《西方法律社会学》(1998)
陈信勇	法学	《法律社会学教程》(2004)
饶艾/张洪涛	法学	《法社会学:社会学视野》(2002)
许发民	法学	《刑法的社会学分析》(2003)
杜万华	法学	《马克思法哲学与法律社会学理论研究》(2003)
黄家亮、郭星华	社会学	《法社会学教程》(第3版)(2021)
喻中	法学	《宪法社会学》(2016)
周立民	法学、社会学	《法律社会学:经典理论与经验研究》(2022)
王三秀	社会学	《法律社会学:理论与应用》(2021)
李瑜青	法学	《法律社会学教程》(2009)
谭全万	法学	《法律社会学》(2017)
陆益龙	社会学	《转型中国的纠纷与秩序——法社会学的经验研究》(2015)
陈光、赵大千	法学	《法律社会学专论》(2019)
瞿同祖	社会学	《中国法律与中国社会》(2010)
何珊君	社会学	《法社会学》(2013)

注:这个表格是根据笔者掌握的法社会学资料整理而成。在此只将比较明显或主要属于法社会学研究的学者或著作加以收录,肯定有不全面之处,但这并不影响我国法社会学整体研究面貌。

（二）研究方法上的一元性

任何科学研究的目的在于达到对所研究对象的客观性认识，法学也不例外。法学为达到对法学研究对象即法律现象之客观性认识，主要通过两种基本方法——逻辑分析方法和经验事实验证方法。

经验事实验证方法无非就社会现象或法律现象观察某种经验命题所得，透过归纳的方法，归纳成一般性之命题，称为"假设"。然后再通过演绎的方法，从此一般性的命题导出各种命题，并与经验事实一一验证，苟若符合者，即属正确之命题，苟不符合者则予修正，经过不断的观察、验证、修正，以认识经验命题恰如其实的方法。[1] 归纳—演绎—再归纳—再演绎的研究路径，就是研究者力求运用他所概括出来的"理论"（假说或猜想）以演绎方式提出一些在未来研究中可能通过经验验证的预测，不久为其他人的研究指出或提供了一些可能的假说，并且使"理论"具备了理论预见能力。苏力称为"向下的"研究方法。也就是将法律放在真实社会生活中来进行研究，而不是从先验原则出发来进行"向上的"研究，如法人类学、法经济学、法社会学等的研究就是采用这种方法。社会学则将这种方法运用得淋漓尽致，并发展出了一套完整而系统的操作技术。在一定程度上，法社会学就是借用了社会学经验实证研究方法才出现的一个崭新的法学流派。

逻辑分析方法是法学研究的传统方法，是运用演绎推理方法对法律进行逻辑分析从而达到对法学认识的客观性。日本学者碧海纯一称为法学的教义学性，盖法学者以外在权威所给予之命题，诸如立法机关所制定的法律条文或法院所著判例等，为机械的演绎操作，恰似教徒以圣经为依据，对人"说教"也。因为法学者为法学上之认识，不在于批评法律或其他实证法之是非对错，而系将法律当成一个权威命题，资为解决实际问题之基础。[2] 换言之，法学者应以法律规定为前提，并就此导引出解决实际

---

〔1〕 参见杨仁寿：《法学方法论》，中国政法大学出版社 1999 年版，第 40 页。

〔2〕 参见杨仁寿：《法学方法论》，中国政法大学出版社 1999 年版，第 34 ~ 35 页。

社会问题的法律见解，使法律知识或法律见解得以体系化，成为有体系的学科或知识。概念分析法学将此种方法运用到了极端，如凯尔森认为，法律秩序是依次由“个别规范”“一般规范”“宪法”“基本规范”所构成的等级制度。一个规范的效力只能来自另一个更高的规范，最终都来自一个“基本规范”，而“基本规范”之所以有效力是一个无须验证的“假定”。法学之任务，仅能依循逻辑的演绎方法，分析各层次规范间之关系以及各种法律概念间之关系。法官亦仅能依凭机械的逻辑，运用法律，不能旁求。

可见，在理论上，经验事实验证方法和逻辑分析方法的“逻辑起点”是不同的。前者是归纳，是一个待经验事实验证的“假设”；后者是先验的“大前提”，是一个无须经验事实验证的“预断”。法社会学的社会学性重要的表现就是将传统法学研究方法上没有的社会学的经验事实验证方法引入法学研究中，而社会学观察社会事实的最基本的准则是要把社会事实作为物来考察以及在此基础上衍生出的“亚定理”：必须始终如一地摆脱一切预断。但它只教给社会学家摆脱通俗概念的控制，把注意力转到事实上来，而没有说明社会学家应该怎样去抓住事实作客观研究，因此还必须遵循第二个准则：只应取一组预先根据一些共同的外在特征而定义的现象作为研究的对象，并把符合这个定义的全部现象收在同一研究之中。如果社会学家掌握了这种方法，那他一开始就能直接立足于现实之中。〔1〕它是一种“开放的逻辑”，从而保证了法社会学研究的开放性。而逻辑分析的方法是一种“闭塞的逻辑”，注重于法律逻辑的一贯性，有助于法律的安定，但也有为维持法律逻辑的一贯性、体系性，而不顾社会事实和法律目的，有为手段——法律逻辑——而牺牲目的或将手段视为目的的舍本逐末之嫌。

我国的法社会学最初是从西方引介而来。在20世纪三四十年代即

〔1〕 参见［法］E. 迪尔凯姆：《社会学方法的准则》，狄玉明译，商务印书馆1995年版，第35～55页。

有一部分社会学学者开始了法社会学研究，严景耀在实证调查的基础上对犯罪与中国社会变迁问题作初步的法社会学研究，瞿同祖有关古代“中国法律与中国社会”的法社会学研究流传至今，费孝通“乡土中国”法律问题的研究影响广泛，如此等等，不一而足。这些研究及其成就均显示出当时中国“法学研究中的社会学运动”苗头，但遗憾的是，这股法学与社会学研究相结合的涓涓细流在当时并未形成浩瀚之水。我国法社会学真正稳定的发展是在改革开放之后。至今，由于我国社会学忙于本学科的“补课”和重建，其研究力量有限而无暇顾及对其他学科的关注、研究和渗透，而法学研究一般又陌生于社会学的理论和研究方法，许多学者有力不从心之感。[1] 迄今为止，我国的法社会学的研究还没有掀起西方所出现过的“法学研究中的社会学运动”，我国法社会学在研究方法上没有得到社会学的滋养，存在严重的营养不足和结构失衡问题，笔者称为研究方法上的一元性。

三、我国法社会学一元性之克服：社会学视野的引入及其内容体系

为了弥补中国当代法社会学因社会学性的缺乏而存在的结构性缺陷，为了使中国当代法社会学具有二元性，必须引入法社会学的社会学视野，必须强调法社会学的社会学性；而社会学视野的引入，必然带来法社会学研究对象及其内容体系的变化，同时也会带来学科地位的变化。具体论述如下：

（一）社会学视野中法社会学的研究对象

在现代西方法理学中，一般地说，法社会学或社会学法学有三种含义：[2]用社会学的理论和方法来研究法律现象，并把法律现象作为社会现象的一种来研究，而在此之前的传统法学如自然法学、历史法学、分析法学和哲理法学等则都否认法律是一种社会现象；法社会学或社会

〔1〕 这里并不排除个别社会学或法学学者对法社会学进行了卓有成效的研究，如苏力运用社会学的理论和方法的研究，就是如此。

〔2〕 在法社会学的早期，法社会学和社会学法学是两个有区别的概念。随着研究的深入和两者的相互渗透，其区别逐渐消失。现在，人们一般将两者统称为法社会学。

学法学强调法律的“社会化”(不同于法律社会化),强调从“个人本位”转向“社会本位”;强调法律的施行、功能和效果,因此又往往称为功能法学。[1]

任何法学都是对法律现象及其规律的研究。对法律现象的整体进行研究是法理学的任务,对法律现象的某个部分的研究,就形成了各种各样的部门法。同时,对同一法律现象从不同视角运用不同的理论和方法进行研究,也会形成不同的法学派别或学科,如运用经济学的理论和方法对法学进行研究,形成了经济分析法学;运用人类学的理论和方法进行研究,形成了法人类学。法社会学作为法理学的一个流派或分支,也是对法律现象的整体进行研究,只不过与其他法学流派或学科相比,研究的侧重点不同而已。作为完整意义上的法理学研究包括三个方面:法律价值、法律规范、法律事实。法社会学侧重于法律事实的研究,包括社会事实对法律的影响、作用及法律对社会的影响、作用两个方面,即法律和社会互动关系。不仅如此,而且法社会学是从社会学的角度,运用社会学的理论和方法来研究法律与社会的互动,这就不同于法哲学是运用哲学的理论和逻辑思辨方法、法经济学是运用经济学中的微观经济学理论和经济学的研究方法对法律现象进行研究。

必须强调的是,我国目前的法理学教科书中也研究法律与社会的互动关系,即研究法律对社会的作用或影响与社会对法律的作用或影响。具体而言,法律对社会的作用或影响包括法律的规范作用和社会作用,而社会作用又包括法律对经济、政治、文化、外交等方面的作用以及法律对道德、宗教等方面的影响;社会对法律的作用或影响包括道德、宗教、政治、经济、国家等方面对法律的影响或作用。但我国目前的法理学教科书中对法律与社会的互动关系的研究主要是从政治学的角度、运用逻辑思辨的方法来进行的研究,而法社会学是运用社会学的理论和实证的研究

---

〔1〕 参见张文显:《二十世纪西方法哲学思潮研究》,法律出版社1996年版,第189页以下。

方法来对法与社会的互动关系进行研究，两者有显著的区别。因此，它不是对我国传统法理学的内容的重复研究，而是从新的视角、运用新的研究方法对其部分内容进行的研究，是对传统法理学研究的拓展、深化和延伸。

综上所述，对法律与社会的互动关系的研究，笔者称为广义的法社会学；运用社会学的理论和方法对法律与社会的互动关系的研究，并注重对法律的施行、功能和效果，强调社会不同利益的整合的研究，笔者称为狭义的法社会学。在此笔者持狭义之说。

（二）社会学视野中法社会学的内容体系

法社会学的研究对象决定了其体系。从社会学角度来看，既然是把法律与社会的互动关系作为自己的研究对象，法社会学的内容体系就必然包括两个方面：社会对法的影响和法对社会的作用。又由于法社会学是运用社会学的理论和方法来研究法与社会的互动，因此在某种意义上，社会学的理论框架决定了法社会学的研究体系。具体而言：

第一个方面是社会于法的影响，也就是本书的第二编。社会学一般把社会又分为宏观、中观和微观三个层面，因此从社会学角度来看，本编的内容又可以分为以下三个分编：

第一分编“宏观法社会学”，主要从社会学角度探讨宏观社会层面对法律的影响，具体包括以下三章：第三章“社会分工与法”，这是宏观社会构成的横向方面；第四章“社会分层与法”，这是宏观社会构成的纵向方面；第五章“社会控制与法”，这是宏观社会构成的社会控制方面。

第二分编“中观法社会学”，主要从社会学角度探讨由微观的人所形成的社会组织对法律的影响，具体包括以下四部分内容：社会组织的基本理论；法律组织的结构与功能；社会组织与法律的形成和发展；社会组织与法律运行。

第三分编“微观法社会学”，主要从社会学角度探讨微观的人，包括法律人、社会人对法律的影响，具体包括两部分内容：案件的社会结构与法，这是作为法律人对法律的影响方面；人的社会化与法，这是作为社会人对法律的影响方面。

第二个方面是法对社会的作用，即本书的第三编，包括两部分内容：法对社会的应然作用——法律功能论；法对社会的实然作用——法律效果论。

以上两编构成了法社会学的分论部分，也是法社会学的主体部分。当然，社会于法的影响与法对社会的作用，在现实生活中，本是一个问题的两个方面、一个过程的两个同时进行的环节，如同传统法理学中法与经济、法与道德等的相互关系一样，是不可分开的。在此，只是为了理论研究的方便，才把它抽象化、理念化为两个方面。

（三）社会学视野中法社会学的学科地位

一般而言，法学主要是研究法律现象及其规律的学问。法律现象作为社会现象的一种，是一个综合的概念。但是，由于人们研究法律现象的侧重点不同，因此就形成了不同的法学流派，如自然法学流派侧重于研究法的价值、分析法学侧重于研究法的规则、社会学法学是研究法的事实方面。以下将通过与分析法学、自然法学比较的方式来显示法社会学的学科地位：

1. 法社会学与分析法学

法社会学与分析法学都是对法律现象进行研究，尽管都是以实证主义（包括实用主义）为其哲学基础，以对法的“实然”问题为其主要研究领域，但是它们在其研究对象的侧重点、方式和理论基础上是不同的。

从一般意义上说，法社会学是法学与社会学相结合的产物，主要是对法律与社会互动关系的研究。因此，在美国，法社会学又称“法和社会研究”或“法律和社会科学”。同时，传统法学历来把法律现象作为自己专门的研究对象，而法社会学又把法律现象看作社会现象中的一种，因此既受法学家关注，又受到社会学家青睐。

西方传统法学在研究法律现象问题上，从罗马法开始，经注释法学、分析法学派的努力，最后到 19 世纪英国奥斯丁的概念法学，已形成了一整套范畴、概念体系。它们主要研究法律现象的“实际是什么法律”方面，主要以其实证主义哲学为基础理论，进行哲学的思辨和逻辑推理，使法学没有脱离哲学的巢穴，停留在社会哲学的一般概括水平上。

法社会学在研究法律现象时主要是把它看作一种社会现象，主要研究“法律的实际运行”，主要运用社会学的理论作为其理论基础，采用社会学的经验的、实证的、定量的分析和研究方法，总体上形成了社会学家的研究风格和视角，从而使法学摆脱了哲学的囚笼，并不是停留在社会哲学一般概括的水平上，使法学的总体发展水平跃上了一个新的台阶。国外有许多学者作了这方面的专门比较研究。例如，美国学者艾尔文认为，法学家在研究法律现象时，其特点在于：(1)把法律研究作为自己的职业，受过专门的法律训练，具有自己职业方面的知识和经验；(2)其目的在于寻找法律结构的逻辑一致性，确定什么是已创制的法，实在法是否清楚，如果不清楚，应对它作何解释，其中是否有漏洞；(3)法学家对法律的不满，不是由于法律不适应社会需要，而是由于法律自身内部相互矛盾，使其不能有效发挥功能。社会学家在研究法律现象时，其特点是：(1)他们是从社会过去和现在的历史的、传统的、哲学的、社会学的、文化的、政治的和经济的观点出发，应用社会学的理论和方法、程序技术进行研究；(2)社会学家所关心的不是书本上的法，而是法的创制者的行为、创制的原因，法的解释、运用、执行及其原因，即由于法的创制、解释、适用和执行而在社会中实际发生的行为；(3)他们所关心的不是现行法律结构的逻辑一致性，而是他们所研究的行为在理论上的一致性，是否能用现有的理论解释这些行为，还是创造一种新的理论进行解释；(4)社会学家对法律的不满，不是由于法律内部缺乏一致性，而是由于法应适用社会需要。[1]

上述观点只是代表了相对于分析法学、规范法学和概念法学的社会学法学的观点。法律现象作为一种社会现象，既具有专门的法律特征，以区别于其他社会现象，同时又兼有一般社会现象所共有的社会特征或社

---

〔1〕 参见[美]艾尔文：《对法社会学发展的社会学评价》，优越出版社1986年版，第3~5页。

会性。以往的分析法学、概念法学只注重其法律特征的研究,走上了形式主义的道路,其研究片面而不深刻。法社会学注重其社会特征的研究,具有反形式主义的特征。可见,对于同一法律现象,既可以从专门法律方面来研究,又可以从一般社会学的方面来研究,两者是相互补充的。法社会学对法律现象的研究与传统的概念法学相比,已不是对法律现象的重复研究。它是从一个新的视野研究法律现象的社会性,为法学研究开辟了一个全新领域;它运用的是以往法学未曾或未明确运用的理论和方法——社会学的理论和方法,这就是法社会学作为一个独立的学科存在的主要理论根据。

2. 法社会学与自然法学

自然法学在西方法学中源远流长,从未间断。从古代希腊、罗马的自然法思想,经中世纪的神学自然法思想,再到近代的古典自然法思想,最后发展成现代的新自然法思想,可谓学派林立,贯穿西方法学思想发展的始终。他们共同研究的主要是法律的"应然"问题——法律价值或理想。至于这种思想是什么,因时因地因人而异,有的认为是奴隶主共和制,有的认为是自由,有的认为是平等,有的认为是正义等。他们把各自的理想或价值用"自然法"的形式表现出来,而且这种"自然法"都是设定在一定的"自然状态"下而通过逻辑分析推导出来的。这样使自然法带有先天的不足和缺陷,因此受到后来的历史法学派、分析法学派、功利法学派等实证法学派的一致批评。与此同时,社会法学也不例外,主张进行法律的价值研究时,采取不同于自然法学的哲学的逻辑思辨方法的方法——实证的经验的研究方法。

法社会学在着重研究法律现象的"实然"问题的同时,并不排除对法律的"应然"即价值问题的研究。即使是严守实证主义立场,排除在法社会学研究中进行价值研究,纯粹以实际发生的各种法律行为为研究对象的"纯粹法社会学"代表人物布莱克,在提出了自己的主张——事实和价值彻底分离——之后,他又认为价值问题又不可避免地进入到社会科学的活动之中。社会科学家在选择他所研究的问题时可能受到价值的影响,他对这种问题的观察可能是有倾向的,因此又不存在价值无涉的社会学。然而这不影响问题的实质,即价值对社会科学的影响绝不意味着一种科学观点的有效性。它的有效性只能由经验材料的检验来决定。可见,布莱克尽管为了严守实证主义的立场,否定价值影响问题的实质——科学观点的有效性,但他仍然承认价值的存在,至少存在对社会科学即法社会学研究的影响。至于“法理学的社会学”学派的代表人物塞尔兹尼克和诺尼特更是鲜明提出应把社会学和自然法、价值判断结合起来进行研究。

然而,法社会学和自然法学相比,在主张对法律价值进行研究时,所采取的方式和研究的路径是不同的。自然法学是在设定一定的“自然状态”为其前提条件下,通过运用哲学的逻辑推理分析而演绎出来的;而法社会学对法律价值的研究运用的是实证的经验研究的方法,这在庞德那里表现得尤为明显。庞德认为,历来有三种发现法律价值的方法,即经验的方法、理性的方法和观念的方法。同时他又认为,在上述三种可供立法者、法官和法学家采用的评价利益的方法中,观念的方法虽然曾是法学家主要依靠的理性方法,但在21世纪也很少为人们主张和使用了,而且在实际运用中也遇到了困难。可见,自然法学、分析法学(若认为有价值的话)在研究价值时主要运用的是观念的理性方法,而法社会学则是运用经验的方法。

庞德在分析其原因时认为:“这是由于我们已从一种社会秩序过渡到另一种社会秩序:在前一种社会秩序中,对它们的公认理想业已形成,它的各种法的假设已众所周知;在后一种社会秩序中,还没有充分发展到能容许它制造出一个为所有人所都接受的理想(如同所有学派接受上一世纪的理想那样)或提出我们可以确信其为有效的各种法律假设的程度。可是法院调整关系和安排行为的实际工作必须不断地进行。法律秩序不能停顿下来,去等待哲学家们同意一种理想,如同他们在上一世纪所做的那样,也不能停顿下来去等待法律职业和法院能被吸引或教导接受它作为权威性的理想……在这期间法院必须像过去一样,通过经验来发现并

通过理性来发展调整关系和安排行为的各种方式，使其在最少阻力和浪费的情况下给予整个利益方案以最大的效果。”〔1〕

总之，法社会学与自然法学相比，在研究法律的“应然”问题即价值问题上，采用与以往自然法学的逻辑推理方法不同的方法——实证的经验研究的方法，这就是法社会学作为法学的一个独立学科存在的方法论基础。

〔1〕 张文显：《二十世纪西方法哲学思潮研究》，法律出版社1996年版，第128页。

第一编

总　　论

第一章 法社会学的法概念

什么是法？这是法学研究中最困难的问题。哈特曾引用圣·奥古斯丁关于时间的说法对法学中这个令人陷入窘境的最困难问题进行了形象的说明："什么是时间？若无人问我，我便知道；若要我向询问者解释，我便不知道。"[1]尽管如此，法的概念既是法学研究的本体论问题，又是研究其他法学问题的逻辑起点。因此，历史上几乎所有法学流派和法学家对这个问题进行了研究，提出了不同的答案。法社会学也不例外，它是在批判并吸收其他法学流派特别是自然法学流派和分析法学流派的优点，避免其不足的基础上的产物。而且，它在回答这个问题上运用的是实证的经验研究的方法，而不是从给定的原则或模式出发，运用哲学的逻辑思辨方法；与其他法学如自然法学和分析法学一样，它分别从法的本体、法的本原和法的作用或功能三个方面进行了阐述，只是其具体内容有别于历史上的其他法学流派。因此，它使法社会

〔1〕［古罗马］奥古斯丁：《忏悔录》(第14卷)，第17页。转引自［英］哈特：《法律的概念》，张文显等译，中国大百科全书出版社1996年版，第15页。

学的法概念具有不同的特征;又因此使它研究法学对象的重点发生了转移,其焦点主要集中在对"非国家法"和"行动中的法"的研究上。下面将分别对以上问题进行论述。

一、法观念的变迁

观念更新往往伴随着新概念的产生,而新的概念能使人们以新的视角和深度去认识某一事物。在西方法学史上先后出现的自然法、实在法和"活的法"概念,正是西方法概念变迁的产物;反过来,它们又是西方法观念发展经历三个阶段的标志。认真地研究这三个概念的含义,不仅可以使我们了解西方法观念变迁的基本脉络,而且可以使我们从历史变迁的角度更全面深刻地认识法社会学关于法概念的含义。

(一)自然法

"自然法"英语为 natural law 或 law of natural,拉丁语为 *JusNaturale*,是西方自然法学派所使用的一个概念。从字面上看,它似乎指的是一种法,即不同于国家的制定法,它是自然产生的和客观存在的;从实际上看,它是指对法的一种基本看法或一种法律观。这种法律观一直绵延不断,在西方已存在几千年,中间发生了许多变化,但有一些共同的特征:

1. 法从本质上说就是客观规律,因此立法者所制定的法律必须以客观规律为基础,其对人们行为的规定不能有悖于客观规律。"法是由事物的性质产生而来的必然关系。"〔1〕"自然法就是人在自然状态下所接受的规律。"〔2〕这一观念在西方影响很大,哲理法学派的主要代表黑格尔也说:"法律分为两类,即自然规律和法律"。〔3〕社会法学派的狄骥也认为,法律作为一种社会规律不同于自然规律,它对于自觉存在的人来说,只是一种应当或应然,不是必然,只能叫作社会规范。

2. 法根源于人永恒不变的本性:社会性和理性(自觉性)。真正的法

---

〔1〕[法]孟德斯鸠:《论法的精神》(上),张雁深译,商务印书馆1963年版,第1页。

〔2〕[法]孟德斯鸠:《论法的精神》(上),张雁深译,商务印书馆1963年版,第4页。

〔3〕[德]黑格尔:《法哲学原理》,范扬、张企泰译,商务印书馆1961年版,序言第14页。

律或自然法应与之相符合，特别是与理性相符合或以理性为基础，或者说就是由人的理性所发现的人的规律或行为准则，是“理性之光”，它能照亮人的前进道路。因此，国家制定法应建立在理性意志的基础上，而不应是个人任性意志即私欲和成见的表现。理性是衡量法好坏的一个重要标准。

3. 法的功能和目的在于实现正义。所谓正义，就是基于公共幸福的合理安排，就是人人在社会中“各得其所、各司其职”，即享受到他应该享受的权利和平等地承担义务。因此，应纠正个人交往中的不正义行为和阻止对人们正当权利的侵犯活动，否则就是一种不正义的法律。

4. 法律作为一种行为准则，能使人们辨是非、知善恶。因此，它应与人们的价值观念，特别是其中的道德观念相一致，即法律不能有悖于道义，它应具有道德性，这种道德性不仅体现于实体价值目标方面，而且体现于其形式和程序方面。道义是衡量实在法良恶的标准，不过自然法学家们并不一定认为社会的道德就具备这一性质。也就是说，自然法不等于所在社会的道德，而是适用于所有社会的道德，或者说实际上是人们所不断追求的终极性的价值目标。

可见，自然法学家特别重视和强调法律存在的客观性和同一性，认为不同国家和时代的不同法律，都有共同的客观基础（或根源）和共同的价值目标。这就是人的本性和规律，就是理性，就是由正义所综合形成的一系列价值目标，如自由、平等、秩序等。因此，自然法学家特别重视法律的终极价值目标和客观基础的探索，并以此为标准来评价实在法。这种探索和评价是非常重要的，特别是在人类认识和研究法律这种社会现象的初期。因为人们对每一类事物的认识都是先外后内的，首先注意此类事物与其他事物之间的联系和同一类事物之间的同一性，然后才注意研究它们之间的区别或差异性；还因为法律产生的初期其主要表现形式是自发产生的习惯，而不是今天成文的法律文件。这使法的产生具有自然的非人为的色彩，使法律与其他社会规范之间界限模糊。但是，法律是发展的，人们对它的认识也不全停留于外部。当成文的规范性文件成为法律的主要形式和人们对法的认识从其外部转向自身时,自然法学作为一种法律观,已难以承担此任,一种新法律观就应运而生了。

(二)规则法

“规则法”指的是那种认为法是一种纯粹的规则或规范体系的法律观。这种法律观是由分析法学在批判和否定自然法学并在一定程度上吸收了历史法学派的研究成果的基础上提出来的。历史法学派在批判自然法学的时候,特别否认关于各国法律在本质上的同一性的观点。分析法学则彻底否定了这一点,把法律看作一种主观的东西,当作主权者的命令。只是到后来,新分析法学才纠正了这一片面性,不再固守法律命令说的观点,但他们并没有探索法律的客观基础。分析法学反自然法学之道而行之,把注意力从法的外围转向了法律自身,而且把研究的焦点集中于国家法的形式结构上。因此,他们提出了一种与自然法学的法律观完全不同的法律观,即规则法律观。其主要内容如下:

1. 真正的法或“严格意义的法”“适当意义的法”不是什么自然法,而是国家制定法,即“国家法”。由于这种法律能为经验所感知和真实地存在,因此它又叫“实在法”或“实证法”。其他所谓的“法”,如自然规律、自然法等,只具有比喻意义,有些则是“实在道德”。

2. 实在法或国家法是由法律规则构成的,是一个法律规则或法律规范的体系。所谓法律规则是指以规范性法律文件形式对人的行为模式所作的带有普遍意义的明确规定。它有固定的逻辑结构,能昭示人们某一条件下应该做什么和不应该做什么,以及由此产生的法律后果。分析法学详细论述了法律规则和法律规范的种类和结构,包括微观结构和宏观结构,即每一规范的逻辑结构和每一个国家法律规则体系的结构。

3. 法律规则或法律规范是中性的,与价值无涉。也就是说,法是一种纯技术性和工具性的东西,或者说与政治道德等价值观念无必然和内在的联系。因此,也不能从政治上和道德上进行评价,即不存在道义与不道义、善与恶的问题。你不能因某一法律与道德相悖就否认它不是法律,由此他们提出“恶法亦法”的命题。也就是说,法律不应从属于政治或道德,也不应受社会舆论的影响,应超脱于政治斗争,有自己的独立性。

4. 一个由立法机关制定的形式上具有合理性的法律规则体系,是可以解决各种社会问题的,法官只要遵循推理规则就可以很好地审理各种案件,法官只是法律推理的机器,不应享有任何自由裁量权。"现代的法官是自动售货机,投进去的是诉状和诉讼费,吐出来的是判决和从法典上抄下来的理由。"

规则法律观在西方统治时间虽不长,但造成的影响非常大,它极大地推动了现代西方的立法活动,使西方在几十年里法律规则迅速发展,成为一个庞大的规则体系,几乎涉及人的一切生存领域。但这种法律观只注意法与国家的密切关系,否认和割裂了法与其他社会事务,特别是政治、道德的不可分割的联系;它揭示了法的技术性和工具性,却否认了法的价值性和目的性,强调了法的独立性,否认了法对其他事物的依赖性。这种法律观的局限性和片面性,随着人们认识的深化和法制建设的发展,越来越显示出来并遭受不断的批判,社会法学就是这一批判的产物和主要承担者。在批判中,社会法学创立了一种新的法律观和法概念——"活的法"。

(三)"活法"

"活法"又称"行动中的法""事实上的法"。与之相对应的是"纸上的法"、"本本上的法"或"国家法"。这个概念最初是由埃利希提出来的,后由庞德、弗兰克等做了进一步阐述。作为一种新的法律观,其主要包括如下内容:

1. 法扎根于社会中,本质上是一种社会秩序。如埃利希所言,"无论是现在或者是在其他的任何时候,法律发展的重心不在立法,不在法学,也不在司法判决,而在社会本身"。[1]

2. 真正的和主要的法律不是国家立法机关制定的法律规则,而是社会立法中的秩序或人类联合的内在秩序。埃利希认为,"人类联合

---

〔1〕 沈宗灵:《现代西方法理学》,北京大学出版社 1992 年版,第 271 页。

的内在秩序不仅是法律最初的形式,而且直到现在为止,还是它的基本形式”。[1] 这种法律叫“活法”。所谓活的法,是指尽管这种法律并不曾被制定为法律条文,但它是支配生活本身的法律,不限于法院适用的供判决之用的规范,构成了人类社会法律秩序的基础,具有一种独立的价值。[2] 这就是说“活法”是社会生活中真正起作用的能建立秩序的法律。国家立法机关制定的成文法规在未对人的行为发生效力和未对社会秩序的形成发生作用前,只是一种纸上的东西,一种本本上的东西。相反,非立法机关制定的、法院审判案件中所形成的法律,如判例法社会的风俗习惯、社会团体的规章制度,只要它们对社会秩序的形成起作用,就都是这种法律。因此,国家立法机关制定的成文法并不是法律的主体和根本。

3. 法律与国家之间并没有不可分割的联系,它并非一定由国家机关特别是立法机关所制定和实施,在没有国家的时候和地方,也存在法律。这个思想后来特别为社会法学中的法人类学家所发挥,他们提出了原始法、非国家法的概念。

4. 法律绝非仅仅是规则的体系,法律是很复杂的,由多种要素构成,除规则之外,还有原则、政策等。对此,庞德做了明确的论述,他说:“法律比之许多法规的集合体具有更多的东西,这使法律成为正义的活工具”。[3] 他论述道:“法律的功能在于纠正各方面的人群关系,而一切人群关系又错综复杂,国家必不能预先制定一部规则,使法院以之应变于无穷。故法律的本身必不是单纯的一种规则。换言之,少数规则可以用条文记载,但法律不局限于条文,在任何法系,法律本体实为原理,原理实蕴蓄于条文内之字里行间。必有原理,法吏方能有所依据,复由类推方法而求出新例。然后可以应变。由此观之,法律的界说,与其说称其为一部规

[1] 沈宗灵:《现代西方法理学》,北京大学出版社 1992 年版,第 273 页。

[2] 参见张宏生主编:《西方法律思想史》,北京大学出版社 1983 年版,第 394 页。

[3] [美]庞德:《法律、道德和正义》,张文伯译,台北,台北监狱印刷厂 1959 年印刷,第 154 页。转引自严存生:《西方法律思想史》,中国法制出版社 2012 年版,第 280 页。

则,毋宁称为规则及原理。"[1]后来其他人包括现代自然法学家德沃金等进一步发展了这一思想,认为法律是由规则、原则和政策等要素构成的。

5. 法律不是作为一个规则体,而是作为一个过程和一种事业,在这种过程和事业中,规则只有在制度、程序、价值和思想方式的具体关系中才具有意义。[2] 因此,社会法学派普遍重视法律的实现过程及其结果的研究,有个别学者甚至认为法律的实现过程,特别是法官的行为才是法律本身。他们也不拒绝对法律的价值问题的研究,不否认法律对实现正义的作用,虽则对正义等做了实证主义的解释。

"活的法"的观念作为一种法律观尚未完全取代规则法的法律观,现在正处在发展之中,还未取得前两种法律观的地位。但"活的法"的法律观从某些方面恢复了自然法观念中合理的而被规则法观念在批判时否定的方面,如法律的客观性,法与政治、道德观念的密切关系,法与价值的关系等。总之,"自然法""规则法""活法"三者是一个否定之否定的发展过程,因此"活的法"的法观念在目前来说是一种较先进的法律观,值得我们借鉴。但并不是说后产生的法律观完全取代先前的法律观,这三种法律观不仅存在于西方不同的历史发展阶段,而且并存于当今世界现实之中,成为目前西方三足鼎立的法律观。

二、法社会学的法概念

从上面西方法观念的变迁中可以看出,法社会学法概念是在批判并吸收自然法学和分析法学的法概念的含义基础上形成的,其含义具有如下内容:

1. 从法的本体(法是什么)上看,如果说自然法学坚持法即客观规律,分析法学主张法即规则,那么法社会学则主张法即行为。例如,美国当代著名的法社会学家布莱克认为,"法存在于可以观察到的行为中,而非存

[1] [美]庞德:《法学肄言》,雷沛鸿译,商务印书馆 1928 年版,第 16 页。

[2] 参见[美]伯尔曼:《法律与革命——西方法律传统的形成》,中国大百科全书出版社 1993 年版,第 13 页。

在于规则中”。[1] 在布莱克的眼中，立法、诉讼和审判甚至报案、逮捕、搜查、控告、拘留等行为都是法，这是因为“一切事物不论它是否有什么都在行为，不论它是分子，还是有机体、行星或人”。[2] 这是一种广义的法律行为说。而作为法社会学的一个分支——现实主义法学则持一种狭义法律行为说，认为法是对法院行为、法官行为的预测。例如，美国现实主义法学的先驱霍姆斯大法官认为，法律就是对法院事实上将做什么的预测。[3] 而卢埃林认为，“法不是本本上的官方律令，法存在于官员或平民的实际活动中，特别是存在于法官的审判活动中”。[4] 格雷认为，“法只是指法院在其判决中所规定的东西……当法院作出判决时，真正的法才被创造出来”。[5]

2. 从法的本原上看，如果说自然法学主张根源于人的永恒不变的人性（社会性和理性），分析法学坚持法源于国家和主权者，那么法社会学则认为法根源于社会。例如，狄骥认为，“社会连带关系既然是一切人类社会的基本事实，因而尽管它本身不是人们行为规则或社会规范，但它是所有这些规则或规范的基础”。[6] “这些规则或规范包括法律规则，是以社会连带关系为基础的”。[7] 而法社会学的创始人埃利希认为法根源于社会中的“活法”，即人类联合的内在秩序。他论述道：“为了说明法律的起源、发展和性质，人们首先应研究联合的秩序。迄今为止了解法律的性质的一切企图都未成功，就是因为这种考察不是以联合的秩序而是以法律命题作为基础。法律就是社会秩序本身，就是联合的内在秩序。这种‘活法’不同于国家制定的或由法院强制执行的法律。也就是说，活法意义上

---

〔1〕 张文显：《法学基本范畴研究》，中国政法大学出版社1993年版，第31页。

〔2〕 [美]布莱克：《法律的运作行为》，唐越、苏力译，中国政法大学出版社1994年版，第1页。

〔3〕 参见沈宗灵：《现代西方法理学》，北京大学出版社1992年版，第310页。

〔4〕 沈宗灵：《现代西方法理学》，北京大学出版社1992年版，第31页。

〔5〕 沈宗灵：《现代西方法理学》，北京大学出版社1992年版，第31页。

〔6〕 沈宗灵：《现代西方法理学》，北京大学出版社1992年版，第254页。

〔7〕 沈宗灵：《现代西方法理学》，北京大学出版社1992年版，第255页。

的法律在国家以前就自发地与社会同时出现和发展。”[1]

3.从法的作用或功能上看,如果自然法学主张法是正义的工具,分析法学固守法律与价值无涉的观念,较少涉及法的作用和功能等外部问题,那么法社会学则认为,法律具有社会控制的功能。例如,庞德认为法律就是一种高度专门形式的社会控制的工具。他还进一步论述道,人类的文明有两种,即对外在的、物质的自然界的控制和对内在的、人类本性的控制。其中第二种控制就是社会控制,它有三种主要手段:法律、道德和宗教。在开始有法律时,这三者是很难分开的,后来人们试图将法律和道德等同起来。但是自16世纪以来,法律已成为社会控制的首要工具。因为从那时以来,“社会政治组织已成为首要的了。它具有或要求具有,而且就整个来说也保持着一种对强力的垄断。所有其他的社会控制手段只能行使从属于法律,并在法律确定的范围内的纪律性权力”。[2] 法律作为社会控制的首要手段,仍需要辅之以其他社会控制手段。而布莱克认为,“法律是政府的社会控制,或者说它是国家和公民的规范性生活,如立法、诉讼和审判”。[3] 他倾向于在狭义上使用社会控制,即“社会控制是社会生活的规范方面。它确定异常行为并对其作出反映”[4],并根据作出反映的语言和逻辑的不同,将社会控制分为惩罚、赔偿、治疗和和解四种类型。在他的眼里,法律作为社会控制的工具仅指国家对公民本身的社会控制,而政府机构的日常行为,公立学校、监狱或军队中的纪律等并不在此范围内,[5]因此是一种狭义的社会控制论;在这个意义上,庞德所持的则是一种广义的社会控制论。

总之,法社会学的法概念是在批判地继承了自然法学的法律的客观

---

[1] 沈宗灵:《现代西方法理学》,北京大学出版社1992年版,第273页。

[2] 沈宗灵:《现代西方法理学》,北京大学出版社1992年版,第289页。

[3] [美]布莱克:《法律的运作行为》,唐越、苏力译,中国政法大学出版社1994年版,第2页。

[4] 朱景文:《现代西方法社会学》,法律出版社1994年版,第171页。

[5] 参见[美]布莱克:《法律的运作行为》,唐越、苏力译,中国政法大学出版社1994年版,第6页。

性和目的性,并否认了分析法学的国家与法的一元性、法律的封闭性和主观性等特点的基础上形成了自己独具特色的法律观和法概念,即注重对法律行为、法律效果与功能、法律的社会性的研究,从而使法学研究对象的重心由规则转移到行为、由国家法转移到非国家法、由书本上的法转移到行动中的法。

三、法社会学法概念的特点

从上文西方法观念的变迁和有关法概念内涵的论述中可以看出,法社会学的法概念具有如下特点:

(一)反形式主义

法社会学不满于概念法学特别是分析法学把法律仅看作一个封闭而自足的、固定的规则体系的观点,这种看法由凯尔森的"纯粹法学"走向了极端的形式主义道路。他认为纯粹法学是指"从结构上分析实在法,而不是从心理上或经济上解释它的条件或从道德上或政治上对它的目的进行评价"。[1] 这种观点随资本主义自由阶段发展到垄断阶段日显不足,不能解释许多法律现象,甚至与现实相冲突。首先向它发难的是法社会学派,如经济分析法学从经济学的角度,现实主义法学从心理学、生物学等角度,社会学法学从社会学的角度,行为主义法学从行为学的角度对法律进行了研究。这些视角并不是从法的内部结构而是从法与社会的联系即法的外部进行的论述,具有反分析法学、概念法学的形式主义之道而行之的特点。不仅如此,他们还对传统法学、概念法学、分析法学的形式主义进行了总清算,这突出地表现在美国法社会学家布莱克的身上。[2] 布莱克在分析法律形式主义的原因时认为,法学与法社会学的最大差别在于:法实际上是一系列规则;这就是法律形式主义的法学传统的核心原则。尤其是,法律形式主义认为对案件的判决都是通过将规则合乎逻辑地适

〔1〕 刘全德主编:《西方法律思想史》,中国政法大学出版社1996年版,第233页。

〔2〕 参见[美]唐纳德·布莱克、韩旭:《论法律社会学》,载《外国法译评》1997年第2期。

用于证据而作出的。法律形式主义至少可以追溯到罗马帝国时代，而且在法学研究、法学教育和法律实践中至今仍占统治地位。然而，对规则的关注在社会上并不普遍。人们相互关系的平等性和密切性都倾向于抑制规则的适用。特别是自进入20世纪以来，美国的法律生活已日益民主化和多样化。这一点在实施法律的领域表现得最为显著。例如，有比以往更多的人充任警官、检察官、法官和陪审员，由于诉讼当事人和参与诉讼的第三方的多样化，案件的法律后果也多样化了。这些事例都表明，仅凭成文法预测案件将如何处理，变得比以前更加困难。可见，规则的重要意义正在下降，法律形式主义正在丧失其社会基础，取而代之的是法社会学能够提供一种对法律生活的新的理解。这是因为它研究被法学所忽视的东西：案件的社会结构——案件当事人及其支持者律师等以及第三方仲裁者法官、讲话方式等。它开始于法学教育结束的地方，在法律形式主义感觉混乱的地方发现了秩序。这种研究是一种不同于法学模式的社会学模式。尽管至今法学模式仍占统治地位，但社会学的威力正在被利用，社会学模式的前途是无法想象的。

（二）法律多元主义

概念法学、分析法学的研究走上了形式主义的道路，主张国家与法律的同一性，从而得出法律一元论结论，只承认国家法、实在法的存在。相反，法社会学则主张国家与法无必然的联系（但并不排除有些人只承认国家法），因此得出法律多元论的观点。

其实，主张法律的多元论并不是法社会学的首创，而是由自然法学开始的。自然法学派一般都坚持二元或多元法律观。例如，古代的罗马法把法律分为市民法、万民法与自然法，西塞罗把法律分为自然法和人定法；中世纪的神学自然法学家阿奎那把法律分为永恒法、自然法、人法与神法四种；近代古典自然法学家霍布斯把法律分为自然法、实在法；现代新自然法学家富勒把法律分为程序自然法和实体自然法。但是，由于他们主张法律根源于人的本性：社会性和理性，而自然法是人的本性、理性的最高形式，他们在主张法律多元论的同时，都极端强调自然法的最高地位、指导作用、终极价值,强调实在法、人法等对自然法的绝对服从,接受自然法的最终检验和评价,故称为自然法学。在某种意义上,自然法学的多元论实际上是一种一元法律观,即自然法是法律的唯一来源,与法社会学所主张的法律多元论貌合神离,只具有法律多元的形式而缺乏实在的内容。

与自然法学不同的是,法社会学主张法律源于社会,因此除国家法、书本上的法、本本上的法、正式法、官方法外,还有社会法、"活法"、非国家法、非正式法、行动中的法、事实上的法、非官方法、原始法、初民的法等。例如,韦伯把法区分为国家法和国家外法、埃利希把法分为国家法和"活法"、千叶正士把法区分为官方法和非官方法、弗兰克把法区分为书本上的法与行动中的法等。尽管他们的法律分类是众说纷纭,但他们都不外乎是针对分析法学的国家法而进行的,认为国家法之外还存在法,可统称为"非国家法"。只不过这些非国家法,"当关注于其权威渊源或管辖范围时,就称作非国家法、非官方法、人民的法、地方性法、部落法等;反过来,当关注于其文化起源时,就称作习惯法、传统法、固有法、民间法、初民的法、本地法等"。[1] 不仅如此,他们在论述"国家法"与"非国家法"的关系时,并不像自然法学那样强调自然法的根源性,而是认为两者并存于社会现实之中。只不过反对"立法中心论",强调"非国家法"是基本的形式。当强调法律的作用、效果时,认为国家法要以"活法"为基础,不要与"活法"相冲突,否则会成为"死法"。如埃利希所认为的这种人类联合的内在秩序就是"活法",它"不仅法律比国家出现为早,立法和司法也比国家出现为早",[2]而且"活法的作用也仍比国家法的作用为大"。[3]

总之,自然法学的法律多元与法社会学的法律多元只是貌合神离——前者是法律种类的多元而实则是法律渊源的一元,后者则是法律

〔1〕 [日]千叶正士:《法律多元——从日本法律文化迈向一般理论》,强世功等译,中国政法大学出版社1997年版,第2页。

〔2〕 沈宗灵:《现代西方法理学》,北京大学出版社1992年版,第273页。

〔3〕 沈宗灵:《现代西方法理学》,北京大学出版社1992年版,第273页。

种类和法律渊源的多元,是内容与形式的高度统一。法律不仅源于国家的立法机关,而且只要是由权威机关——国家、教会、公司、商会、学校或其他社会团体——确认并保障实施的规则,就是法律规则。国家法只是社会法律秩序的一部分,而且不一定是最主要的部分。

法律多元是两种或更多种的法律制度在同一社会中共存的一种状况。这种实质意义上的法律多元概念始于法人类学的研究,特别是西方学者对非洲和美洲的部落社会居民文化和法律的调查后产生的。这些学者在许多殖民地或前殖民地发现一种多种文化以及相应的多种法律体系共存的状态。其实,这种文化的法律的多元并不限于近代的殖民地社会。在每个社会中都有一些组成该社会的次群体,如宗族、社区和政治联盟等社会单元。每种次群体都有其类法律,尽管许多类法律制度不是严格意义的法律,但它们却常常模仿国家法律的机构和符号形式,还有一些非法律形式的规范或惯例。因此,从这种意义上说,每一社会实际上都是法律多元的。

四、法社会学法概念的核心内容

法社会学虽主张法律多元论,但在研究内容上并不是平均使用力量,而是有其研究重心。如果说自然法学侧重于自然法,分析法学侧重于国家法和书本上的法,那么法社会学研究的重心则转移到"非国家法"、"活法"和"行动中的法"上。自然法主要是指人类在自然状态即非国家状态下的,主要体现为神意或人类本性、理性的内容的法,因而在某种意义上是一种不同于法社会学的"非国家法"和"活法"。[1] 可见,西方自然法学、分析法学、法社会学研究的重心的转移遵循着辩证法的否定之否定规律,即自然法处于肯定阶段,分析法学的国家法、"书本上的法"则是否定阶段,而法社会学的"非国家法"、"活法"和"行动中的法"则是否定之否定阶段。西方法学研究重心的变化正是通过这一肯定—否定—否定之否

〔1〕 自然法不依国家而存在,法律规则必须以它为基础,否则不可能实现,在这个意义上它也是一种"活法"。

定的过程,使法学研究一步一步深入下去,克服了以往对法认识上的片面性和表面性。

1.“非国家法”,即把法的概念从国家领域扩大到非国家领域。这种研究其实在自然法学中就进行过,自然法学的自然法就是人类在自然状态——在国家出现之前的人类早期社会的一种假设——下的一种“非国家法”。洛克认为,在国家和政府产生之前,人类处在一种自然状态下,它“有一种为人人所遵守的自然法对它起着支配作用,而理性也就是自然法,教导着有意遵从理性的全人类”。[1] 他所论述的自然状态,其实就是人类的原始状态,自然法则是一种原始法或初民法,只不过它是建立在一种人性预设的基础上推导而来的。他的这种观点被法社会学中的某些法人类学家所发展,但由于法人类学家所运用的是社会学的实证的社会调查的研究方法,对现存的部落社会进行田野考察,因此他们得出的结论是不同于自然法学家的。他们认为,法这种现象无论在文明社会还是在野蛮社会(“自然状态”)都存在,不能认为只有文明社会国家颁布的行为规则才是法,而野蛮社会由于不存在国家社会中执行着与法同样社会功能的行为规则就不是法。这种行为规则在自然法学家的眼中就是“自然法”。这只是“非国家法”的一种表现形式,它还有另一种表现形式,即某些法社会学家的观点:法是一种有强制力的,由特殊的机制所保证的行为规则,不仅国家的行为规则有强制力,而且许多社会组织的行为规则(如校规、厂规等)也具有强制力,并且由特殊的机构保证实施,因此这些行为规则与国家的行为规则一样也具有法的属性。总之,“非国家法”实际上割断了法和国家的必然联系,把法律规范和其他社会规范、法律控制和其他社会控制混在一起,从而得出法律多元主义的结论。

2.“活法”,即社会生活中实际通行的规则,它不依国家而存在,法律规则必须建立在它的基础上,否则不可能实现。“活法”的观点在西方其他法学流派中也有反映。例如,历史法学派的萨维尼认为,习惯法是比法

---

[1] [英]洛克:《政府论》(下),瞿菊农等译,商务印书馆1982年版,第6页。

典更具生命力的形式,因为它根源于一个民族的民族精神,它随着民族的发展而发展。而法典的编纂会阻碍民族的自发发展。萨维尼所谓的习惯法与法典的对立实则是法社会学中所说的"活法"与"书本上的法"的对立。又如,自然法学派所说的"自然法"与"实在法"的关系也是如此,自然法是凌驾于国家所制定的实在法之上的法,它不以立法者的意志为转移,是超国家的法,实在法只有符合自然法才配称得上真正的法。但是,由于自然法学与法社会学所持的法律观和运用的研究方法不同,因此其"活法"的具体内容不同。自然法学的"活法"即自然法主要是指上帝和神的意志与人的本性和理性,而法社会学的"活法"是指不依国家意志而存在的社会生活中实际通行的规则。然而,自然法也不是纯粹的观念,在上帝意志或人类理性的背后都有其现实原型,即要求国家制定的法律符合那个时代的社会需要。在马克思主义法学中,法根源于一定社会的物质生活条件,只是"记载和表明一定的经济规律";狄骥的"客观法"即社会连带关系的原则。这些都是法社会学中的"活法"的表现。

3."行动中的法",即把法概念从法律规则、"书本上的法"转移到法的实际运作,在现实中一切起着法的作用的东西。在这个意义上,"活法"实际上是"行动中的法"的一种。它另一种表现形式是指现实中的各种法律行为,法在现实生活中的运作和实现,用以区别于国家颁布的法律规则即"书本上的法"。这是当代西方法社会学中最为流行的法的定义。这种法的定义不同于上述形形色色的"非国家法"或"活法",它把国家的联系作为法的基础,即根本不存在任何形式的"非国家法"和"活法",如布莱克认为"法律是政府的社会控制",强调法与国家的联系。此外,它又把法概念的重心从"规则"转移到"行为",转移到立法、审判、行政、诉讼等实际法律活动。这样,法不再是某种特殊的规则,而成为一种活动、过程。例如,庞德认为法律是一种社会工程,而工程是指一个过程、一种活动,而不仅仅是一些知识或一个固定的建筑体系。弗兰克认为法并不是"书本上的法",而是"行动中的法";不是固定的规则,而是官员特别是法官的行为;不是一个规则体系,而是一批"事实"。

五、多元法律之间的互动关系

法社会学认为，在历史上共存于一个社会的多元法律并不是彼此独立的，它们之间存在互动关系；尤其是“非国家法”对国家法的作用和影响，“行动中的法”对“书本上的法”的作用和影响是其研究的重点，这是与法社会学研究重心的转移分不开的。

庞德在研究法律的概念时，认为法律从公元前6世纪以来存在三种意义：法律秩序；权威性资料、根据或指示；司法和行政过程。19世纪的分析法学派、历史法学派和哲理法学派所讲的法律，主要是指法律的第二种含义，它们都看不到法律中的司法和行政过程的意义；20世纪的现实主义法学派所讲的法律，主要是指法律的第三种意义；而现在法学家所称的法律，主要是指法律的第一种意义。由于上述各法学流派强调彼此之间的区别，因此这种多元的法律至今只是独立地甚至是对立地存在。而庞德更愿意把这种多元的法律整合、统合在社会控制——法律是“一种制度，它是依照一批在司法和行政过程中运用权威性律令来实施的、高度专门形式的社会控制”[1]——这一概念下，认为多元法律既对立又统一，既有区别又有联系，是多样性中的同一性，又是同一性中的多样性。

庞德的这种研究思路为格里费斯所继承，但格里费斯是把法社会学家关于法的种种定义整合、统合于社会控制分工的发展之中。他认为，人类社会的社会控制是从低级向高级、从无分工到有分工地发展，即从所有的社会控制形式融于一身，没有区别，到逐渐分化为道德、宗教、法律等不同形式的社会控制。[2] 就法律而言，在社会控制分工的发展过程中，随着社会控制分工的增加，法律性也在增加。因此，“法律性”这一概念指的是社会控制分工的程度。格里费斯认为，社会控制分工变化的闭联集的起点是零，代表无分工，向外无限地扩展。在其间法律性也在不断增加，

---

〔1〕 沈宗灵：《现代西方法理学》，北京大学出版社1992年版，第299页。

〔2〕 参见［美］格里费斯：《社会控制中的分工》，载［美］布莱克主编：《社会控制的一般理论》第1卷，学林出版社1984年版，第48～55页。

其中某一点，可作为法律与非法律的社会控制的分类标准。在社会控制分工闭联集上可以划分若干分界点以表示法律性的不同。至于这个分界点究竟应该怎么划，这便是法社会学家们长期以来争论不休的问题。

如图 1－1 所示，有的人片面地将这个分界点向左移（如图 1－1 中 O 点），以扩大法的范围，以至于把法等同于一切社会控制，认为社会控制不存在社会分工，如马林诺夫斯基的法定义："法是由社会结构所固有的相互性和公开性的特殊机制有效地维持的"。有的人片面地将这个分界点向右移（如图 1－1 中 C 点），以缩小法的范围，以至于把法律局限于国家法，局限于国家这种更高级的社会控制形式。这是法学、法人类学、法社会学中最常见的一种情况。例如，在法学家中，以奥斯丁的"法是主权者的命令"的法定义为代表；在法人类学家中以拉德克里夫－布朗（Radcliffe-Brown）的"法是通过组织化的政治社会系统运用暴力的社会控制"的法定义为代表；在法社会学家中，以布莱克的"法是政府的社会控制"的法定义为代表。格里费斯还认为，国家的社会控制也随着社会控制的分工在继续发展。例如，国家权力机关按其功能分化为立法机关、执法机关和司法机关，专门从事法律工作的人员也在向特殊化、固定化、专业化发展。而有的人把这个分界点定在 A 点上（如图 1－1 所示），认为至此从社会控制的整体中已分化出运用权力的形式——运用权力的社会控制。例如，霍贝尔的"法是暴力的授权行使"的法定义就是如此。还有的人将这个分界点定在 B 点上（如图 1－1 所示），认为权力的运用已制度化，制度化的社会控制形式已分化出来。例如，法人类学家波斯皮西尔的法定义就是如此，即法是合法权力在作出决定的过程中所适用的"制度化的社会控制"的那些规则，而合法权力则是指这样的个人或群体，其决定得到群体成员大多数遵从。格里费斯认为，波斯皮西尔的法定义具有把法和权力与法和制度化的社会控制相联系的双重特征。

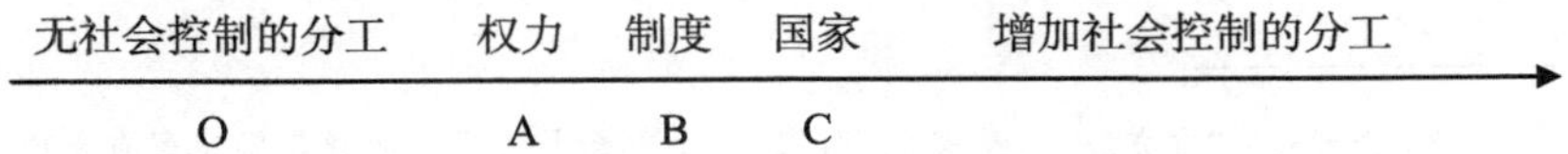

图 1－1 法律性

可见,在庞德和格里费斯看来,多元的法律不仅相互区别,而且是相互联系、相互流动的,并不是绝对对立的。不仅如此,法社会学家还研究了多元法律之间特别是“行动中的法”对“书本上的法”、“非国家法”对国家法的影响和作用的方式,即多元法律之间互动方式,也就是“官方法通向非官方法的渠道”。

在日本的法社会学家千叶正士看来,官方法通向非官方法的渠道主要有两类[1]:第一类是官方法正式认可的渠道,这里包括三种情况:(1)被视为“习惯”或“习惯法”,被制定法公开认可,也就是通过官方法方面的审查、遴选和重新阐释,以一定的方式把非官方法纳入官方法之中。其中最基本的方式是把原本是非官方的权利和习俗个别地纳入已制定的法律体系之中,如日本法和相关法令中的天皇制度、婚姻家庭法中的事实婚姻等传统习惯、特别法中的民事和家事调停制度等。另一种方式是以“一般条款”特别授权采纳“习惯”或“习惯法”代替官方法条文,如日本《一般法律适用法》中“批准某些习惯作为官方法”的规定,日本《民法典》第92条规定,允许当事人依赖习惯而不是官方法等。以上是公开地允许非官方法纳入官方法的条款。(2)通过人们的自愿选择(基于个人自由的宪法权利)间接达到。这是一种适用于各种弥散性目的的方式,它允许非官方法悄悄地潜入官方法中,但不作明文的规定。例如,“公序良俗原则”。此外,宪法上的“个人自由”原则也可能发挥了类似的作用——只要它留待个人意志选择特定行为模式,包括遵循非官方法,如民法上的意思自治原则。(3)通过法律机关核准的自由裁量。上面提到的一般性条款原则和个人自由原则在实践中是否导致非官方法被吸纳进官方法,取决于法庭上法官的最后决定,法官有权利也有义务根据自己的自由裁量作出这样的决定,除非制定法另有规定。总之,除上面提到的制定法之外,“司法判决”构成官方法通向非官方法的一个重要渠道。而且,司法判

[1] 作者采用“官方法”而没有用“国家法”的概念是为进一步详尽阐述留有余地,“官方法”包括“国家法”。但他进一步指出,在日本官方法和国家法可以交替使用。

决的沟通能力比上面提到的条文的沟通能力还要深远。因为要吸纳的并不局限于非官方法,而且吸纳经常会在没有特别指明的情况下完成。第二类是非正式地受非官方法支持的渠道。非官方法在通向官方法的过程中并不是被动的,而是较为复杂的。在实际中有许多案件是受非官方法和官方法的双重影响,而且官方法的有效性在其中受到非官方法显著功能的实质性竞争,或者经常被后者破坏,尽管这种情况没有受到官方法的正式认可,而只是非正式地受非官方法支持。下面以“情义”对法律的影响为例加以说明。如果严格按刑法典规定,即使是送一个小的礼物给公务员,也会构成接受礼物的公务员被控受贿的一个根据。但根据“社会常识”礼物被衡量为合乎情理的话,司法判决就不会对案件提出挑战,而当礼物的价值超过了限度,就会受到非难。在这里,情义(一种非官方法原理)和情义关系(一种非官方法),以“社会常识”的名义被悄悄吸纳进官方法之中,对官方法产生了影响。[1]

---

〔1〕 参见[日]千叶正士:《法律多元——从日本法律文化迈向一般理论》,强世功等译,中国政法大学出版社1997年版,第115~124页。

第二章　法社会学的研究方法

一、法社会学研究方法体系及其特征

（一）方法体系

每一门学科在发展的过程中都会形成一套适合于自己的方法体系。法社会学的研究方法体系是由其方法论、具体方法以及各种专门技术和工具三个层次构成的。

方法论是法社会学研究方法体系的最高层次。这一层次包括马克思主义哲学方法论、逻辑方法论和法社会学的学科方法论三个方面。马克思主义哲学方法论，是运用马克思主义哲学理论观察和处理问题的根本方法的理论体系，它从哲学世界观和方法论高度指明法社会学研究的方向和道路，构成法社会学研究方法体系的基础。逻辑学方法论是一套科学思维形式和思维方法的理论体系，它为建立和发展法社会学研究的具体方法和技术手段提供了思维方法的指导。法社会学的学科方法论为系统地说明法律与社会的互动关系中各种经验事实提供了总的理论框架和基本范畴，使理论概念过渡到具体运用概念，从而确定研究对象的范围，并制定各种测量指标。

具体方法是法社会学研究方法的中间层次，这个层次主要包括实验法、社会调查法、文献法、统计法。其中社会调查法包括普查、典型调查、抽样调查、个案调查等方式,另外还有观察法、访问法、问卷法等方法。这些方法的特点是有较大的针对性,实用性强,对所研究的对象深入、具体。

各种专门技术和工具是法社会学研究方法的最低层次。专门技术包括观察、访谈、问卷、参与、定量分析和定性分析等方面。观察、访谈、问卷、参与属于收集资料方面的技术,而定量分析和定性分析则属于分析资料方面的技术。工具包括观察记录表、问卷表、测量表、统计表等量度工具,以及电子计算机、照相机、录音机、录像机等辅助工具。

法社会学研究方法体系的这三个层次是相辅相成的。方法论是整个法社会学研究方法体系的基础,它为具体研究提供认识原则和理论指导,决定着具体研究方法的运用。具体研究方法成果的积累、技术的进步也必然促进方法论本身的发展。法社会学研究方法体系正是在这种相互影响和相互促进中不断完善,从而构成一个严密的科学体系。

(二)特征

1. 定量化

像研究自然科学那样研究法律现象,对法律现象进行实证的定量研究,一直是有些法学家可望而不可即的目标。这种定量化研究的哲学基础是实用主义哲学,因此在人类早期自然法学一统天下的时候是不可能进行的。但并不是说西方古代没有人进行法律的实证研究,如古希腊的亚里士多德,曾经对希腊 158 个城邦的宪法进行详细的考察研究,最后写出了《雅典政制》一书。但在研究过程中,实证主义并没有成为明确的行为。只有到 19 世纪末 20 世纪初,实证主义已成为西方社会学、政治学、法学研究中明确的思想运动,对法律现象进行实证的定量化研究才会成为可能。在这方面进行尝试和探索的代表人物是英国著名的功利主义法学的创始人边沁。他认为,趋乐避苦是人们一切行为的出发点和归宿。人们立法、执法、守法都是苦与乐计算的结果,为此他对苦、乐进行了不厌其详的分类和计算。这种研究方法被他的门徒约翰·密尔所承继和发展。他认为,苦、乐不仅有量的不同,而且有质的不同,主张定量分析与定性分析的结合。他们的这种研究又经后来的法学家特别是早期法社会学的努力,被运用于经济分析法学、计量法学之中。但是,由于受当时科学技术水平的影响,他们的这种实证研究不可能达到定量化的阶段。

第二次世界大战后,现代科学技术尤其是新的数学工具和方法的出现以及电子计算机的发展,打破了历来那种无法对错综复杂、变幻莫测的社会现象进行应用研究的局限,为现代法社会学的研究提供了数学方法和科学技术条件。同时,西方法学中,法社会学区别于概念法学和自然法学的地方在于,它所研究的对象是事实,而不是规范或价值。这就决定了法社会学尤其是经验法社会学具有明显的经验研究的性质。进行经验研究,就是要运用社会学的经验、调查、观察和运用统计资料的方法,研究法律现象与社会现象之间的关系。为此不仅需要运用理论假设和模式在宏观层次上对它们之间的关系进行定性分析,而且需要在微观层次上进行定量分析,如布莱克的《法律的运作行为》。

进行定量分析的一个重要前提就是使研究对象量化,确定法律现象以及与之相关的社会现象是可变量。在法学研究中人们习惯于进行定性分析,如刑法中分析某一犯罪的构成要件等,都是运用定性分析。如何使法律现象量化,法律现象为什么是可变量,这是传统法学所没有遇到的问题,也是法社会学作为一个独立学科存在的一个重要根据。

法律现象是可变量包括:(1)法律现象具有明确的数量性。法律现象除具有质的规定性外,还可以有数量。这包括三个方面:法律主体角色的数量,如法官、检察官、法学教授、法学院学生等的数量;法律行为的数量,如立法行为的数量(包括立法机关、政府和地方立法的数量)、法律运作行为的数量(如报警量、逮捕量、提起公诉量、诉讼量等);法律后果的数量,如刑罚表现为一定刑期、侵权行为中表现为一定数额的赔偿金等。(2)法律现象的数量随时间、空间、人和组织的差异而变化。例如,一个国家的立法数量、犯罪数量、诉讼数量等不是固定不变的,它们随时间而变化,在有的时期增加,有的时期减少;同样,在不同地区(如农村和城市、沿海与内陆)、不同国家,法官、律师等的数量差异也很大;在不同种族、民族、阶级、文化程度等人群中,犯罪、诉讼等的数量也是不同的。

法社会学研究包括两个方面:法对社会的作用和社会于法的影响。在法对社会的作用的研究中,把法律现象作为自变量即引起结果的变量,而把受其影响而发生变化的社会现象、行为作为因变量即受自变量所影响的变量。其中心问题是研究法律的变化在多大程度上影响了人们的行为,影响了社会的变化,其法律效果如何,如严惩犯罪的法律对犯罪率的影响,严惩贩毒的法律对贩毒、毒品黑市交易的影响。

在社会对法的影响的研究中,把法律现象作为因变量,而引起法律变化的社会现象作为自变量,即研究社会现象的变化是否以及在多大程度上对某种法律现象产生影响。在宏观法社会学中,具体包括社会环境的每一个方面——纵向方面、横向方面、文化方面、个体方面、群体方面、规范方面和救济方面等——对法律现象的影响以及它们综合而形成的对法律现象的影响;在微观法社会学方面,着重探究案件的社会结构——参加案件的当事人及其支持者律师等人以及案件的审理第三方法官等人的社会特征、证人的讲话方式——对案件处理结果的影响。这些是传统概念法学较少甚至没有研究的方面,构成法社会学的主体。

可见,定量研究是法社会学研究方法的一个主要特点,贯穿法社会学尤其是经验法社会学研究的各个方面。运用定量分析方法,可使人们对法律现象的认识趋向精确化。同时,从量上对各种法律现象进行分析,是进一步准确把握事物内在规律性的必要途径,它对人们从理论到实践的飞跃,具有一定的预见性和指导性,使法律更加符合"形式理性"的要求。但是,定量研究同样存在自身的局限性。因此,"法律现象中至今只有一部分能进行统计处理,在大多数场合法不能用实数表现"。[1] 定量研究必须与定性研究结合起来,才能达到对社会现象深刻、准确、全面、科学的

〔1〕［美］布莱克:《法律的运作行为》,唐越、苏力译,中国政法大学出版社 1994 年版,代译序第 11 页。

认识,才能正确认识法律现象,准确把握其发展的客观规律性。

2. 技术性

运用一套特有的、科学的研究技术对法律现象进行研究,这是法社会学研究方法的又一重要特点。在对错综复杂的法律现象的研究过程中,如何确保真实有效地收集资料,正确无误地分析资料,及时准确地对研究成果作出科学的评价,这是法社会学的一个重要问题。为了避免在研究过程中失真,以及在失真情况下能及时地加以纠正,法社会学在其发展过程中,不断引进、吸收其他学科的研究方法特别是社会学的研究方法和技术,形成了一套科学的研究技术,如问卷设计技术、统计设计技术、抽样设计技术、观察技术、访问技术、实验技术等。这些技术的正确运用,对法社会学研究的深入发展发挥着重要的作用。法社会学研究技术的不断完善和发展,是保证法社会学研究得以顺利进行的重要手段,也使法社会学研究与以往法学研究相比形成了自己的特点。

二、研究的基本程序

(一)选题阶段

选题阶段包括选择课题、建立假设、概念操作化三步。选择课题是法社会学研究的第一步,要注意以下三个问题:(1)选题的类型。法社会学研究的类型包括应用研究和理论研究。应用研究是为了制定具体法律政策或解决法律问题而进行的研究。理论研究则是在应用研究的基础上,对大量相互联系的法律现象进行理论概括和论证,从中找到规律性的东西。应用研究侧重于实际问题,理论研究侧重于对实际问题的理论分析和概括。因此,在选题时要根据所要研究的方向进行课题类型选择。(2)选题的可行性。选题必须考虑到人力、物力、财力和时间等客观因素与研究者本人的知识结构、能力等主观因素,根据主客观条件的许可与否,遵循可行性原则。(3)选题的针对性。选题要从当时、当地的实际情况出发,抓住能够切中时弊的问题进行调查研究。

课题初步确定后,不能直接进入实际研究,还必须建立一系列的假设。假设是关于事物现象及其规律性的一种不完备的、尚待实践证实的命题,是法社会学研究中不可缺少的一种方法。假设的类型很多,如仅从研究方面来考察,一般分为描述型假设和关系型假设。描述型假设主要是说明某些社会现象存在的状况,是对事物现状的一种描述或叙述。例如,对目前法院人员的构成与素质的研究中,发现其人员结构不合理,业务素质不理想。于是我们假设:法院人员的构成与素质不能适应市场经济的要求。关系型假设是用来说明社会法律现象之间的关系的,如法院人员的构成与素质影响法院办案能力。法社会学研究中的假设要符合以下要求:(1)假设是以一定的经验事实材料为基础的。假设不是随意的猜测,它既与毫无事实根据的猜想不同,也和缺乏科学论据的冥想、臆想有区别。(2)假设必须是可验证的,不能被实际资料证明或否定的就不称为假设。(3)假设必须具有通用性。假设是用来说明一系列同质现象的,而不是用于某一特例。因此,它的成立不需要其他附加条件,这样才是真正能验证的假设。(4)假设必须具有一定的想象力。如果假设没有一定的想象力和创新精神,只是简单重复已被证实的结论,那么它的价值就会大大降低。

假设建立之后,还必须对假设中所涉及的主要概念进行定义。定义一般分为理论定义和操作定义。理论定义是对于一种事物的本质特征或一个概念的内涵的简要说明。比如,环境保护的理论定义:保护自然环境(如人、空气、土壤等),防止其受到破坏和污染,使之能更好地适合于人类劳动、生活和自然界生物的生存。但在法社会学研究中,理论定义要能被实践活动所验证,并运用于实际观察和操作,还要使之变为操作定义。概念的操作定义是指用可具体观察和测量的变量对一个概念的内涵和外延所作的确切而简要的说明。比如,“环境保护”这一概念是通过空气污染的程度、水资源污染的程度、绿地面积等变量具体反映出来并依据具体调查测量的数据来揭示。

(二)设计阶段

设计阶段包括研究设计、抽样设计和提纲设计三个阶段。研究设计要求研究人员在已选定的研究课题和研究假设的基础上,拟定调查研究的具体方案。内容包括调查研究的方法、收集和分析资料的具体方法和技术手段,调查研究的基本程序和时间安排,以及研究过程中可能遇到的各种内外影响因素及其控制手段。抽样设计和提纲设计是研究设计的具体化,设计的优劣关系到整个调查研究的质量和水平。因此,设计出一个科学、合理的抽样方法和调查提纲,是设计阶段的一项重要工作。

(三)实施阶段

实施阶段的主要工作是根据研究方案进行实地调查和资料收集。实地调查首先要确定具体的调查对象和调查范围。由于实地调查的具体方法不同,因而调查范围和对象必然各有差别,要根据所使用的调查方法来确定调查对象。实地调查的方式有个案调查、普查和抽样调查等;具体方法有实地观察、访谈、填答问卷和集中座谈等。调查对象和范围确定之后,就进入收集资料的阶段。收集资料是整个调查研究中最艰苦、最基本的工作。资料的来源分为两类:(1)原始资料,这是直接从资料来源处获得的资料,这种资料的特点是未经整理而保留着资料的原始状态。原始资料一般通过访问、填答问卷和开调查会等方法获得。(2)次级资料。次级资料是经他人整理简化了的资料,如统计资料以及各种档案资料等都属于次级资料。次级资料一般是通过文献法而获得的。

(四)总结阶段

总结阶段是将实施阶段中所收集的资料进行整理、分析,然后从中得出规律性的结论。资料整理的主要任务是对收集来的资料进行系统的科学加工,使资料能反映研究对象的总体特征。整理资料要注意以下问题:(1)核对和检查原始资料的对错或遗漏;(2)对原始资料进行科学分类,使资料系统化和符号化。资料分析是提供社会调查研究成果的最重要阶段。通过资料分析,可以发现研究对象的总体状况、事物之间的联系以及发展的规律。资料分析的方法包括理论分析方法和统计分析方法两大类。理论分析方法要遵循的基本原则是以辩证唯物主义和历史唯物主义理论为依据,运用对立统一的辩证思想,从现象的相互联系上,对研究对象作出全面、正确、生动的描述和分析。统计分析方法包括单变量描述统计、多变量相关分析、推论统计等方法和技术。

撰写研究报告是整个研究过程的最后一个步骤,不仅包括对研究过程的一般概况和资料分析结果的说明,还包括本研究的理论贡献和实际贡献的说明,它把研究成果上升为理论。研究报告的类型多种多样,采用何种类型要根据研究的性质和作用而定。从研究性质来划分,研究报告可分为描述性报告、解释性报告和预测性报告。从研究报告的作用来划分,研究报告可分为学术性研究报告和应用性研究报告。研究报告尽管种类繁多,但基本结构必须包括以下方面:(1)向读者简要说明研究的缘由、背景、任务、目的和意义;(2)简要地介绍调查研究的时间、地点、对象、范围、过程,主要的研究方法和基本程序;(3)对调查研究的主要内容给予客观的描述,对主要的事例、数据和图表进行扼要的介绍,使读者明了"是什么";(4)根据获得的丰富资料,进行科学、系统的分析,提出主要理论观点或结论,使读者明了"为什么";(5)根据前面的描述和分析,从结论中引出一定的建议,使读者在阅读后明了应该"怎么办"。

三、资料收集的具体方法

法社会学研究的具体方法很多。在收集资料上,重要而常见的方法主要有实验法、观察法、抽样调查法、个案调查法和问卷调查法;在整理分析资料上,主要是统计分析方法。

(一)实验法

实验的方法包括实验室实验和实地实验。前者是由研究者把研究课题和必要的资料带到人为操纵的条件下,观察两个变量之间的关系。例如,在"选择解决争端的方式与条件的改变"的实验中,把时间、标准、一致性等条件作为自变量,把选择解决争端方式作为因变量,通过改变自变量观察因变量的变化,研究两个变量之间的关系。后者发生在实验室外,有较少的可供人们随意操纵的条件,往往在法院、公安部门、监狱等地进行。西方犯罪生物学理论的提出很大一部分依据对监狱犯人的实地观察和实验。

在进行法律实验时,把自变量引入到一个精心设计的环境中,然后记录下来它对因变量的影响。这里的一个关键问题在于确定因变量的变化是否仅仅是由于自变量的变化而引起的,还是由许多其他因素引起的。如果不能从多种因素中分辨出自变量的作用,那么就很难说因变量的变化是自变量变化的结果,二者之间存在因果关系。为了排除其他因素的影响,研究者必须运用对照的方法论,这在后面将加以介绍。

实验的方法使研究者可能考察在日常条件下往往不易系统研究的问题,通过精心设计,可能排除其他因素的影响,而相当于独立考察自变量与因变量之间的关系。但这种方法也有缺点。尤其是小范围内的实验只适用于很狭隘的确定的问题,很难把它的结论推广。有的会失真,不能达到预期的目的。

(二)观察法

观察法是一种最基本、最常用的方法,是指观察者根据研究课题,有目的地利用眼睛、耳朵等感觉器官直接或间接地对研究对象进行观察,以收集有关资料的一种方法。观察的类型有很多,一般分为参与观察与非参与观察。

参与观察是指观察者直接深入被观察对象之中,熟悉了解他们,在共同的活动中收集和研究有关资料的一种方法。例如,犯罪生物学家龙布罗梭为了研究罪犯的生理特征,曾经与犯人住在一起,并对大量的犯人进行了细心的观察。参与观察能深入观察客体内部,从而能获得从外部观察得不到的宝贵资料。但是,由于观察者与被观察者长期生活在一起,观察者容易受影响,使观察产生偏差。因此,观察者一方面要与被观察者达到心理相容,尊重对方的风俗习惯,另一方面要保持中立的态度,多听、多观察而少发言、少评论。

非参与观察是指观察者不参与被观察者的活动,仅从外部对研究对象进行观察的一种方法。这种观察方法是在观察者无法进入被观察者内部或无须介入被观察活动时采用的。这种方法具有被观察者不易受观察者的影响的优点,但也有局限性,即不全面、不深入,容易渗进观察者的主观因素,影响结论的正确性。

（三）抽样调查法

抽样调查法是按照随机原则，从全部研究对象中抽取一部分单位进行调查分析，达到对全部研究对象的认识的一种社会调查研究方法。抽样调查可以分为随机抽样和非随机抽样两大类。

1. 随机抽样

随机抽样是指排除研究者的主观意志，按照概率均等的法则，从调查对象的总体中抽取样本的一种方法。它有四种类型：

一是简单随机抽样。简单随机抽样又称纯随机抽样，它是按照随机的原则，直接从总体 M 个单位中抽取 N 个单位作为样本的一种抽样方法，是一种最简单、最基本的抽样方法。基本做法是，在抽样调查之前，先确定总体范围，并对总体的每个单位进行编号，然后用抽签的方法或根据"随机数表"来选取少数必要的单位数。抽签方法一般运用于群体小、个体单位少的调查对象。如果群体大、个体单位多，抽签法不方便，就要借助"随机数表"。先将调查群体中所有个体统一编码，根据编码的最大位数确定使用若干列数字，然后任意地决定某行、某列的数字为起点，向任意一个方向数过去，遇上与个体编号相同的号码就记下来作为样本单位。如果选用不重复抽样方法，在遇到重复号码或大于个体总数的号码时则不予抽取，再查下一个号码，一直到抽足预定的数量为止。

简单随机抽样的优点是可以避免研究人员的主观偏见。但其局限是：其一，若总体包括的单位多，编码的工作就会十分繁重。其二，抽到的单位一般比较分散，有时会给实际调查工作带来困难。其三，这种方法没有利用有关总体的一些已知信息，抽样调查方案的有效性会受到影响。比如，在进行农村家庭收入调查时，沿海和内陆是有较大差别的，不注意这一点就会影响结果的真实性。

二是分层抽样。分层抽样又称典型抽样，它是按照被研究对象的主要特征，可先把总体的所有单位分成几个类型或组别，再在各个类型或组别中随机抽取适当的单位数目并合成一个样本的一种抽样方法。分层抽样还可以分为等概率分层抽样和不等概率分层抽样。等概率分层抽样是指各类别中的单位被抽中的机会是相同的。不等概率分层抽样是指各类别中的单位被抽中的机会是不相同的。在这一类别中可能是10%的机会,另一类中则可能是5%或10%的机会。例如,在某市中的老、中、青三类人中进行抽样,如果三组中抽出的比例相同,假定100个抽10个,这就是等概率分层抽样。如果老、中、青分别抽取10人、5人、15人,而且每组是100人,这就是不等概率分层抽样。

三是系统抽样。系统抽样又称机械抽样、等距抽样,它是把总体中的全部调查单位按某一标志排列起来,按固定顺序和间隔抽取样本的一种抽样方法。例如,要在2000名工人中抽100名工人进行班组优化组合的调整,可将这些工人依次编码,用全部工人数除以要调查的工人数,计算出抽样间距为20。抽样的起点可以在第一组的20个人中用简单随机抽样法确定。然后每20个人抽一个人。如果第一组中抽中的编号是7,则要抽的100人的编号依次是第27、47、67、87……直到抽满100人为止。

用作总体各单位顺序排列的标志,可以是无关标志也可以是有关标志。无关标志是指排列的标志与单位变量数值的大小无关或性质不同。例如,调查城市居民的收入或消费情况,沿着街道门牌号码等距抽取居民户。在按无关标志排队的情况下,各调查单位的位次排定,并不等于各单位的调查标志值也按同一次序排定。所以,这种等距抽样实际上相同于简单随机抽样,只是抽样形式不同而已,完全符合随机原则。有关标志是指排列的标志与单位变量数值的大小有密切关系或性质相同。例如,职工或农民收入调查以本年人均收入为调查变量,就以往年人均收入作为排队的标志,抽取调查户。可见,按有关标志排队实质是运用类型抽样的一些特点,有利于提高样本的代表性。如果在调查前取得与调查项目有关的标志的全面资料,用以作为排队抽样的依据,可以提高样本单位的代表性。

等距抽样的主要局限性体现在:其一,调查总体的单位不能太多。使用这种方法时,要有一个按某一标志排列的完整的花名册,这在总体单位数太大时难以实施。其二,当调查总体按照某种标志排列后,其抽样间距如果接近个案类别的间隔,可能会形成周期性偏差。例如,统计某条街道公共汽车客流量,每隔几小时抽样,其间隔恰好与上下班时间重合,这就影响样本的代表性。这是因为等距抽样比起简单随机抽样"自由度"小,一旦确定了抽样起点,一个样本就只有一个可能,不可能有其他选择。因此,采用等距抽样法,应避免抽样间隔和研究对象本身的节奏相重合,而发生系统性或周期性偏差。

四是整群抽样。整群抽样又称多阶段抽样,它是将总体各单位划分成若干群,以群为单位从中随机抽取若干群,并对选中的群的所有单位进行全面调查,由此推断总体情况的一种抽样方法。例如,要对某县的若干居民户进行调查,可按乡—村—居民户的顺序,分三个阶段抽样。第一阶段,从全县的所有乡中抽出若干个乡;第二阶段,从已抽出的乡中抽出若干村;第三阶段,从已抽出的村中抽出若干居民户。每一阶段都必须严格按随机原则抽取样本。这样抽样的主要优点是:其一,抽样前不需要总体各单位的完整名单,各阶段的名单数较小,故抽样工作较简便易行,适合于较大范围的、样本数较多的抽样调查。其二,使用这种方法抽出的样本相对集中,便于组织调查和展开工作,节省人力、物力、财力和时间。其三,采用多阶段抽样,可以使抽样方法更加灵活和多样化。抽样调查的各个阶段可以根据具体情况分别采用各种抽样的方式。例如,在上面抽大单位时可以用等距抽样,下面抽小单位时用简单随机抽样。其中任何一种方式,都可以用于任何一个阶段。各个阶段的抽样数目和比例,可根据实际情况来定。尽管如此,多阶段抽样法也有缺陷,主要是代表性较差,精确度较低。

2. 非随机抽样

非随机抽样又称非概率抽样、立意抽样,它是根据研究者个人的方便或多个人的主观经验,设想有选择地抽取样本的方法。非随机抽样的方法主要有:(1)判断抽样,又称目的抽样,即由调查者根据主观判断选取样本的方法。它类似于典型调查法,不同之处主要在于判断抽样对样本数量有一定的要求。由于判断抽样是凭抽样者所认可的样本来作为判断的标准,故它不可能计算抽样误差。换言之,在这种抽样中,凡总体中具有代表性的单位都可作为样本,个别单位被抽取的概率是无法确定的,其抽样结果的精确度也无法判断。所以,这种判断抽样的准确程度取决于调查者对调查对象的了解程度和调查者的判断能力。(2)偶遇抽样,又称任意抽样,指调查者根据其方便,任意抽取样本的方法。调查者可在车站附近、戏院门口等公共场所访问群众,取得资料。它的优点是方便;缺点是样本的代表性差,有较大的偶然性。(3)定额抽样,是指把总体按一定标志分成若干类,在每一类中确立一定的抽样数目,然后按方便原则任意抽取样本进行调查。这种方法与分类随机抽样法有点类似,不同的是,抽样时它并不遵循随机的原则。由于这种方法在抽样前将总体各单位作为分类,故其样本的代表性比简单的判断抽样要大一些。实际工作中,常将定额抽样应用于民意测验。但定额抽样没有严格按随机原则抽样,只能用来大体上推断总体的状况。

总之,非随机抽样简单易行,并能通过样本大致了解总体的某些特征,见效快,通常在时间紧,人力、物力不足的情况下采用。由于非随机抽样的科学性较差,对总体的代表性较低,其抽样误差的控制和估算也很困难,故以非随机抽样调查的结果推断总体须十分谨慎。

(四)个案调查法

个案调查法是在医学对个别病例的研究方法的启发下发展起来的一种社会学与人类学的研究方法。在法社会学中,个案法是指对某个特定的法律研究单位作深入细致的调查研究的一种调查方法。任何一种法律现象,只要是被当作法律研究的基本单位,都可以被当作个案来进行详尽的研究,对其作出法律诊断,并加以治理。

个案调查法的主要特点在于:其一,对特定对象的研究深入、具体、细致。表现在纵向上就是要对调查对象作历史的研究,进行较详细的过程分析,以弄清来龙去脉,具体而深入地把握个案的全貌。它一般还要求作追踪调查,以掌握其发展变化的情况和规律。其二,个案研究的目的主要不是用来说明它所能代表的同类事物,而是了解和认识个案本身的问题。它重在对一个个的对象进行深入的个别研究,以认识事物本质的诸个方面。所以,个案研究一般不存在是否要考虑它有没有代表性的问题。个案研究所得出的某些结论一般也不能用来推论有关总体,只有通过个案的综合研究,才能从中推导出总体性结论。其三,采用个案法,研究者可采用的方法有观察、访问、文献法等形式,可以灵活运用。

(五)问卷调查法

问卷调查法简称问卷法,是指调查者根据研究的问题和研究的方案,通过设计一套要求被调查者回答的问题表来收集资料的方法。问卷一般可分为开放式(非结构式)和封闭式(结构式)。开放式问卷是在问卷中只列问题而不列可能的答案,被调查者可根据自己的情况,针对问卷中提出的问题自由作答。它在问题设计上是开放的,因此而得名。封闭式问卷在问题的设计上是封闭的,即回答者对问题的回答只能在规定的范围内进行选择,如“您对目前的工作是否满意？①不满意 ②不太满意 ③无所谓 ④比较满意 ⑤满意”。

无论是封闭式问卷,还是开放式问卷,二者各有优缺点。在开放式问卷中,所获得的样品比较生动丰富,但答案难以统一,整理困难。在封闭式问卷中,答案标准化,容易填答和归类整理,但限制了被调查者发表自己看法的自由,有可能掩盖了问题的真相。开放式问卷一般适用于小规模调查,而封闭式问卷适用于进行大规模的社会调查。研究者往往将这两种问卷方式结合起来进行,用结构式或封闭式问卷处理面上的工作,而用非结构式或开放式问卷处理点上的工作。

问卷的设计要遵循以下原则:(1)要按照准确的理论假定提出问题,以便于使收集的资料与研究目标相符;(2)问卷要简明扼要,不宜过长;(3)问卷的措辞和语言要准确,不能太抽象,格式整洁美观;(4)问题和答案的设计要有真实性、中立性和可排误性。

问卷的内容依次包括:(1)个人的基本情况,具体子目的设计要根据需要而定;(2)行为方面的问题,即调查所要研究的反映被调查者行为方面的客观状况的问题;(3)态度方面的问题,即反映被调查者的观念、意见、感情倾向等主观方面的问题。问卷的结构一般包括指导语、问题及答案、编码等。

四、资料的统计分析方法

(一)法律统计总体和法律统计指标

所谓法律统计总体,是指根据一定的目的要求统计所要研究的全部法律现象事物的总体。构成总体的基本单位或细胞的个别法律事务,就是总体单位。比如,要研究全国法院的现状,全国的各级法院系统就是法律统计总体,而其中的每一个法院单位就是总体单位。法律统计是从研究总体出发,通过对大量的总体单位调查资料的登记、整理和分析,以综合的数字来说明总体法律现象的性质和特征。

法律统计总体确定后,就要根据法律统计总体的性质和特征制定说明总体的法律统计指标。法律统计指标是一种特殊的社会统计指标,是指反映总体法律现象数量特征的概念和具体数值。它是用来描述某一种法律现象的量的数据,作为判断某一社会的法律状况的指数,能判别出所研究的客体正处在何处,正在往何处去,以及评价某项专门法律计划及其后果。

法律统计指标的种类主要有:

1. 数量指标和质量指标。根据法律统计指标所说明的总体法律现象内容的不同,可分为数量指标和质量指标。数量指标是指那些反映总体绝对数量多少的某种统计指标,具有实物的或货币的计量单位,如犯罪人数、司法成本等。质量指标是指那些说明总体内部数量关系和总体单位水平的法律统计指标,如犯罪人员的年龄构成、犯罪率的高低等。

2. 总量法律指标、相对法律指标和平均法律指标。这是从法律统计指标的作用和表现形式来划分的。总量法律指标是指那些反映法律统计总体规模或水平的法律统计指标,如在一个省一定时期的法院人员总数。相对法律指标是指运用对比的方法来反映某些相关事物之间数量联系程度的综合指标,如诉讼率、犯罪率。平均法律指标是按某个数量标志说明总体单位一般水平的法律统计指标,如法院人员的平均工资等。

3. 描述性法律指标和评价性法律指标。这是从法律统计指标的功能来划分的。描述性法律指标是对社会法律现象的描述,它没有和一定的理论模型、目标体系相联系,只是反映法律现象本身,不能说明研究者对它的评价,其价值如何,如法官的人数、法学院的学生数。评价性法律指标是指能反映出社会法律制度发展及其社会效果、社会影响在某些方面的利弊得失的指标。它是研究者按照某种目的将两种以上的社会现象或法律现象作比较而得出的,执行着说明法律现象的功能,因此又称为分析性指标或诊断性指标。例如,将人口密度与犯罪率相比较,说明两者的关系。

4. 肯定法律指标、否定法律指标和中性法律指标。这是根据法律统计指标所反映的法律现象的性质来划分的。肯定法律指标是指反映了社会法律发展、进步的积极方面的指标,如合同履行率、人们的安全感等。否定法律指标又称问题性指标,是反映社会法律发展消极方面、反映社会问题的严重程度的指标,如自杀率等。中性法律指标是指本身并不说明社会与法律的进步与否,很难说有肯定或否定的含义。例如,有的国家随社会发展而诉讼率上升,而有的诉讼率并没有变化,甚至下降。不过这类法律指标较少,大多具有肯定或否定的含义。

5. 客观法律指标和主观法律指标。这是从研究者和被研究者的主观感受来划分的。客观法律指标是指反映客观社会法律现象,不以研究者和被研究者的主观感觉为转移的指标,如犯罪数量、法学院教授人数等。主观法律指标又称感觉法律指标,是人们对客观社会法律现象的感受,表现为被调查者的心理状态、情绪、愿望和满意程度等。通过主观法律指标可以较深入地了解人们的实际思想和愿望,从而弥补客观法律指标的不足,如对法律意识的调查等。

法律统计指标具有以下特点:(1)具体性。法律统计指标在再现社会法律状况时是具体的、明确的。例如,衡量一个国家“公共秩序与安全”不能用抽象的好或坏等标准,而必须使这些标准具体化为:一是犯罪发生的件数及被害者的状况;二是犯罪的特征及处理;三是维护公共安全的机构、人员及经费。(2)数量性。法律统计指标是一种量的数据,它把各种社会法律现象变为可以度量、计算、比较的数字、数据、符号,如一定期间的诉讼量、刑期等。它着重研究的是在一定质的基础上量的变化。当然,把任何一种社会法律现象转化为可以用数量表示的社会法律统计指标不都是轻而易举的,有时需要经过研究者的认真思考。(3)质的要求。法律统计指标不仅仅是一种量的数据,它首先建立在某种质的规定性上。法律统计指标在反映社会法律现象时,不是对社会法律现象死板地原样照搬,而是注重于向人们解释和说明,使人们看了它能有所启发。例如,如果我们仅将刑事案件的数量记录下来,人们并不容易了解其含义,但我们将它们变为"每十万人口每年的刑事发案率"时,就可以看出社会治安的实况及其发展趋势。(4)时间性和地域性。法律统计指标的数据都是随着时间的流逝而变动的,只反映某一时期的法律状况。法律统计指标的数据又是因地而易的。不仅不同国家同一法律统计指标会有不同的数据,如中国、美国在诉讼率、犯罪率、律师拥有率等方面有很大的差别,而且同一国家不同地区,如城市与农村、沿海与内陆等,也有很大差别。(5)全面性。法律统计指标是建立在一定的法律统计总体基础之上的,它反映的量是某一社会法律现象的总体数量,它是在各个个体数量上的综合,能较全面地反映法律现象的全貌。(6)理论与经验相结合。法律统计指标本身不是理论,往往是研究者根据某种理论而设计出来的,因而它又把一定的理论包含于自身之中,如上面所举的社会安全状况的指标,究竟由哪些指标反映社会安全状况的总指标,这本身就是一个理论问题。另外,法律统计指标具有经验研究的性质,它虽不等于客观的法律现象本身,但它是对客观法律现象的最直接反映,如诉讼率、上诉率、犯罪率等法律统计指标的变动是相应法律现象在社会中变化最直接的显示器。总之,法律统计指标具有把理论模型与经验数据融合的特点。

(二)法律统计指标和法律统计指标体系的设计

法律统计指标体系是由若干法律统计指标所组成的,二者在设计内容和设计原则上是密切联系的。法律统计指标和法律统计指标体系设计的内容是多方面的。其一般包括:确定统计指标体系由哪些法律统计指标构成、哪个法律指标是指标体系的核心指标,以及各法律统计指标之间的相互联系;确定法律统计指标的名称、含义、内容和计算范围;确定法律统计指标的计量单位;确定法律统计指标的计算方法;确定法律统计指标的空间范围和计算时间。

法律统计指标和法律统计指标体系的设计要遵循如下基本原则:(1)客观性原则,即要能正确反映客观事物的内部联系。(2)统一性原则,即坚持法律统计指标的名称、含义、内容、计算方法、质量单位的统一性。这样才能使不同地区、不同时间、不同结果具有可比性。(3)需要与可能相结合的原则,即指标设置要从实际情况出发,切勿超过当时客观条件的许可范围。(4)稳定性与灵活性相结合的原则,即法律指标的设置要注意各地区、各部门的一致和不同时期的相对稳定,还要注意法律指标设置在稳定性上的灵活性,即根据客观实际的变化,适时地作出相应的调整。(5)效度与信度统一的原则。效度和信度是一个优良的社会指标所必须具备的两个主要条件。法律指标效度是指法律指标对于测量对象和研究课题的相关程度。法律指标信度是指法律指标所测得的数据资料的稳定性和可靠性。效度是以信度为基础的,即有效的测量一定是可信的测量;但是,可信的测量不一定是有效的,即信度很高的法律指标不一定是效度很高的。因为信度只解决资料的真实可靠性问题,而没有解决该资料与研究对象是否相关以及相关度的大小。因此,法律指标设计时要使法律指标的效度和信度均达到最佳程度。

(三)法律统计分组

统计指标与统计分组是构成统计的两个基本要素,是对统计对象的量与质的反映。在设计法律统计指标、进行统计调查之后,在统计整理阶段,必须对调查资料加以科学的分门别类地加工整理,这就需要研究分组方法。所谓法律统计分组,就是按照一定的标志把被研究的总体分成若干组成部分的一种统计方法。对于总体而言,法律统计分组是“分”,即将总体分为性质相异的若干部分;对于个体而言,它则是“合”,即将性质相同的个体组合起来。法律统计分组主要是在统计总体内部进行的一种定性分类。法律统计分组对区分社会法律现象的不同类型、研究总体的内部结构、分析事物之间的数量依存关系是非常重要的。

统计分组一般分为两步：(1)分组标志的选择。所谓分组标志，就是对事物进行分类时所依据的标准。这是统计分组的核心问题。分组标志一般可分为品质标志（或称属性标志）和数量标志两种。品质标志是反映事物质量属性的标志，都是用文字形式表示的，如法官的性别、文化程度等。数量标志是反映事物数量多少的标志，都是用数字表示的，如法官的人数、工资额等。对客观事物进行分组，仅用一种分组标志是不够的，需要用两种或多种分组标志。例如，研究法官的状况，仅有其数量和质量分组标志还不够，还需有性别、年龄等结构标志。(2)确定分组的界限、组数和组距。分组的界限是指不同分组之间的边界划定。由于类型之间往往存在许多中介状态，在实际工作中各组的边界不容易划分，因此对于复杂的分组界限，要根据统一的划分标准进行。例如，城市与乡村的界限要根据"关于城乡划分标准的规定"进行。划分组数是把同一类型的事物分为若干组，这是按品质标志分组时必须采用的，如将全国法官按性别划分，就分为男、女两个组数。划分组距是按数量标志分组时必须采用的方法。比如，民事合同的标的可分为1万元以下、1万～10万元、10万～20万元等若干组。每组变量的最大值称为上限，最小值称为下限。上限与下限之差称为组距；上限和下限的中间值，称为组中值。组距的大小、组数的多少与反映总体中类型的特点有关。因此，组距和组数的确定要从研究对象的具体情况出发，不能生搬硬套。

（四）法律统计分析

法律统计分析就是运用统计学的方法，对调查资料进行数量分析，以反映社会法律现象之间的本质联系的一种研究方法。它是整个调查研究的集大成阶段，其基本方法有：

1. 绝对数分析法。绝对数分析法又称总量法律指标分析法。它是各种社会法律现象总量的表现，反映的是一定条件下某种法律现象的规模或水平，是相对数分析法和平均数分析法的基础。绝对数可分为两大类：(1)总体单位数和标志总量。总体单位数即某一调查总体的单位数，如法院数等。标志总量是总体各单位某一数量标志值的总和，如法院的法官总人数等。(2)时期数和时点数。时期数是指反映某一法律现象在一段时期的发展总量的绝对数，如法官的工资总额等。时点数是指反映某一法律现象在某个时点上的发展水平的绝对数，如1998年我国法院法官的人数等。

2. 相对数分析法。相对数分析法又称比较分析法或对比分析法。它是利用社会法律现象中两个相互联系的指标之比，来说明社会法律现象和过程所固有的数量对比关系的分析方法。相对数分析法一般是用百分数的形式表示，当比的数值很小或很大时，可用千分数和倍数表示。

3. 平均数分析法。它是在同质总体内，按某一数量变动标志说明该总体在一定历史条件下的一般水平的综合指标，即同质总体各单位的数量标志值的平均值，如法官的平均工资等。计算平均数的方法有算术平均数、调和平均数、众数、中位数和几何平均数五种。其中算术平均数是最常用的一种平均数，包括简单算术平均数和加权平均数两种。

简单算术平均数的计算公式为：$\bar{X} = (X_1 + X_2 + \cdots + X_n)/n = \sum X/n$

($\bar{X}$代表算术平均数，X代表各单位的标志值，n代表总体单位数，$\sum$是总和符号)

加权平均数的计算公式为：$\bar{X} = (X_1f_1 + X_2f_2 + \cdots + X_nf_n)/(f_1 + f_2 + \cdots + f_n) = \sum X_f/\sum f$

($\bar{X}$代表加权平均数；X代表由X_1到X_n的变化，称为变量；f代表由f_1到f_n的变化，称为权数)

4. 相关关系分析法。事物的联系一般表现为两类：(1)确定的因果关系，即事物之间的一种引起和被引起的关系。其中引起某种现象的现象是原因，被某种现象所引起的现象就是结果。例如，欧姆定律：$V = IR$（V为电压、I为电流、R为电阻）。(2)不确定的相关关系，即现象之间反复出现的、非确定性的数量关系。一个现象发生数量上的变化,另一个现象也相应地发生数量上的变化。这类现象在社会领域是大量存在的。例如,机动车辆增加,交通事故会相应地增加,但机动车辆增加同样多,交通事故的增加在不同时间、不同地点并不相同,二者之间没有固定的数量关系。现象之间的这种非确定性关系不能用数学的函数关系来表达,只能通过对大量数字资料的观察统计来反映现象之间数量关系变化的内在联系。相关关系分析法,就是根据足够多数的观察值,去研究某一现象和其他现象之间的相关关系的方法。

因果关系与相关关系既有区别又有联系。要说明两个现象之间存在因果关系,首先必须确定二者之间是高度相关的。但是两个变量之间的高度相关并不能说明二者之间就一定存在因果关系。例如,在美国,人们发现冰激凌的销售量与强奸案件的发案量是高度相关的,冰激凌销售越多,强奸案发案量越多。若这两个变量之间的高度相关就足以说明它们之间存在因果关系,则作出结论认为:吃冰激凌引起强奸,或相反,强奸引起吃大量的冰激凌。这种解释显然是让人难以接受的。

那么,我们怎样确定两个变量之间是相关关系还是因果关系呢?这就需要运用对照的方法,即排除法,就是排除某些其他因素对正在研究的关系所可能发生的影响。例如,人们发现酒后开车与交通事故之间存在高度相关。但也有人认为喝酒的司机往往是在夜间、能见度低的情况下开车,因此不是由于喝酒,而是由于能见度低而引起交通事故。在这种情况下,社会学家采用对照的方法,即比较白天和黑夜两种情况下,酒后开车与未喝酒后开车所引起的交通事故的比率。如果两种情况下都是酒后开车比未喝酒开车引起更多的交通事故,就能证明不管能见度如何,酒后开车与交通事故之间存在因果关系。但只证明两个变量之间存在因果关系并不能告诉我们它们之中谁是因、谁是果、谁是自变量、谁是因变量。为此可用以下两种方法:(1)逻辑的方法。逻辑地、现实地评价哪种可能性更大。例如,在酒后开车与交通事故的因果关系中,通过逻辑分析交通事故不可能是因,而只能是果,酒后开车只能是因。(2)引进时间变量。

在有些情况下，通过逻辑的方法是不易辨明因果关系的，如青少年吸毒与逃学之间的关系，这时就需要引进时间变量。一般自变量或原因在前，而因变量或结果在后。如果逃学在前，吸毒在后，则逃学为自变量，吸毒为因变量；反之，则吸毒为自变量，逃学为因变量。

事物之间的相关关系按不同标准可进行不同的分类：(1)从现象之间的相关程度来看，可分为不相关、不完全相关、完全相关。相关一般是指完全相关，不完全相关又分为强相关和弱相关。(2)从相关的性质来看，可分为正相关和负相关。两个现象之间，当一个现象的数量由小变大而另一现象相应地由小变大，则是正相关；反之，另一现象由大变小，则为负相关。(3)从相关的形式来看，可分为线性相关(直线相关)和非线性相关(曲线相关)。在平面直角坐标系中，两个现象的相关点的分布大致在一条直线周围，则为线性相关，正、负相关都属于这种。当相关点的分布近似于某种曲线方程的关系时，则为非线性相关。(4)按相关所涉因素多少，可分为单相关和复相关。两个现象之间的相关为单相关，两个以上的称为复相关。

分析直线相关的原理与方法是分析曲线相关和复相关的基础，因此这里着重介绍直线相关分析方法。假定 X 代表自变量，Y 代表因变量，那么相关分析的目的就在于确定因变量 Y 按照什么形式随着 X 的变动而变动，以及这种变动的紧密程度如何。

直线相关分析一般是采用图表法和回归分析法。回归分析法的第一步是求出一条回归直线。例如，设两个相关变量的观察值如下：

$$X: X_1, X_2, X_3, X_4, \cdots, X_n$$

$$Y: Y_1, Y_2, Y_3, Y_4, \cdots, Y_n$$

当两个变量是直线关系，可以用下面的直线方程式来表示，即 $Y = a + bX$，这就是回归直线方程，按这个方程式求出的直线就是回归直线，它表明两个变量相关的形式。

回归分析的第二步是求出相关系数。其公式为：

$$r = \left[\sum XY - 1/n\left(\sum X\right)\left(\sum Y\right)\right] / \sqrt{\left[\sum X^2 - 1/n\left(\sum X\right)^2\right]\left[\sum Y^2 - 1/n\left(\sum Y\right)^2\right]}$$

相关系数 r 变化范围是：$-1 \leqslant r \leqslant 1$。当 $|r| = 1$，各点都落在直线上，为完全相关；$r = 0$，则各点不相关；$r < 0$，则各点负相关。

第二编

社会于法的影响

第一分编　宏观法社会学

第三章　社会分工与法

一、社会分工的一般理论

（一）社会分工的概念

社会分工是指人类社会活动中某些个人或某类人活动的专门化。社会分工存在于各个社会生活领域，包括经济、政治、文化等活动中，但在许多情况下，专指经济活动中的分工。社会分工同社会分层一样，都是对社会成员的划分。但两者不同的是，分层是从纵的方面，即从人们在经济、政治、社会地位上的不平等方面对人口的划分；而社会分工是从横的方面，即从人们所从事的职业、工作种类方面对人口的划分。因此，社会分层又称为社会的纵向构成，而社会分工又称为社会的横向构成。

社会分工是伴随着人类历史发展而出现的现象，社会一直在趋向于专门化的方向发展。社会分工具有增加社会活动的效率的功能。由于人们工作的专业化、专门化，人们能够熟悉他们自己所从事的工作，成为自己工作岗位的能手,从而提高整个工作效率,促进社会的发展。另外,从结构功能的角度来看,社会分工有助于社会的团结和整合,达成社会共识和合力。这是由于社会分工是一个社会分化的过程,是社会系统中原来承担多种功能的某一结构要素发展成为承担单一功能的多个结构要素的过程,是一个结构要素分化和功能单一化的过程,因此各个结构要素之间相互依存关系随之加强,促进社会团结和发展。

(二)马克思的社会分工论

马克思把社会分工看作推动社会发展的革命性力量。"整个社会内部的分工,不论是否以商品交换为媒介,是各种社会经济形态所共有的。"[1]他把社会分工的形态分为三种:一是一般性分工,即社会性生产分为农业、工业那样的大门类生产;二是特殊性分工,即生产部门的种类、亚种类分工;三是个别性分工,即一个工厂的内部分工。

他认为,具有重大意义的社会大分工在人类历史上发生过三次:畜牧业同农业的分离;手工业同农业的分离;商人阶级的出现,脑力劳动从体力劳动中分离出来。资本主义社会生产经历了一个由简单协作到工厂手工业再到大机器工厂的发展过程,这个过程伴随着从共同劳动到内部分工(厂内分工)再到社会分工的发展过程。一方面,由于分工空前地提高了劳动生产率,因此其有力地促进了生产的专业化和协作;另一方面,正如工厂制手工业所表现的那样,基于分工的协同作业反而剥夺了工人在生产过程中的创造性,只是助长了工人的单纯局部熟练的程度而带来某种精神性的和肉体上的畸形发展,被剥夺掉的创造性反而转化成了他人所占有的用以积累资本的统治工人的权力,出现了异化。这样,就产生了脑力劳动和体力劳动的分离和对立。在机械化工业生产情况下,这种分离和对立达到了顶点,最后成为推动社会前进的革命力量。

(三)杜尔克姆的社会分工论

与马克思相比,杜尔克姆不是从劳动的分裂与对立的观点来理解社

---

〔1〕《马克思恩格斯全集》(第23卷),人民出版社1972年版,第397页。

会分工的;相反,他是从社会各部门的相互依存性和对整体社会的从属性来把握社会分工的,即从社会高度联系的角度去分析社会分工现象。他认为,社会分工是区分传统社会和现代社会的主要标志,任何社会都是由于其成员所共有的社会规范和社会价值而聚集在一起的,这就是社会的连带性或社会团结。这种社会的一致性依赖于社会分工的程度,因为人们工作的差别越大,他们的规范和价值就越不同。他认为,根据社会性分工的进展程度来看,社会分工是从蒙昧社会中基于社会成员类聚的"机械性"联系向文明社会中基于分工的异质社会成员间的"有机性"联系逐步进化的。

这是由于传统社会规模小,每个人从事许多相同的工作,其成员都以同一模式社会化,拥有同样的经验和共同的价值。而且这些价值主要是宗教方面的,它们形成了那个社会的"集体意识",即社会每个成员都具有的共同规范、信仰和假设。传统社会几乎不存在个性,所有的个人都具有类似的特征,社会基本上是由具有血缘关系的群体构成。而现代社会由于规模大,其成员承担不同的经济角色,人们有十分不同的经验和价值观,并以许多不同的方式使其子女社会化。因此,人们有较少的共同信念,宗教减少了其重要性,集体意识对社会的约束力较少,人们不再无疑问地接受社会的假设。人们首先把自己看作个人,然后才把自己看作一个家庭或更广泛的社会群体的成员。社会由有着许多不同特征的个人组成。这种社会一致性的基础不再是其成员间的相似性,而是其差异性。正是由于社会分工而造成的差异性,一方面提高了生产效率和增强了生产力,另一方面也使人们相互依赖、联系紧密,社会若要有效地发挥其功能,每个人必须依赖其他人才能维持自己正常的工作和生活,这样就增强了社会的连带性和团结。

杜尔克姆的社会分工论为当代西方社会学中的结构功能主义思想的发展奠定了基础,对西方社会学的发展产生了很大影响。

二、社会分工与法律分化

社会分工必然带来法律自身的分化,主要体现在以下两个方面:

（一）社会分工对法律分化的积极影响

1. 在理论上

社会分工促进了法学自身的不断分化、精细化、层次化、专门化和技术化。首先，社会分工促进了法学内部第一层次分解，即作为法学基础理论的法理学与法学非基础理论的部门法学的分化；其次，如果有需要，分解式还可以在第一层次分解基础上，进行法理学与部门法学内部各自的再分化，即法理学分解为自然法学、规范法学和社会法学等法学流派，部门法学分解为宪法学、行政法学、民法学、刑法学、经济法学、国际法学、诉讼法学……法学二级学科；再次，如果再有需要，还可以在第二层次分解基础上，在法理学的自然法学、规范法学和社会法学等各流派内部，以及部门法学的宪法学、行政法学、民法学、刑法学、经济法学、国际法学、诉讼法学……法学二级学科内部，进行第三次分解，如在规范法学内部分解为纯粹分析法学和新规范法学，在民法学内部分解为物权法学、债权法学等法学三级学科，等等；最后，如果还有需要，分解式还可以在第三次分解基础上，进行第四、五层次分解……直至分解到不能分解为止。

上述从第一层次分解到第二层次、第三层次、第四层次、第五层次……直至分解到不能分解为止的过程，既是法学不断分化的过程，也是法学不断层次化、精细化、专门化过程。同时，从抽象理论法理学到部门法学再到部门法学内部各二级学科再到部门法学内部各三、四、五级学科的精细化、专门化过程，也是一个从观念到技术的技术化过程。

2. 在实践上

法学是一个实践性很强的学科，上述法学话语自身的不断分化、精细化、专门化和技术化，也会带动法律实践的不断分化、精细化、专门化和技术化，促进法律自身的不断分化、精细化、层次化、专门化和技术化，具体体现在以下三个层面：

首先，在宏观层面，带来法律部门和法律制度的不断分化、精细化、层次化、专门化和技术化。随着部门法学分解为宪法学、行政法学、民法学、刑法学、经济法学、国际法学、诉讼法学等学科，法律也相应地分解为宪法、行政法、民法、刑法、经济法、国际法、诉讼法等相应的法律部门和法律制度；如果说这是法学分化带给法律自身的第一层次分解，那么，法学分化带给法律自身的第二层次分解，就是随着宪法学、行政法学、民法学、刑法学、经济法学、国际法学、诉讼法学等法学学科内部的继续分解，而带来的法律自身的第二层次分解，并形成相应的法律部门和法律制度，如民法内部分解为物权法、债权法、民事责任法等法律，并形成与之相应的法律部门和法律制度；如果说还有需要，法律还会在第二层次分解基础上，进行进一步的第三、第四、第五……直至分解到不能分解为止，并形成与之相应的法律部门和法律制度。法律自身和法律部门以及法律制度的不断分化的过程，也是一个不断从抽象的基本的法律、法律部门和法律制度到具体的法律、法律部门和法律制度的精细化、层次化、专门化和技术化的过程。

其次，在中观层面，宏观层面的法律部门和法律制度的不断分化、精细化、层次化、专门化和技术化，也带来法律部门和法律制度的运行载体——法律机构——的不断横向分化、精细化、层次化、专门化和技术化。法律机构横向分解，就是法律机构在同等结构——法律机构之间的关系为平等关系——上的分解，具体又包括以下两种：

一是法律机构之间外在的横向分解，即立法机构、司法机构、行政执法机构、监察机构、律师事务所等法律机构；如果需要，法律机构可以进一步分解，如司法机构可以分为检察院和法院，行政执法机构可以分解为综合性的行政执法机构和专门性的行政执法机构；如果再有需要，可以再进行分解，如法院可以分解为一般法院和专门法院；如果还有需要，还可以进行第四层、第五层次分解，直至分解到不能分解为止。实际上，上述法律机构之间外在的每一次横向分解的过程，就是法律机构之间外在的横向的分化、精细化、层次化、专门化和技术化的过程。

二是法律机构内部内在的横向分解。例如，在法院内部，第一层次分解就是将法院横向分解为业务机构和非业务机构（如法院内部的行政管理部门）；如果有需要，再将业务机构根据业务性质和范围不同，横向分解为民庭、刑庭、行政庭、立案庭、再审庭、执行庭或执行局等；如果再有需要，业务机构还可以横向再分解，如将民庭分为民一庭、民二庭、民三庭、民四庭，刑庭分为刑一庭、刑二庭；如果还有需要，业务机构还可以进行第四、第五层次的横向分解，直至分解到不能分解为止。实际上，上述法律机构之间内在的每一次横向分解的过程，就是法律机构内部内在的横向分化、精细化、层次化、专门化和技术化的过程。

最后，在微观层面，中观的法律机构的不断分化、精细化、层次化、专门化和技术化，也会相应带来作为法律机构微观基础的法律人的不断横向分化、精细化、层次化、专门化和技术化。法律人的横向分解，就是法律人在同等结构——法律人之间的关系为平等关系——上的分解，具体又包括以下两种：

一是法律人之间外在的横向分解，即立法人员、司法人员、行政执法人员、监察机构工作人员、律师、公证员等法律人；如果需要，法律人可以进一步分解，如司法人员可以分为检察官和法官，行政执法人员可以分化为综合性行政执法人员和专门性行政执法人员；如果再有需要，可以再进行分解，如法官可以分解为一般法院的法官和专门法院的法官；如果还有需要，还可以进行第四、第五层次分解，直至分解到不能分解为止。实际上，上述法律人之间外在的每一次横向分解的过程，就是法律人之间外在的横向的分化、精细化、层次化、专门化和技术化的过程。

二是法律人内在的横向分解。例如，在法院内部，第一层次分解就是将法院工作人员横向分解为从事业务的法官和从事行政管理的行政管理人员；如果有需要，再将从事业务工作的法官根据业务性质和范围不同，横向分解为民庭的法官、刑庭的法官、行政庭的法官、立案庭的法官、再审庭的法官、执行庭或执行局的工作人员等；如果再有需要，法官还可以横向再分解，如将民庭的法官分为民一庭的法官、民二庭的法官、民三庭的法官、民四庭的法官，将刑庭的法官分为刑一庭的法官、刑二庭的法官；如果还有需要，业务工作人员法官还可以进行第四、第五层次的横向分解，直至分解到不能分解为止。实际上，上述法律人之间内在的每一次横向分解的过程,就是法律人内在的横向分化、精细化、层次化、专门化和技术化的过程。

(二)社会分工对法律分化的消极影响

首先,社会分工在带来法学和法律不断精细化、技术化的同时,也会带来法学的流派分立与法律的规范和事实分立。

对于法学而言,其不断分解的过程,在带来法学的精细化、技术化的同时,也会带来法学的流派分立。例如,法理学的第一层次分解,形成了人文主义法学与科学主义法学的流派分立;法理学的第二层次分解,形成了自然法学、规范分析法学与社会法学的流派分立;法理学的第三层次分解,形成了自然法学、规范分析法学和社会法学各自内部的再流派分立;如果还有需要,法理学还可以进行第四、五层次分解,直至分解到不能分解为止,形成法理学内部第四、五……层次的流派分立。这种在法理学内部的流派分立,同样也存在于各个部门法学内部。例如,民法学的第一层次分解,会带来人文主义民法学与科学主义民法学的流派分立;民法学的第二层次分解,会带来自然法学的价值民法学、规范民法学与社会民法学的流派分立;民法学的第三层次分解,形成了自然法学的价值民法学、规范民法学和社会民法学各自内部的再流派分立;如果还有需要,民法学还可以进行第四、五层次分解,直至分解到不能分解为止,形成民法学内部第四、五……层次的流派分立。

对于法律而言,不断分解的过程,在带来法律的不断精细化、技术化的同时,也会带来法律规范与事实的分立。法律的第一层次分解,就是将法律本体分解为价值、规范和事实;法律的第二层次分解,就是在价值、规范和事实的各自内部进一步细分,如价值可以分解为正义、秩序、自由、平等、权利、利益、效率等法律价值论,规范可以分解为主权者命令、基本规范、承认规则等法律规范论,事实可以分解为社会行为、法院行为、官员行为、法官行为、社会分工、社会利益、社会内部规则或活法、社会连带关系等事实论;如果再有需要,法律还可以在第二层次分解基础上,进行第三、四层次分解,直到分解到不能分解为止。可见,上述法律的不断分解过程,就是规范(包括价值规范与行为规范)与事实不断分解与精细化的过程,也是一个规范与事实不断分立的过程。

其次,社会分工在带来法学和法律不断精细化、技术化的同时,也会带来法学和法律的碎片化。

对于法学而言,不断分解的过程,在带来法学的精细化、技术化的同时,也会带来法学知识的不断碎片化。例如,法理学的第一层次分解,形成了人文主义法学与科学主义法学的碎片化;法理学的第二层次分解,形成了自然法学、规范法学与社会法学的碎片化;法理学的第三层次分解,形成了自然法学、规范法学和社会法学各自内部的再碎片化;如果还有需要,法理学还可以进行第四、五层次分解,直至分解到不能分解为止,形成法理学内部第四、五……层次的碎片化。这种在法理学内部的碎片化,同样也存在于各个部门法学内部。例如,民法学的第一层次分解,会带来物权法学、债权法学、人格权法学、民事责任法学等之间的碎片化;民法学的第二层次分解,会带来物权法学、债权法学、人格权法学、民事责任法学等各自内部的再碎片化;如果还有需要,民法学还可以进行第三、四层次分解,直至分解到不能分解为止,形成民法学内部第三、四……层次的碎片化。

对于法律而言,不断分解的过程,在带来法律的精细化、技术化的同时,也会带来法律的不断碎片化,具体体现在以下三个层面:

一是宏观层面的法律部门和法律制度的不断碎片化。法律第一层次分解为各种部门法,形成了宪法、行政法、民法、刑法、经济法、国际法、诉讼法等法律部门和法律制度的碎片化;法律第二层次分解在各个部门法内部展开,形成了宪法、行政法、民法、刑法、经济法、国际法、诉讼法等各部门法内部法律规则和法律制度的碎片化,如随着民法内部分为物权法、债权法、人格权法、民事责任法、婚姻家庭法等法律规则和法律制度,形成了民法内部的法律规则和法律制度的碎片化;如果说还有需要,法律在第二层次分解基础上,进行进一步的第三、四、五层次……直至分解到不能分解为止,形成在第二层次法律规则和法律制度的碎片化基础上的进一步再碎片化。

二是中观层面法律机构的不断碎片化。法律机构在横向的外部分解的不断展开，在带来法律机构在横向的外部的不断精细化和技术化的同时，也会带来法律机构在横向的外部的不断碎片化；法律机构在横向的内部分解的不断展开，在带来法律机构在横向的内部的不断精细化和技术化的同时，也会带来法律机构在横向的内部的不断碎片化；法律机构的纵向分解的不断展开，在带来法律机构在纵向的不断精细化和技术化的同时，也会带来法律机构纵向的不断碎片化。

三是微观层面的法律人的不断碎片化。法律人在横向的外部分解的不断展开，在带来法律人在横向的外部的不断精细化和技术化的同时，也会带来法律人在横向的外部的不断碎片化；法律人在横向的内部分解的不断展开，在带来法律人在横向的内部的不断精细化和技术化的同时，也会带来法律人在横向的内部的不断碎片化；法律人的纵向分解的不断展开，在带来法律人在纵向的不断精细化和技术化的同时，也会带来法律人纵向的不断碎片化。

最后，社会分工在带来法学和法律的不断层次化、专门化的同时，还会带来法学与法律的不断部门化。

对于法学而言，不断分解的过程，在带来法学的层次化、专门化的同时，也会带来法学知识的不断部门化。例如，法理学的第一层次分解，形成了人文主义法学与科学主义法学的部门化；法理学的第二层次分解，形成了自然法学、规范法学与社会法学之间的部门化；法理学的第三层次分解，形成了自然法学、规范法学和社会法学各自内部的再部门化；如果还有需要，法理学还可以进行第四、五层次分解，直至分解到不能分解为止，形成法理学内部第四、五……层次的部门化。这种在法理学内部的部门化，同样也存在于各个部门法学内部。例如，民法学的第一层次分解，会带来物权法学、债权法学、人格权法学、民事责任法学等的部门化；民法学的第二层次分解，会带来物权法学、债权法学、人格权法学、民事责任法学等各自内部的再部门化；如果还有需要，民法学还可以进行第三、四层次分解，直至分解到不能分解为止，形成民法学内部第三、四……层次的部门化。

对于法律而言，不断分解的过程，在带来法律的层次化、专门化的同时，也会带来法律的不断部门化，具体体现在以下三个层面：

一是宏观层面的法律部门和法律制度的不断部门化。法律第一层次分解为各种部门法，形成了宪法、行政法、民法、刑法、经济法、国际法、诉讼法等法律部门和法律制度的部门化；法律第二层次分解在各个部门法内部展开，形成了宪法、行政法、民法、刑法、经济法、国际法、诉讼法等各部门法内部法律规则和法律制度的部门化，如随着民法内部分为物权法、债权法、人格权法、民事责任法、婚姻家庭法等法律规则和法律制度，形成了民法内部的法律规则和法律制度的部门化；如果说还有需要，法律在第二层次分解基础上，进行进一步的第三、四、五层次……直至分解到不能分解为止，形成在第二层次法律规则和法律制度的部门化基础上的进一步再部门化。

二是中观层面法律机构的不断部门化。法律机构在横向的外部分解的不断展开，在带来法律机构在横向的外部的不断层次化和专门化的同时，也会带来法律机构在横向的外部的不断部门化；法律机构在横向的内部分解的不断展开，在带来法律机构在横向的内部的不断层次化和专门化的同时，也会带来法律机构在横向的内部的不断部门化；法律机构的纵向分解的不断展开，在带来法律机构在纵向的不断层次化和专门化的同时，也会带来法律机构纵向的不断部门化。

三是微观层面的法律人的不断部门化。法律人在横向的外部分解的不断展开，在带来法律人在横向的外部的不断层次化和专门化的同时，也会带来法律人在横向的外部的不断部门化；法律人在横向的内部分解的不断展开，在带来法律人在横向的内部的不断层次化和专门化的同时，也会带来法律人在横向的内部的不断部门化；法律人的纵向分解的不断展开，在带来法律人在纵向的不断层次化和专门化的同时，也会带来法律人纵向的不断部门化。

三、社会分工与法律制度

社会分工对法律制度的影响包括两种情形:单纯的人口数量增长而不伴随社会分工的发展对法律制度的影响,否定社会分工对法律制度的影响;人口数量增长同时伴随社会分工的发展对法律制度的影响,肯定社会分工对法律制度的影响。

(一)单纯的人口增长而没有社会分工对法律制度的影响

学者斯麦尔认为,习惯是传统社会早期的社会控制方法,人口压力是使习惯发展为法的主要原因。习惯主要是通过公众舆论压力进行的社会控制,随着人口的增多,社会群体规模的增大,习惯就会渐渐失去效力,最终为法律所替代而成为主要的社会控制形式。因为在有大量成员参与的社会群体中,交往是缓慢的、不安全的,人们不可能认识或了解群体的其他所有成员,也不可能让所有人都参与决策和指导决策的实行,这样在规模较大的社会群体中就可能形成正规的法律制度以代替习惯的地位。[1]

另一位学者梅休则用“互动密度”这一概念解释单纯的人口数量增长而不伴随社会分工的发展对法的发展的影响。为了说明互动密度的含义,作者举了一个家庭鸡尾酒会的例子。在没有客人时,只有男主人和女主人,这时所有的互动发生于两者之间。当第一位客人来到时,互动的可能性迅速增加,即互动可能存在于男主人与客人、女主人与客人、男主人与女主人以及他们之中的任何两者与第三者之间。当第二位客人来到时,互动增加更为迅速,互动密度比开始有一个大的飞跃。如果把每个可能的互动用行为者之间的双向箭头表示,那么互动密度就是所画出的箭头数量。这种互动密度或箭头数量可以通过一个简单的数学公式计算出来。假设任何一个互动都包含着合作与冲突的可能性,当鸡尾酒会的参加者从两人增加到三十人时,合作与冲突的可能性就从 1 增加到比 30 大得多的数量,即合作与冲突的可能性的增加比人口本身的增加要快得多,用数学语言表达,就是人口是以算术函数增加的,而互动密度是以几何函

〔1〕 参见朱景文:《现代西方法社会学》,法律出版社 1994 年版,第 95～96 页。

数增加的。当人口增加到一定规模时,群体对于管理调整就产生了一种加速的需求。群体的人数越多,让人们了解每个成员是谁,每个人在做什么,每个人对其他成员、对群体及群体的活动的感觉如何就会变得越困难,因此就更加需要调节者——管理者,他们在日益增加的人数的威胁下只进行整合的工作。这种推理导致这样一个预测:在一个既定的社会单位中管理者的数量比该单位的人员数量增加得更为迅速,管理者的增长率可以准确地作为互动密度的算术函数计算出来。对不同组织的研究证明了这一预测,管理人员的数量可以根据互动密度模式从对数函数中十分准确地进行预测。这就是为什么一所大的大学比小的大学的管理人员有更大的百分比,对管理的预算所占的比重也更大。

梅休认为,假定法律制度作为协调人们的不同行为和目的的工具,那么互动密度的模式就可以预测法律制度比社会人口增加得更迅速。从实际情况看,美国法律职业的增长率超过了美国人口的增长率,美国律师数量的实际增长率与根据互动密度模式所预测的增长率几乎完全一致。但是,当人口增加不是通过法律制度而是通过其他制度来完成协调人们之间关系的任务时,法律制度就不会像预期的那样增加。这就是美国和日本有相似规模的人口而它们法律制度的规模的差别却很大的原因。据1990年统计,每10万人中,日本和美国的律师分别为11.4名和227名。日本律师职能只限于为当事人辩护,美国律师的其他职能,如法律顾问、起草文件、交纳税金等,在日本则由其他职业分担。如果把这些职业人员和邻里调节人员加在一起,日本律师的人均数量与美国的差距不会太大。[1]

(二)人口数量增长同时伴随社会分工的发展对法律制度的影响

单纯的人口数量增长而不伴随社会分工的发展,社会不是进化而是蜕化,法律制度不但不能发展,而且只能停滞不前;换言之,只有当人口数量增长而伴随社会分工的发展时,社会才可能进化,法律制度才可能

---

〔1〕 参见朱景文:《现代西方法社会学》,法律出版社1994年版,第96~98页。

发展。

1. 梅因的观点

梅因将人类社会分为两大类，一类是静止社会，如伊斯兰、印度等古东方国家；另一类是进步社会，以西欧为代表。这两类社会在发展初期是相似的，其法律制度的发展都经过了一个从个别命令到习惯法到法典的发展阶段。但是静止社会的发展到此为止，而进步社会的法律制度则通过拟制、衡平和立法的机制继续发展。在早期社会，无论是静止社会还是进步社会，个人的法律地位由“身份”决定，如古代各国法中关于奴隶与奴隶主、丈夫与妻子、父亲与子女之间关系的规定，都体现了身份的作用，奴隶、妻子、子女没有独立的法律地位，只有依附于对方。在进步社会中，一个最明显的特征就是这种身份依附关系的解体，取而代之的是个人取代家庭成为民事法律关系的主体。人们之间的关系不再由家族的纽带和身体而决定，而是由他们之间的契约关系来维系。因此，这个“从身份到契约”的运动过程正伴随着家族的解体与社会的分化和分工。

2. 杜尔克姆的观点

杜尔克姆首次提出社会分工的概念并把它作为区分传统社会和现代社会、传统法与现代法的主要标志。如上所述，在靠机械连带性维系的传统社会中，每个成员都能从同伴的日常行为中认识群体的规则、习惯。不需要任何专门的法院、律师、法官和其他法律形式，因为无论谁违反了规则和习惯，整个群体能立即知道，并对这种行为加以报复。报复是原始法的主要目的。他把这种法称为压制法或压制性制裁，它适用于人们之间的关系结构简单的社会。随着人口的增长、生活资料和生产资料的日益缺乏，人类社会出现了社会分化和分工，造成了社会连带性的危机，从而使人们的关系发展成为靠有机连带性维系。在依靠有机连带性维系的现代社会中，由于社会分工，人们对规范的共识日益减少，法的神圣性日益减少，产生了对相互分工的人们之间合作、管理的新需求。法作为社会连带性的工具，其目的不再是报复，而是维护分工的各部分之间的相互协作、相互依赖的关系，契约法被推到首位，使原始社会中压制法或压制性制裁为现代社会中的恢复法或恢复性制裁所取代。其功能不在于对违法者的报复，而是修复混乱的关系，不再是维持机械连带性，而是有机连带性。这种理论后来受到许多法人类学家的批判，认为由压制法到恢复法的发展不符合历史实际，但对他关于社会分工对法的发展的影响的理论给予了积极的评价。[1]

3. 帕森斯的观点

帕森斯是结构功能主义的主要代表人物，他的理论以斯宾塞和杜尔克姆的学说为基础。他认为，社会倾向于成为一个有组织的、稳定的和整合的体系，大多数成员的基本价值是一致的，在正常条件下社会体系的所有因素（如学校、家庭、国家等）倾向于相互适应，每个因素都有助于保持体系的稳定性，社会有一种平衡的基本趋势。因此，社会变迁可能具有破坏性，除非它相对缓慢地发生。因为该体系的一个组成部分发生变化，通常会引起其他部分的变化，如果一个部分变化太快，就会使其他部分不能跟上它的变化，从而打破平衡。而在社会体系中保持社会的整体性、稳定性和整合，维持社会成员间的社会关系和感情关系，正是法律制度的直接功能。西方现代社会的一个显著特征是功能分化，即功能上的专门化，不同的功能由不同的社会制度执行。功能分化的程度越高，实现这些功能的社会体系各组成部分之间的相互依存就越紧密，二者必然是一种正比关系。法律制度同其他社会制度一样，也存在功能分化的趋势，由不同的法律制度来执行。对于法律制度而言，与其他社会制度一样，它首先要解决的问题是针对其内部各部分的分化趋势，维持整体上的协调一致。[2]

4. 布莱克的观点

布莱克则把上述关于社会分工对法的发展的影响的理论概括为：法与分化成正比。也就是说，当人们之间没有功能上的分化，他们之间没有

---

[1] 参见朱景文：《现代西方法社会学》，法律出版社 1994 年版，第 99～100 页。

[2] 参见朱景文：《现代西方法社会学》，法律出版社 1994 年版，第 100～101 页。

或很少交换时，有较少的法；而当人们之间功能上的分化向着相互依赖的方向发展，人们之间存在越来越多的交换时，则存在更多的法。布莱克认为，他的这一概括得到法制史的印证。在简单社会每个家庭都有从事同样的生产活动，财产和服务的交换是很稀少的，那时不存在财产法。而当出现分工，经济交往成为人们日常生活的一部分时，法增加了。国家与法都是随着市场而发展起来的，特别是财产法与盗窃法的发展更是如此。所有的法律机构和官员也是随着由他们所调整的人们的分化而出现的。他不同意杜尔克姆关于从压制法发展到恢复法的假设，而是认为惩罚的严厉性也随着社会分工而发展。[1]

四、社会分工与法律运行

（一）代表性理论

1. 格鲁克曼的观点：简单关系与复杂关系

著名的法人类学家格鲁克曼运用复杂关系与简单关系的概念说明人们之间亲密关系结构的不同对法的发展、法律形式的影响。简单关系是指人们之间的接触是为了非常有限的、特殊的目的的那些关系。例如，向剧院的售票员买戏票、教授给学生上课等，他们之间的互动只涉及完成特殊交往的实际事务，这种简单关系是有效率的。复杂关系与此相反，它把多种关系混杂在一起，如公和私的关系、工作关系和感情关系等，这种复杂关系的效率是不高的。现代社会是一个复杂的社会，但关系简单；传统社会是一个简单的社会，但关系复杂。今天我们生活在一个复杂的工业化社会，简单关系是绝大多数典型化的关系，因为每个人所从事的工作已经专门化了。而在简单社会中这些关系是与复杂的血缘关系纠缠在一起的，因此在简单社会中生活的人们更可能参与到复杂的关系中。

简单关系与复杂关系所需要的法律形式、社会控制形式不同。复杂

---

〔1〕 参见[美]布莱克：《法律的运作行为》，唐越、苏力译，中国政法大学出版社 1994 年版，第 44～46 页。

关系使人们增加相互控制的方法。例如,甲与乙有复杂关系:甲是乙的家庭医生、企业合伙人、儿子的教师等,在这种关系中任何其他人都不能轻易取代甲的地位,他们处于一种特殊的联合地位。当他们之间产生不同意见时,如他们对抵押问题发生争执,由于乙认识到过度的反应会失去许多,他的愤怒与抱怨就会冷静下来,这使他保持克制的态度。而在简单关系中如果产生不同意见,关系的有限性使其几乎没有什么解决问题的资源,不同意见能够轻易使关系破裂。在复杂关系中你可以从教会、社会俱乐部、政党、家庭或邻居中寻求支持和解决办法,而在简单关系中人们除了法律,没有其他方式可以解决他们之间的冲突。因此,在简单关系占统治地位的社会结构中,法成为正规化的并日益在社会中占据统治地位的解纷方式。

格鲁克曼的结构主义理论说明,人们之间亲密关系的结构不同决定着解决人们之间争论的方式、法律形式的差别。但是,在有些情况下,简单关系和复杂关系中存在同一法律制度,但这并不能说明不同社会关系结构需要同一法律形式,因为在两种条件下同一法律制度的功能是不同的。这正像某些第三世界国家在其独立以后虽然仿照西方法的模式建立了自己现代化的法律体系,但是它们的功能却是大不一样的。在某些第三世界国家,这些西化了的法律体系往往只是纸面上的东西、“书本上的法”,最多只在城市、社会上层人士中流行,而在广大农村地区起作用的仍然是传统的习惯法或宗教法。[1]

2. 布莱克的观点:关系距离

布莱克用关系距离的概念表示人们之间亲密关系的程度。他认为,可以用许多方法来测量关系距离,包括人们之间互动的范围、经常性和时间,他们关系的年龄,在一个社会关系网中他们之间联系的性质和数量。

布莱克认为法与关系距离之间是曲线相关,即法在亲密的人们之间

[1] 参见朱景文:《现代西方法社会学》,法律出版社1994年版,第114~116页。

不积极,随着人们之间关系距离的增加而增加,但是当达到一定程度,即人们生活在完全分离的世界时法又减少。在现代社会中关系距离很少达到人们完全分离的程度,但是它比简单社会关系距离更大。现代化摧毁了部落或其他传统组织的封闭性,削弱了血缘和其他公社式的关系。但同时,这又把人们聚合在一起,联合为相互依赖的世界。人们日益成为陌生人,但在陌生人之间又形成了一种特殊的互动形式。由于社会分工,陌生人之间存在功能上的相互依存关系。血缘关系的解体使陌生人之间是疏远的,但功能上的相互依赖又使他们之间是亲密的。陌生人实际上是群体的有机组成部分。在陌生人之间,法达到了它的最高水平。

在曲线的上升阶段,在其他条件不变的情况下,一个人对其近亲属控诉的可能性最小,其次是朋友、熟人、邻居、同一部落的人、同一城镇的人等,控诉的可能性随着关系距离的增加而增加,直到他所接触的世界结束。例如,在现代社会,随着人们从一个地方搬到另一个地方,从一个大组织或城市到另一个大组织或城市,到处都可以遇到陌生人,因此法获得了更大的潜力。但是,在亲密关系的人们之间却不多见到法的踪影。亲密的人们之间发生纠纷报警的可能性较少。如果他们这样做,警察也很可能不把他们的纠纷看作犯罪处理,不作出逮捕的决定。如果被逮捕,公诉的可能性也较小。

而在曲线的下降阶段,人们生活在不同的世界中,有比陌生人还要远的关系距离,这时法的作用趋于减少。例如,牧民过着游牧生活,农民过着定居生活。当农民与牧民之间发生冲突时,虽然他们内部都存在法律制度,但他们之间无法律制度可言。生活方式的差异排除了通过调解等方式解决冲突的可能,而只运用他们自己的方法以斗争的方式来解决问题。可见,在几乎没有互动的人们之间发生冲突,不可能有许多法律制度存在。[1]

---

〔1〕 参见韩旭:《司法社会学导论》,载《外国法译评》1996 年第 2 期。

(二)社会分工给法律运行带来的正面影响〔1〕

1. 法律的运作日益与直接的道德和政治性因素相疏离

这主要是由于专业化程度的提高,法律将越来越多地体现为一种专门的技术知识。一旦形成一种专门的技术知识,法律和法律活动就会较少直接受到社会生活波动的影响而激烈变化,而受法律团体内的话语实践的制约;即使有变化,法律现有的知识传统和实践传承也会使法律和法律活动保持相当大的连续性。法律的运行也会显示出相当程度的稳定性和自主性。这种稳定性和自主性会使法律日益显得它是一种社会公正、正义的象征,而不代表某个人、社会集团、社会阶层甚至某一特定时刻社会大多数人的直接愿望。这样的法律自身及其所体现出来的原则和价值,就容易获得一种神圣感,似乎成了一种客观化、实体化的存在。司法官员似乎只是在为这种抽象的法律条文、原则和价值服务。然而,法律的运作日益与这些社会因素相脱离并不意味着完全脱离。因为法官和执法人员总是生活在社会中,有一定的、有时甚至是深厚的党派联系,社会、道德和政治的因素是无法从他们的司法实践中排除出去的,而必然在法律的运作过程中自觉或不自觉地体现出来。这种看似矛盾的现象具有稳定社会的功能,进一步加强法律权威性和国家政权的合法性,为社会中激烈的政治性问题的缓和、软化处理或解决提供了一个紧急出口。

2. 司法人员的专业化带来的一系列法律技术的运用及其对法律运作的影响

法律技术的形成和运用这些技术的专门人员是法律活动专门化的产物,它们不仅维护了法律运行的相对自主,而且为以法律解决社会重大政治问题、道德问题开辟了一种可能性。这些技术可以说成为法律进可攻、退可守的要塞,从而保证了法律的有效性和权威性,因此有助于司法机关

〔1〕 参见苏力:《法治及其本土资源》,中国政法大学出版社1996年版,第137~145页。

的相对独立。

3. 其他法律技术对法律活动的影响

例如，有意识拖长审判期，使社会上情绪化因素淡化，防止波动的民情民心对判决的影响和压力；大量以技术性、程序性手段来达到期望的实质性法律结果。而这些技术的运用都与法律人员的专门化不可分割，都会对法律的运行产生重大影响。

4. 促进了法律运行的程序化和效率

在现代社会中，人们交往大量增加；若每起案件都按照"实事求是"的原则操作，法律实际上无法运行，并且耗费巨大。为了节省成本，大量、迅速并基本公正有效地处理案件，就必须使案件形成一定的格式，将之分解成各个要素，使案件的处理程序化、规格化。法律职业的专业化为这种程序化地处理案件创造了条件。在西方许多国家，绝大多数案件实际上从一开始就被分解为一些基本要素，无论是在法律程序还是在实质问题上皆如此。案件的优劣输赢更多取决于这些基本要素的完备与否，虽然这也有一系列毛病，但它同时也在一定程度上强化了"法律面前人人平等"原则在形式上的实现。

（三）社会分工给法律运行带来的负面影响〔1〕

1. 法律判决日益形式化

形式化在这里特指法官在判决时所明确表述的理由常常不是他们的真实理由，而是最好的法律上的理由。形式化还指有时候尽管在法律程序上是合法的，但结果却不合理或不尽合理。从这个意义上讲，社会中的法律问题处理是按照一个逻辑运作的，而形成文字的法律却有其独自的逻辑，法律似乎成了一个虚假的幌子；因为仅仅阅读法官、律师或学者的法律论述，人们难以理解相当一部分作为法律问题提出的问题的性质。这种情况并不只有在未来才可能出现，在任何有细致分工的工作中都会

〔1〕 参见苏力：《法治及其本土资源》，中国政法大学出版社1996年版，第137~145页。

出现。我们在实际生活中与各种机构打交道时都不时会遇到这种情况:每个机构的每个办事员都似乎按照规定行事并且似乎无可指摘,但结果对你不利而且不合理。

2. 法律运行繁文缛节

法律专业化对法律运行的另一个“负面”影响是繁文缛节,过度注意细节性问题而忽视大问题;注意一些程序性问题,大大减少了对法律实质性问题的关切;注意到法律的普遍的指导意义,而相对地忽视具体问题中的是非问题。在法律活动高度专业化的社会中,司法程序将一个司法问题分解为无数细小的法律问题。比如,对一个犯罪案件的法律处理会涉及证据是否充分,证据在法律上是否可靠,收集证据的程序和手段是否合法,每一个被嫌疑人的一系列个人特点及其法律上的确认和承认的问题,上诉问题,如果判处死刑或徒刑则还有罪刑是否相当的问题。在这其中任何一个环节都可能出毛病,而一旦某个环节出了问题,就会使法律的继续运行发生一个正当性问题,因为前一个程序不合法,此后的程序就很难说合法。从这个意义上又可以说,专门化的加强为法律功能的实现设置了大量程序上的障碍。一方面,许多“案件”往往会因为这些障碍而无法进入正式的法律运行过程。例如,在一些法律职业高度专业化国家中就有事实上的罪犯因程序上某些小失误而得以逍遥法外。另一方面,也常由于程序上的障碍,人们无法通过正式的法律程序解决纠纷,以至于重新利用一些其他形式(包括自助、私了)来解决纠纷。这就可能出现法律多元的现象。任何人或机构,若要克服这些程序上的障碍,就需要花费大量的钱财、人力。对于社会来说,这在一定程度上是不产生社会财富的费用。此外,由于克服这些障碍需要财力,这实际上也为金钱权势合法地影响司法结果开了道。

3. 法律行业的垄断

法律本来是世俗的活动,为了解决人们的纠纷,与人们的社会生活紧密相连。但随着法律的职业化、专业化,以及大量复杂的法律术语的出现和耗费时间和财力的程序的设置,随着法律逻辑与社会生活逻辑的不相符,法律活动变成一个普通人除依赖于法律专门人员之外无法也没有时间涉足的领域。法律运作因此成为一部分人的事,对于大多数人来说,只有最后的结果是真实的、可接触的,而整个法律结论产生的过程及理由则是不可知的、无法控制的。这必然使大多数人对法律望而生畏。

第四章　社会分层与法

一、社会分层的一般理论

（一）社会分层的概念

“分层”一词源于地质学，本指地质构造的不同层面，社会学中借用来说明和分析社会的纵向结构。社会分层是指社会成员在社会生活中由于获取社会资源的机会和能力不同而呈现出高低有序的不同等级、不同层次的现象和过程。社会资源指人们所能占有的经济利益、政治权力、职业声望、生活质量、知识技能，以及各种能够发挥能力的机会和可能性，也就是能够帮助人们满足社会需求、获取社会利益的各种社会条件。社会资源具有稀缺性、有用性的特点，这就决定了社会资源的配置需要有一定的规则和制度。这种社会资源的不同配置导致社会的不平等，即人们在社会资源的占有量和占有机会上有差异性，成了人们社会分层的基本标志。

社会分层的根源在于社会分工和私有制。社会分工是社会分层最初的历史动因。原始社会的自然分工没有也不可能形成个体的固定职能，因而不可能形成社会差别和社会不平等，使社会产生分裂。在原始社会末期发生了三次社会大分工，即商业与手工业的分离、公共职能与生产劳动的分离、脑力劳动与体力劳动的分离，此后人类社会的分工渐渐开始了。但社会分工所带来的这种分化还只是一种水平分化，并不一定带来社会不平等。而只有当这种分工所造成的社会水平分化与一定的社会制度相结合时，才能把社会分工所造成的社会水平分化转化为社会的垂直分化，并在社会的垂直分化中造成社会分层。私有制使得社会不同分工的人群获得了不同的占有社会资源的能力，从而使他们所占据的社会地位获得了不同的社会评价。这样，社会分工与私有制的结合最终演变成一种社会分层，即一种社会结构性的不平等。

（二）社会分层的主要理论

1. 马克思的社会分层理论

马克思的社会分层理论集中体现在他的阶级和阶级斗争理论中。其理论的特点有：(1)阶级分层反映了阶级社会里社会分层的本质特征。在阶级社会里，各种不同的社会分层类型归根结底都要受到阶级分层的制约与影响。因为阶级的不平等是阶级社会里最根本的不平等，忽视阶级分层就不可能真正从本质上把握阶级社会里的社会分层现象。(2)社会分层并不都是阶级分层，不能把社会分层等同于阶级划分，不能对社会分层简单化。这是由社会结构的复杂性、三大差别(指工农差别、城乡差别、脑力劳动和体力劳动的差别)和其他社会差别的存在决定的。(3)社会分层是一种历史现象。无论是阶级分层还是非阶级分层都是社会生产力发展到一定阶段的产物，并随之发展而发展，对社会分层必须进行具体的、历史的分析。(4)社会分层必然导致社会冲突。这种冲突的强度和烈度取决于一系列因素：社会资源不平等分配程度，底层群体对自身利益的认识程度，社会成员对现存社会结构的接受与拒绝程度，低层群体为了维护自身利益而在政治上的组织程度，等等。

2. 韦伯“三位一体”的分层理论

韦伯是西方分层研究的开拓者。他提出了经济、政治与社会“三位一体”的社会分层模式，并分别用财富的多少、权力的大小、声望的高低三个指标进行衡量。韦伯把根据经济因素划分的地位群体叫作阶级，认为阶级是指在经济状态方面相同或相似的人群，因此阶级的差别主要是货币量的差别，而不是所有制关系的不同。韦伯认为，权力是指人们为了实现自己的意志，无视他人的意愿而支配他人的能力，权力分层反映了人们在政治领域里的不平等。声望地位是由社会公认的评价标准确定的，社会评价从肯定到否定构成了一个高低有序的阶梯，声望地位是指人们在这一阶梯中所处的位置。这三种东西在任何社会中都是有价值的，具有稀缺性。因此，在任何社会中，人们都要追名、逐利、争权，社会分层结构就是用等级秩序将上述活动纳入制度化轨道。不仅如此，这三个层面既具有相对独立性，又在一定条件下可以相互转化，或者把某一方面推到突出地位。韦伯分层模式对西方分层研究产生了深远的影响。

3. 帕累托的精英理论

帕累托的精英理论是西方社会分层理论的另一代表。他认为，社会分层结构是普遍存在和永恒的，但它内部的上层成员和下层成员并非凝固不变。封闭稳定的等级结构是农业社会的产物。现代社会是建立在创新、竞争、变革的基础上的动态性工业社会，因而存在终身或世袭的阶级。现代社会的不平等主要根源于人们与生俱来的差别（先赋条件），社会成员归属于哪个阶层，主要取决于人们天生的能力和才干。

基于此，帕累托提出了他的精英理论。所谓精英，是指那些具有特殊才干，在某一方面或某一活动领域具有杰出能力的社会成员，并不是一个固定的社会集团。这是由于工业化社会充满着变动性，能力和才干本身具有很大的偶然性、变异性，从而打破了传统社会中严密封闭的阶级壁垒和人们世代终身固守某一社会地位的凝固化格局。因此，阶级的稳定性被一种精英循环的社会流动所冲破，稳定性不平等被暂时性不平等所替代。那些天赋很高的人，即使初始地位很低，凭借个人的努力也可以晋升到社会阶梯的最上层，反之亦然。

（三）社会分层的功能

对社会分层的社会作用的认识，西方社会学中存在三种不同的观点：

1. 功能主义论

功能主义论强调社会分层的积极作用,认为社会分层是任何社会都普遍存在的现象,它对维持一个社会作为整体存在和发展有着积极功能,主要体现在社会分层可以通过各种社会报酬(如财富、权力和名望等)激励人们更勤奋地工作。这是由于某些社会角色需要稀有的才干或长期的训练,如果一个社会要有效地发挥功能,就必须通过这种方式把那些有特殊才干和技能的人吸引到这些角色中来,为从事这些角色的人提供较多、较优厚的财富、权利、声望。因此,社会报酬的不平等分配是社会正常运转所必需的,社会分层是必然的。

2. 冲突论

与功能主义论相反,冲突论则强调社会分层的消极作用,认为社会价值和群体利益的冲突、矛盾是任何社会所固有的属性。分层不是必然的,它不是整个社会的需要,而是富人和有权者的需要。社会分层是从不同阶层、阶级、社会群体之间的斗争、冲突中产生的,它不具有社会共同的价值,而只表现了统治者的价值。现存社会对财富、权利、声望的分配不公,不会促进社会功能的最优化,反而阻碍了社会功能的优化,最终可能导致整个社会的动荡和骚乱。某些人能否承担某种社会角色不是由天赋或才能决定的,而是由社会地位、金钱、权利等决定的,因此社会分层具有保守地维持现状的功能。

3. 进化论

进化论是在某种程度上对上述两种观点的综合,认为某些分层对于社会来说是必然和不可避免的,而许多分层不是如此。它把社会资源分为两类:一是基本资源,即维持生存的社会资源;二是剩余资源,即对于生存来说并不是必不可少的资源。前者是按功能主义的方式——让稀有的才干去承担重要的角色——来进行分配的;而后者是按冲突论的方式——通过相互斗争的群体之间的冲突——来进行分配的。因此,社会分层部分地产生于社会功能的需要,部分地产生于斗争和冲突的需要;它既有赖于社会价值的某些共识,又主要表现为统治者的价值;某些社会分配是公平的，但许多又是不公平的；某些社会分配促进了社会功能的优化，而大多数是阻碍了社会功能的优化。这是由于人类社会在其进化过程中，社会资源的剩余部分越来越多。

二、社会分层与法律制度

（一）代表性理论

1. 马克思主义法学的观点

马克思认为，法是统治阶级共同意志的体现，只有在社会随着生产力和社会分工的发展而出现了社会分层，尤其是出现了统治阶级和被统治阶级以后，法才随之而产生。也就是说，法与社会分层是同步出现的。不仅如此，而且法律的运行和实现也是在社会分层环境里完成的。可以说，法的产生和发展与社会分层有着密不可分的联系。这种联系表现在许多方面：首先，法是统治阶级共同意志的客观化，社会分层尤其是阶级分层影响着法的本质和最终目的；其次，法是统治阶级手中用来贯彻阶级意志、实现本阶级统治的工具，法的作用的发挥与统治阶级利益有着直接的关系；再次，法对确立各社会阶层的地位以及相应的权利、义务发挥着积极的作用；最后，法还调整各社会阶层之间的相互关系，维护或抑制着各社会阶层的利益，协调着各社会阶层之间的利益冲突；等等。总之，法的产生和发展与社会分层密切相连，两者之间存在互动关系。

2. 法人类学的观点〔1〕

美国学者塞尔维斯把人类历史上所存在的和现在仍然存在的原始社会分为两类，即两个发展阶段。一类原始社会是简单的部落社会，包括因纽特人，北美的普兰斯印第安人，易奎特和秘鲁的基巴洛人，菲律宾的伊夫高人，苏丹的努尔人等。很长一段时间，这些社会不存在社会分层现象，也几乎看不到任何法的现象。另一类原始社会称为酋长制社会，包括北美西北海岸的印第安人，大多数波利尼西亚人等。这类社会与简单部落社会的差别不仅在于经济和政治组织，酋长制社会由个人、家庭、血缘

---

〔1〕 参见朱景文：《现代西方法社会学》，法律出版社1994年版，第68～70页。

组织或村落组成；而且在于社会等级的出现，简单部落社会是平均主义的，而酋长制社会是非平均主义的，社会的基本安排是等级制。酋长是随着家庭间的社会分层而出现的，酋长的命令就是法，因此酋长制社会是存在法的社会。酋长本身权力的大小表明法发展的程度，它是随着社会分层成正比发展的。

另一位法人类学家撒林斯专门研究了分布在太平洋诸岛上的波利尼西亚社会分层与法的发展的关系。他同塞尔维斯一样把酋长的命令看作法，把酋长权力的大小视为法发展的程度。他把波利尼西亚社会分为四类：第一类那里几乎不存在财产的不平等，也几乎不存在酋长的权威，社会控制主要是通过家长和长者执行的；第二类那里开始出现社会分层，酋长的管辖权相应大一些，对不服从者的惩罚轻微；第三类那里存在更多的社会分层，酋长有更大权威，有时有严厉的刑罚，但几乎没有死刑；第四类那里有最多的社会分层，酋长的权力最大，他们直接监视人们的日常生活，经常实行严厉的刑罚，包括毁坏财产、流放或处死。另外，他运用同样的原则分析了密兰尼西亚社会在太平洋的其他岛屿，如新几内亚的社会分层和法的发展。他通过比较并得出结论：波利尼西亚社会有更多的社会分层，因而有更发达的法律形式。

社会分层与法的发展的关系也表现在从传统社会向现代社会过渡的过程中。文艺复兴和工业革命时期在欧洲所出现的社会现象，今天在非洲、亚洲、大洋洲和拉丁美洲的现代化过程中仍然在继续。随着传统的生产与分配方式的消失，不平等在急剧地扩展，法以各种形式在增加。不仅立法在增加，警察、监察、诉讼、惩罚等各种法律形式的数量都在迅速地增加。即使在同一国家，城市与农村也有较大的差别，在农村地区传统的生产方式仍然占统治地位，人们在财产上的差异较小，所以法律形式较为落后、不发达。而在城市受到现代化的影响较大，社会分层较严重，与此相适应，各种法律形式都比较发达。

（二）社会分层与法律分层

社会分层在法律制度上，体现为以下三个层面：

1. 宏观法律制度的分层

(1)法律价值体系的分层。随着法律制度所承载的法律价值不断发展和增多,法律价值之间可能存在相互矛盾和冲突的地方。为此,人们根据法律价值的地位、作用的高低层次的不同,将法律价值分为主要的法律价值和次要的法律价值、基本的法律价值和非基本的法律价值等类型;其中最为典型的是,根据法律价值的层次及其关系的不同,将法律价值分为工具性法律价值和目的性法律价值。目的性法律价值处于法律价值分层的上层,为工具性法律价值提供指引,而工具性法律价值则处于法律价值分层的下层,是为目的性法律价值提供服务;当两者冲突时,目的性法律价值高于工具性法律价值,工具性法律价值要服从于目的性法律价值。

(2)法律规范体系的分层:高级规范与低级规范。随着法律规范的不断增多,法律规范之间的冲突与协调越来越频繁。为此,人们根据法律规范之间的关系和高低层次的不同,将法律规范分为不同的效力等级和层次。例如,在法律实践中,将法律规范分为上位法和下位法,认为上位法高于下位法;将一国的法律规范体系根据效力等级不同分为"宪法—法律—行政法规—规章/地方性法规—实施办法"等层级,认为在效力上前者高于后者,后者要服从于前者。在理论上,法律规范体系的分层也是许多学者研究的重要问题。例如凯尔森,通过对各种各样的国家制定法的一种"外在观点"的观察,以及不断分解、分析和还原的方法,形成了"个别规范→一般规范→宪法规范→基础规范"的法律规范体系层级,力图建立一种以基础规范作为所有法律规范效力基础的法律规范的层级体系。再如哈特,通过对各种各样的国家制定法的一种"内在观点"的理解,以及不断分解、分析和还原的方法,形成了"第一性规则→第二性规则(审判规则→改变规则→承认规则)"的法律规范体系层级,力图建立一种以承认规则作为整个法律规范体系基础的法律规范的层级体系。

2. 中观法律机构的分层

宏观的法律规范的分层,必然带来中观的法律机构的分层。法律机构纵向分层，就是法律机构在等级结构——法律机构之间的关系是服从与被服从的关系——上的分层。例如，法院在第一层次纵向分层上，可以分为中央法院与地方法院；如果有需要，法院在第二层次纵向分层上，可以将地方法院分为初审法院、中级法院、高级法院；如果再有需要，可以进行类似的第三、四层次的纵向分层，直至分层到不能纵向分层为止。

3. 微观法律人的分层

中观的法律机构的分层，也必然带来微观的法律人的分层。法律人的纵向分层，就是法律人在等级结构——法律人之间的关系是服从与被服从的关系——上的分层。例如，法院法官在第一层次纵向分层上，可以分为中央法院法官与地方法院法官；如果有需要，法院法官在第二层次纵向分层上，可以将地方法院法官分为初审法院法官、中级法院法官、高级法院法官；如果再有需要，可以进行类似的第三、四层次的纵向分层，直到分层到不能纵向分层为止。

三、社会分层与法律运行

(一) 社会分层与法律服务

社会分层与法律服务、法律职业之间有着密切的联系，穷人没有钱请律师，富人有钱打官司，这在资本主义社会是人们凭直观就能感觉到的现象。它历来成为西方法社会学家关心的焦点之一。不同的学者从不同的角度提出了不同的理论，主要有社会资源理论和社会结构理论。

1. 社会资源理论：社会分层与法律服务的数量

社会资源理论认为，穷人之所以不愿意请律师是因为穷人付不起法律服务的费用。一个人的收入、教育、信心、社会联系等构成了他的“社会资源”，有社会资源的人可能更觉得需要法律服务，并为此付费。所以，社会资源决定了法律服务在人口中不同阶层的分配。

20 世纪 60 年代两位美国学者梅休和里斯曾经就“什么人最经常请律师？目的是什么？”的问题，在底特律进行过一次问卷调查，在某种程度上验证了社会资源理论。在这次问卷调查中，有 7/10 的人曾经为法律问题请过律师，在最近 5 年中有 1/4 的人请过律师，这表明请律师对于底特律人来说是个很平常的经历。从社会分层来看，请律师的比率随家庭收入的变化而变化，家庭年收入在15,000美元以上、6999美元以下以及处于6999美元和15,000美元之间的，请律师的分别为83%、56%、74%；请律师的比率与财产状况也有关系，有房者和租房者请律师的分别占76%和52%；种族、性别因素对请律师的比率也有很大影响，黑人和白人请律师的分别占59%和71%，其中黑人女性、黑人男性、白人女性和白人男性分别占53%、69%、69%和74%；此外，教育、职业、年龄等因素也对请律师的比率有强弱不等的影响，但不如财产状况的影响大。这一调查结果表明，富人最愿意请律师，而穷人最不愿意请律师。[1]

2. 社会结构理论：社会分层与法律服务的种类

上述调查结果也说明社会资源理论存在不足：它既不能说明那些有最少社会资源的人们请律师的原因，也不能解释不同社会等级、阶层的人们所需要的法律服务种类上的差别。因此，上述两个调查者不满足于用社会资源理论对上述现象的解释。他们认为，穷人最少请律师的原因并不在于他们付不起律师费，而是因为律师平时处理的大量问题都是与财产相关的，如买房子、写遗嘱等，对穷人来讲这类问题远远要比富人少得多。他们提出，随着社会分层的加剧，法律服务、法律职业也分化为不同的类别，不同的社会阶层、等级需要不同种类的法律服务。这对富人来讲是解决财产问题，对穷人来讲则可能是其他问题。总之，是社会分层的结构不同决定了法律服务种类的不同。

底特律的调查表明，在请律师帮助解决法律问题中，财产问题主要包括遗嘱、不动产交易、企业活动、商业、财产税、财产估价等，这类法律服务随当事人的收入而变化。其他法律问题主要包括家庭、邻居、汽车事故、个人伤害、与警察或其他公职人员的交往、购买和修理汽车等，这类法律服务与当事人的收入无明显相关，其中离婚、赡养费、孩子费用等问题则与当事人的收入、职业、教育程度完全不相关。收入在15,000美元以上、

[1] 参见朱景文：《现代西方法社会学》，法律出版社1994年版，第71～72页。

6999美元以下以及处于6999美元和15,000美元之间的，在财产问题和其他问题上请律师的分别为40%、43%、22%和34%、32%、42%。[1]

3.社会分层与法律职业的分层

社会分层不仅决定着什么人请律师的数量、请求法律服务的种类，而且直接影响着法律职业内部的分层。在有的西方国家，律师的分层是公开的。例如英国，英国律师有出庭律师和诉状律师之分。出庭律师可以在高级法院出庭为当事人辩护，但不直接会见当事人、回答当事人的问题，他只与诉状律师接触；而诉状律师直接会见当事人、回答当事人的问题，并为出庭律师准备文件，但在传统上无权出庭为当事人辩护。英国诉状律师处于较低的地位，有的诉状律师到政府部门或企业谋职，但大多数是在诉讼律师事务所中工作。英国诉状律师的数量是出庭律师数量的7倍。诉状律师的职业组织是法律协会，其职能在于为非讼律师教育制定标准，并制定律师纪律规则。英国出庭律师有较高的社会地位，取得出庭律师的资格条件也较为严格。除具有大学的法律学位之外，还必须参加出庭律师的职业组织（如四大法学院[2]之一）的培训，作为法学院的学生，应完成学术与职业训练，参加法学院一定的餐会次数，并且必须提交品格良好的证明书，在法学院学习期满后，在有经验的出庭律师的指导下，实习1年，签署入会誓言，这样才可成为出庭律师。英国的出庭律师有更多的可能被任命为高等法院和上诉法院的法官。

在大多数资本主义国家，律师职业没有公开的等级制，不区分大律师和小律师、出庭律师和诉状律师。但从实际情况看，律师职业存在严重的社会分层。例如，美国学者卡林在《律师道德：纽约市律师协会的一项调查》一书中，对社会分层与纽约的律师职业之间的关系进行了深入的分析。他指出，纽约的法律实践可以清晰地按律师的地位来划分。决定律

---

〔1〕 参见朱景文：《现代西方法社会学》，法律出版社1994年版，第72页。

〔2〕 出庭律师的职业组织是四大法学院，即格雷法学院、林肯法学院、内殿法学院和中殿法学院，其职责是训练和考核律师，决定律师处分，监督出庭律师的活动。

师地位的因素包括律师的社会背景、他们所服务的当事人的类型、他们的收入水平、他们与律师道德法典相符合的程度。处于纽约律师职业顶层的是在大事务所工作的华尔街律师；处于纽约律师职业底层的是独立开业者，他们独立从事律师职业，寻找自己的当事人，他们有自己的办公室，独自应付自己不确定的未来。[1]

（二）社会分层与司法

1. 布莱克的观点

布莱克认为，对一个案件的判决不是仅由其法律因素决定的，还由案件的社会因素、案件的社会结构——案件中谁是原告和被告、谁是法官和陪审员、谁是律师和证人、所有这些人的社会性质和社会背景如何、他们之间在社会空间中的关系——决定。正是由于其社会结构上的差别，法律性质相同的案件，会产生不同的判决。

布莱克认为，法与社会分层成正比变化。也就是说，一个社会的分层越多，它具有的法越多。值得注意的是，布莱克对诉讼与社会分层的关系的考察不是从宏观上社会变动的角度，而是从微观上案件社会学的角度进行的。他把社会分层作为自变量，把诉讼等法的行为作为因变量，考察它们的关系。布莱克指出，如果人们之间发生争端，不同等级的人之间更可能到法院或其他法律机构解决，而同一等级的人之间更可能采取和解、调解等方式解决，这一模式在各个社会中都能被发现。在刑事案件中，逮捕随着违法者与受害者之间的分层而成正比变化，即当他们处于不同等级时逮捕的可能性更大，而处于同一等级时不逮捕的可能性更大。对于检察、定罪、惩罚也可适用于同一原则。在民事案件中，诉讼、有利原告判决或赔偿损失等法的行为也适用同一公式。

正如公民之间分层的变化一样，公民和法官、检察官、警察等法律官员之间的分层也是变化的。法的行为也随这种关系的分层而增加。例如，在当事人与陪审员的关系上，一个穷人更可能受到一名出身于富人的

---

〔1〕 参见朱景文：《现代西方法社会学》，法律出版社1994年版，第73～75页。

陪审员的严厉指控,而出身低微的法官可能比出身富贵的法官对穷人有更多的同情心。因此,在他们之间有社会分层的情况下,判决、裁定等官方决定可能更严厉,而处于同一等级的情况下,则可能更轻微。

布莱克还提出法随等级成正比变化。这意味着在其他条件不变的情况下,社会等级越低越不可能从事诉讼等法律行为,社会等级越高越可能从事法律行为。布莱克使用"等级"的概念表示人们在社会分层中所处的纵向位置。

社会等级的变化也表现在法官等级的变化上。随着法官等级的变化,与其相关的法律行为也成正比变化。法官的社会地位越高,在审判过程中其权威性越大。权威大表明法官判决更愿意选择单方胜诉的方式,而不是双方妥协,利益均沾;更愿意墨守法条,即严格适用法律字面含义,而不管其结果如何。反之,法官的社会地位越低,其权威性则越小。

布莱克提出的第三个公式为:向下的法大于向上的法。在布莱克的法社会学的术语中,法即各种法律行为不仅有数量、位置,而且有方向。例如,当一个富人控告一个穷人时,控告的方向是从高等级指向低等级,布莱克称为"向下的法";反之,当穷人控告富人时,则是"向上的法"。他提出,法的方向与异常行为的方向是相反的。当异常行为指向富人时,法的方向指向穷人,是"向下的法";当异常行为指向穷人时,法的方向指向富人,是"向上的法"。指向社会地位低的各种法律行为多于指向社会地位越高的各种法律行为。这意味着在其他条件不变的情况下,各种法的行为(如立法、控告、逮捕)在指向社会地位低的人的方向上可能比指向社会地位高的方向上更多。换言之,向上的异常行为比向下的异常行为更为严重。比如,在刑事案件中,当受害者的等级高于违法者的等级时比受害者的等级低于违法者的等级时,报警的可能性更大。从报警案件的记录来看,大多数属于所谓向上的犯罪而不是向下的犯罪,如黑人对白人、穷人对富人、未成年人对成年人的犯罪。在美国,尽管穷人、社会地位低的人占人口大多数,但法院所受理的控告却是向下的多于向上的控告,向下的控告比向上的控告有更高的胜诉率。当社会地位高的人是原告,而社会地位低的人是被告时，受到的惩罚更为严厉；而当社会地位低的人是原告，社会地位高的人是被告时，受到的惩罚较轻微。[1]

2. 葛兰特的观点

美国学者葛兰特既不是从社会资源的角度也不是从社会歧视的角度，而是从法院程序的角度来解释穷人经常败诉的原因。他认为，法院的程序对房产主、商人、大公司经理有利，而对房客、顾客和雇员不利。有钱人经常利用法院，他们是“多次进行者”。而穷人很少与法院接触，只是偶然卷入法律争端中，是“一次完成者”。对于“一次完成者”来讲，法院的程序是神秘的，他们不懂得法言法语，不知道如何用法律语言来表示自己的期望，不知道要和谁接触，如何理解在他们周围所发生的一切。更重要的是，他们只关心这一个案件的胜诉，而不注意它与类似案件的关联，只希望迅速作出判决使自己回到正常的生活中去。

而“多次进行者”则把诉讼看作他们正常生活的一部分，他们经常与法官和律师打交道，了解法院程序，懂得法言法语。他们与“一次完成者”的最大不同在于，他们不只关心一个案件的胜负，对案件的意义有长远的观点。比如，一个保险公司每年要处理几千个赔偿要求。它较少注意一个要求中所支付的赔偿费用的多少，而更多关心的是案件所援引的法律或案件，是他们与法院、律师的长久关系。如果保险公司对一个要求的赔偿能在法院保住自己的好名声，其判决必须能维持有利于保险公司利益的以前的判例；即使对某个要求的赔偿多了，保险公司也在所不辞。“多次进行者”对案件的胜负从全局上进行“消耗—效益”分析。而不像“一次完成者”只关心一个案件的得失。由于上述原因，法律程序对“多次进行者”比对“一次完成者”更有利。而“多次进行者”只能是有钱人，“一次完成者”则往往是穷人。[2]

---

〔1〕 参见[美]布莱克：《法律的运作行为》，唐越、苏力译，中国政法大学出版社1994年版，第2章。

〔2〕 参见朱景文：《现代西方法社会学》，法律出版社1994年版，第80～81页。

第五章　社会控制与法

一、社会控制的一般理论

(一)社会控制的概念及其构成要件

“社会控制”最早是由美国社会学家罗斯提出的。罗斯认为,人生来具有同情心、互助性和正义感,这三个部分构成了人性的“自然秩序”,并能够自行调节人们的行为,使社会生活处于自然的有序状况。19 世纪末 20 世纪初,由于美国社会迅速地城市化和大规模地移民,人性中的“自然秩序”遭到破坏,越轨行为频繁发生。因此,必须建立一种新的机制来维护社会秩序,这就是社会控制。

罗斯的社会控制是针对人的天性的“自然秩序”的破坏而言的,它与天生的自我约束不同,是一种依靠人性之外的社会因素来约束人们行为的过程。随着研究的深入和对社会控制认识的加深,社会控制的概念得到了发展。今天的社会控制概念除控制人们的行为的含义外,还含有协调与积极引导人们行动的意义。因此,社会控制通常是指人们依靠社会的力量,以一定的方式对社会生活的各方面进行约束,确立起维护社会秩序,使其符合社会稳定和发展需要的过程。狭义的社会控制专指社会对越轨行为的禁止、限制与制裁。

构成社会控制系统的要件主要有控制主体、控制客体、控制手段和控制的力量保障。

1. 控制主体。这里的控制主体不仅指国家,也可以是社会群体、组织和个人。控制主体可分为三个层次:第一,社会场的控制,即社会成员之间的相互影响和相互制约。只要有人群的地方,就会存在这种社会场。它能对社会成员造成无形的压力,迫使他们遵从社会规范,发挥社会控制功能。他人在场时的拘谨、舆论指责的担心等都是其具体表现。第二,社会组织的控制。社会组织是最普遍的社会构成单位。任何社会组织,为了保证自身的存在和发展,都必须对其成员进行控制,如国有国法、党有党纪、校有校规。第三,全社会的控制。全社会的控制也是由一定的社会组织进行的。它与社会组织控制不同的是,社会组织控制是一种面向内部成员的控制,而全社会的控制则是某些社会组织以全社会的名义对全体社会成员的控制,这种控制对象不是其组织内部成员,而是组织外部的整个社会。由于这种控制是以全社会的名义对全社会成员的一种控制,因而它在社会控制体系中居于主导地位,对社会的存在和发展发挥着极大的影响作用。

2. 控制客体。社会控制的客体是社会行为,包括个人行为和组织行为。个人行为在社会控制系统中是最基本的控制对象,因为组织行为离不开作为组织代表的个人行为。但组织行为又具有单独的个人行为所不具有的性质,故成为社会控制的重要对象。无论是个人行为还是组织行为,都与其他个人或组织处在紧密的社会联系之中,都会产生一定的社会影响,都属于社会行为。任何社会行为又都是社会人的有目的、有意识的活动,人们总是根据自身利益去选择自己的行为。只有通过社会控制,才能保证人们的行为符合社会的整体利益,形成社会赖以存在和发展的基础。

3. 控制手段。社会控制的基本手段是社会规范,没有社会规范,社会就缺乏约束人们行为的依据和标准,社会控制也就无从谈起。由于社会的复杂性,每一社会都存在不同的价值观与社会规范,这里的社会规范主要是指在社会中占主导地位的价值观和规范。社会规范依其控制力由弱到强的大致顺序分为习俗、道德、宗教、纪律、法律、政权等不同的层次。社会规范预先决定了社会行为的产生和方向,使社会行为符合社会稳定与发展的要求,从而达到社会控制的目的。

4. 控制的力量保障。社会控制的保障是明确而有力的奖惩措施。奖惩措施可以包括在规范之中,但它又有其独特的意义与价值。人们之所以会遵守社会规范,除有自觉遵守的一面外,很大程度上有赖于奖惩的激励和威慑作用。我国社会生活中比较普遍存在的有令不行、有禁不止的现象,在很大程度上是一些规章制度缺乏明确的奖惩措施或者奖惩措施执行不力所致。

(二)社会控制的分类

1. 根据社会控制的主体不同,分为社会场的控制、社会组织的控制和全社会的控制。这三种控制在整个控制系统中处于不同的层次和地位。其中,全社会的控制处于最高层次,居于主导地位;社会组织的控制处于中间层次,居于次要地位;社会场的控制处于最低层次和地位。

2. 根据社会控制的客体不同,分为对个人行为的控制和对组织行为的控制。其中,前者是最基本的,因为后者归根结底是由前者来进行的。

3. 根据社会控制的手段不同,分为硬控制和软控制两大类。硬控制采用的是强制性控制手段,包括采用政权、法律和纪律等来控制社会行为。软控制指采用非强制的控制手段,包括采用风俗、道德等来控制社会行为。硬控制和软控制的作用力及作用后果都有所不同。

4. 根据社会控制的实现途径不同,分为积极的社会控制和消极的社会控制。积极的社会控制是指通过对人们社会行为的正面引导所实现的社会控制。消极的社会控制是指通过对各种偏离行为的限制与惩治所实现的社会控制。积极控制能够向人们提供明确的目标导向,而且更易为人们所接受,从而有利于良好社会秩序的形成。因此,虽然这两种控制形式都是必要的,但我们主要应依靠积极控制,充分发挥积极控制的作用。

5. 根据社会控制的力量保障不同,分为内在的社会控制和外在的社会控制。内在的社会控制通过将社会规范内化而作用于人们的行为,如风俗对人们行为的影响。外在的社会控制通过外部的强制力量将社会规范作用于人们的行为,起到约束作用,如法律对违法犯罪行为的制裁。

另外,社会控制还可以分为正式的社会控制和非正式的社会控制、宏观的社会控制和微观的社会控制等。

(三)社会控制的体系

1. 社会控制的手段体系

社会控制的手段多种多样,根据其强制性由弱到强的大致顺序,主要有以下几种:

(1)习俗。习俗是人类生活中较早产生的一种社会行为规范。原始社会,人类社会处在蒙昧状态,还没有判断是非善恶的道德观念,更没有法律。但原始社会生活也是有秩序的,这就是习俗在起作用。习俗是调整人们社会行为的规范体系,又是最普遍的社会控制形式。它在社会生活各个领域发挥作用,其作用范围没有任何一种社会意识形态和社会规范体系可与之相比。法律和道德等调整不到的社会行为,习俗仍然可以发挥作用。无论什么人,在何时何地,其一举一动都受到他们所处的特定环境中习俗的影响,从而自觉不自觉地遵从它。从这个意义上看,习俗可以加强一定地域内人们之间的亲近感与凝聚力,起到整合作用。由于习俗是内化了的人们的习惯行为,因此习俗的作用是在没有外来强制力量的情况下发生的。正因如此,习俗的改变需要一个长期的过程。试图仅通过强制力量来改变习俗的做法往往收效甚微。

(2)道德。道德是社会用以调整个人与个人以及个人与社会之间关系的行为规范。道德自成体系,主要由道德原则、道德规范和道德后果三个部分构成。道德靠社会舆论、传统习惯和内心信念来控制人的思想、行为和关系,从而维持一定的社会秩序。与风俗相比,道德的社会控制作用比风俗要强。道德调整的是那些与社会生活关系更紧密的社会行为。对于维护社会秩序来说,道德更为重要,历来统治阶级都把道德作为维护本阶级利益的重要工具。另外,习俗可以遵守,也可以不遵守。不遵守习俗不会引起社会太大的关注,不一定要对这种行为作出评价,但违反道德就严重得多,社会舆论会干涉不道德的行为,对之进行谴责。道德借助社会舆论对一定的社会成员的关系和行为进行导向与制约,将道德准则灌输给社会成员,引导其内心产生某种道德信念,指导其今后道德行为的选择。

(3)社会舆论。社会舆论是一种十分独特的社会控制手段。它作为一种软控制力量,渗透在风俗、道德、政权等一切控制手段之中,发挥着广泛的作用。社会舆论是社会大众对某一事件、人物或问题的议论、意见和评价。这里的大众指参与议论、评价的人群。以此来划分,有的舆论是全国性的,有的是地方性的,有的是群体性的。

社会舆论的基本特点有:①大众性。社会舆论是社会中具有相当数量的公众对某事物的意见,个别或少数人的意见不能称为舆论。②现实性。社会舆论是人们针对现实问题的议论或评价,因此社会舆论是时势的晴雨表。③大众传播。社会舆论是靠大众传播形成和扩散的,总是通过人们之间的互相交流,意见的互相碰撞才能形成。它覆盖面广、信息传递速度快、影响力大,因而成为现代社会越来越重要的宣传舆论工具。④软约束性。社会舆论对人们行为的约束不具有明显的强制性。在舆论的指责面前,有的人可以我行我素。但是,社会舆论的这种软约束力量是强大的,它可以使当事人产生巨大的心理压力,从而不得不约束或改变自己的行为。

社会舆论的形成有自上而下、自下而上两种形式。自下而上的舆论首先产生于少数群众,其次通过众人传播被更大范围的人群、社会组织、大众传播媒介乃至政府所了解,并就此发表意见,逐渐形成地区性或全国性的舆论。自上而下的舆论是政府通过大众传播媒介途径发出而在群众中传播的一种意见。社会舆论的社会作用有积极与消极之分。积极的社会舆论可以为人们提供正确的行为导向,遏制社会不良现象的发生和发展,增强群体的凝聚力。消极的社会舆论可以为人们提供错误的行为导向,抑制人们的积极性和创造性,阻碍新生事物的产生和发展,削弱群体的凝聚力。

(4)宗教。宗教是一种与神或神圣物相连的信仰和规范体系,是社会控制的一种特殊手段。目前,世界上占人口相当比例的人是信教的。其中以信奉基督教、犹太教、佛教和伊斯兰教的人数最多。有些国家和地区把某种宗教奉为国教。宗教是人们社会生活的重要内容,许多重要的活动和宗教有直接联系,人们的行为受宗教教规的制约,凡教徒,在社会生活的各个方面都要遵守教规。

(5)纪律。纪律是国家机关或社会团体规定其所属成员共同遵守的行为准则。它是机关或团体用来指导和约束自己的成员,使其承担一定的责任和义务,以实现组织目标的手段。我们平常所说的党纪、政纪以及职业纪律和规章制度都是纪律性的行为准则。纪律大致可分为政治纪律、组织纪律、职业纪律。它是指根据各行业的需要和特殊性而制定的既有共性又有各自特性的规章制度。从根本上说,纪律是由人的社会性所决定的,它体现了人们的社会关系,是介于道德和法律之间最常见的行为规范。

纪律作为一种行为规范,具有明显的强制性和约束力。与道德不同,纪律要求服从并通过一定的行政手段来推行。对少数违反纪律的行为会采取一定的制裁措施,如批评或者处分。但纪律的社会控制作用并不仅仅是制裁,它更要求成员自觉遵守。遵守纪律不仅被看作一种美德,而且被认为是产生力量的源泉和事业成功的保证。因此,任何组织或团体都十分重视纪律教育。另外,不同的组织和团体,因其性质、任务和所处环境不同,其纪律的严明程度也不同。一般来说,组织任务越艰巨,环境越恶劣,组织对其成员的纪律约束也就越严格。

(6)法律。法律是由国家立法机关制定或认可,由国家政权保证执行的行为规则,包括法令、法案、条例、决议、命令等具体形式。法律是最权威、最严厉、最有效的社会控制手段。它的主要特点有:法律由国家机关制定、以国家政权作后盾,有强有力的司法机构保证实施;法律的规定是严明的,它对违法行为的度量界限明确;国家的法律一经制定施行,就对其国民普遍适用。

法律的社会控制作用主要表现在:第一,教育作用。法律的真正权威和效力并不仅仅在于强制服从,而首先在于教育。第二,威慑作用。法律的威慑作用主要体现在对少数处在违法犯罪边缘的不安定分子,或存有侥幸心理准备犯罪的人的威慑,从而触发每个人内在的自发性控制,打消犯罪的念头或停止犯罪活动,预防潜在的不稳定社会因素的出现和发展。第三,惩罚作用。社会上总有少数成员无视法律规定,不顾后果,作出违法犯罪行为。国家就要追究其法律责任,对其进行制裁,强迫其遵守法律。

(7)政权。政权是统治阶级实行阶级统治的权力,是国家一切权力的基础。政权的基本职能是对外防止别国侵略,保卫领土完整,对内保护一定的物质生产资料的占有方式,维持现行政治制度和社会秩序。统治阶级通过建立行政体系、设置各级统治机构和官员来实现对内的管理任务。它运用宣传教育手段,通过向国民灌输统治阶级所认可的价值观念,使其自觉地按国家政权认定的规则行事。它凭借军队、警察、法庭、监狱等国家专政工具,对损害利益、严重危害社会秩序的行为进行制裁。总之,国家政权可以从政治、经济、文化、教育等各个方面来全面控制社会。国家政权是一切控制手段的基础和最强有力的控制力量。

2. 社会控制的度

为了更好地实现社会控制,在整个社会控制系统中,还有一个社会控制的各种手段如何分配、如何搭配、如何协调的选择问题,即社会控制的度的问题。它是指涉及社会控制的合理性问题,包括社会控制的力度、社会控制的刚度和社会控制网络的致密度。所谓社会控制的力度,是指社会控制目标对其社会成员制约的效度。目标的实现程度高,执行得力,其力度也就越大;反之,其力度就小。衡量力度的更加具体可感的标准是社会成员的活动空间。活动空间大,控制力也就越弱;活动范围狭窄,则力度越强。社会控制的刚度是指就社会惩罚与社会越轨行为的比率而言,社会控制刚度越大,表明一旦触犯社会规范,就会有极大的可能性受到相应的社会惩罚。如果该社会规范本身比较合理,则控制刚度较大的社会,其社会秩序是比较理想的。但如果规范本身就不够合理,则刚度越大的社会就越容易导致社会组织解体。封建社会的秦王朝就属于控制刚度大而其本身许多规范又不合理的社会。因此,秦王朝的分崩离析与其统治技巧不成熟有关。社会控制网络的致密度是指受该社会规范约束的行为与整个社会行为之比率。如果此比率越高,则社会控制致密度也就越高。假如该比率为100%,则说明该社会是一个极其完善、成熟的社会。但在现实生活中,这样的比率是不会出现的。任何社会规范的出现总滞后于社会行动,而某些旧规范失效后,并不能立即产生相应的具有同等约束力的新规范。一定范围内的"规范真空"或"规范欠缺",在任何社会都存在,并且是社会变化、前进的条件和标志。

二、法律形式社会控制与非法律形式社会控制

(一)法律形式社会控制

1.法律控制的含义及其特征

(1)含义。法律控制就是对社会关系进行法律制约和调整,以建立和维护稳定的社会秩序的过程。法律是由国家制定或认可的,体现统治阶级意志,并依靠国家强制力保证实施的行为规范的总和。国家创制法律的目的就是要建立、巩固和发展有利于统治阶级的社会关系和社会秩序。可见,法律的创制和实施就是对社会实行法律控制的过程。

(2)特征。首先,从社会控制的本质来看,它鲜明地体现着统治阶级的愿望和要求。其次,从社会控制的主体和客体来看,它体现着国家对全社会的控制。法律是经过国家制定或认可的,是国家的意志,法律控制也就是以国家的名义对社会的控制,是国家组织和管理社会的手段。再次,从社会控制的手段来看,它有明确的控制准则。法律作为国家控制社会的手段,是以其明确的规范性表现出来的,为人们提供了明确的行为模式和行为方向。最后,从社会控制的力量保障来看,它具有特殊的控制力。它以国家强制力为后盾,要求人们遵守、执行,容易达到普遍遵行的效果;

它与国家的统治和管理相结合，调整社会关系，控制社会秩序，容易达到预期的效果。

2. 法律控制的运作

法律控制是统治阶级有意识、有目的、有组织地对社会关系实行调整和控制的活动。这一活动是通过法律控制系统发挥作用实现的。法律控制系统是立法、执法、司法和守法各个环节所构成的法律控制体系。法律控制的全过程，就是立法、执法、司法和守法各个环节的衔接和配合。法律控制的单项过程，可以分解为立法体制、行政执法体制、司法体制、守法状况。整个法律控制体系，既有自上而下的法律传输过程，也有自下而上的控制效应的信息反馈过程。传输与反馈使各个环节得到不断加强和改善，提高法律控制的效力。

(1)立法。立法为法律提供依据和手段，是法律控制的前提。一个国家有完善的立法体制，能够根据客观实际制定法律规范，提高法律规范适用的有效性，建立以国家基本法律为核心、由不同效力层次的法律规范构成的法律体系，达到法制的统一，无疑对实现法律控制和提高法律控制的效力是相当重要的。

(2)执法。执法即国家行政机关执行法律的活动。国家行政机关不仅是国家管理机关，也是贯彻实现法律的机关，这在当代的法治国家里更是如此。行政机关在实现法律控制活动中占有十分重要的地位。它不仅要依法活动，还要贯彻和实现国家法律，并要依据法律颁布行政法规，运用法律手段对社会进行全面管理。事实上，每一个国家对社会进行法律控制的大量活动无不是通过行政机关的活动实现的，正常的社会关系和社会秩序无不是通过行政机关贯彻实施法律规定建立的。所以，加强国家行政机关的法治观念和法律活动，运用法律手段治理国家和社会，是实现法律控制的重要环节。

(3)司法。司法即国家司法机关适用法律的活动。它是保证法律实现、维护社会安定和社会秩序的机关。其任务是依照法律规定和法律程序，监督、检察和追究违法活动，通过运用法律制裁和预防违法犯罪行为，维护正常的社会关系和社会秩序，是实现法律控制的关键环节。

(4)守法。守法是法律控制的直接目的，也是法律控制的客观效果。法律控制的直接目的，就是要使国家机关、社会群体和公民都必须实行法律要求的行为，不实行法律所禁止的行为，在法律允许的范围内实行法律允许的行为，从而形成一种良好的社会守法状态。法律控制一方面通过教化、引导使人们自觉守法，另一方面强迫违法者服法、守法，制止和减少违法行为，以期在全社会形成守法局面。法律控制功能发挥越好，社会守法状态就会越好；反之就会出现局部甚至是全部的、短期的或长期的社会秩序混乱局面。可以说，社会守法状态是检验法律控制功能和效果的客观标准。

3. 法律控制的局限性

法律形式的社会控制的局限性主要体现在以下几个方面：

首先，法律控制的范围有限。法律调整的对象为人们表现于外的人的行为。对于人们没有表现于外的人的内心活动，法律是无能为力的，不属于法律调整的对象，而属于其他社会规范(如道德)调整的对象。因此，法律控制并不涵盖社会生活的所有领域和有些领域的所有方面，而是有选择、有原则地选取社会生活中重要的方面，并且只是就人们表现于外的人的行为作为自己的调整对象，剩下的则是让位于其他社会控制手段进行调控。总之，法律控制的范围并不是没有边界的，而是有限的。

其次，法律控制的成本较高。法律控制是运用法律对人们行为进行调控进而实现对社会的控制的一种控制形式。法律作为强制性的社会规范，是人们交换活动和发生联系的行为准则，同时也是解决社会冲突的工具。与自然规律不同，法律的这种功能无法依托其自身而自行成就，它必须借助一定的组织和个体予以确认、执行和保障，国家将因此而支付必要的费用，总称为法律成本，即法律在向社会提供“公正”“效益”“秩序”等公共产品的运作过程中，国家和社会主体因此而投入的各种费用的总称(物质和非物质形态)，包括立法成本、执法成本、守法成本和违法成本。

再次，法律控制的手段僵硬。法律控制是通过法律进行的社会控制。

法律为了维护自己的尊严和至高无上的地位,必须保证在一段时间里的稳定性,而不能朝令夕改。即使在这期间社会现实发生了巨大的变化,为了保证法律的连续性,法律只能通过一些法律技术对原有的法律规范进行修改、补充或者根据新情况对原有的法律规范作出新的解释,但这些只是对法律规范的"微调",而不是进行大的动作。然而,这并不意味着法律不进行变化,只是要依法按照一定的法律程序进行法律的立、改、废等立法活动。尤其是对宪法和社会的基本法律的立法活动,要采取谨慎、稳健的态度,对于它们的立、改、废等立法活动,法律规定了非常严格的程序。这些都体现了法律的稳定性与对社会的适应性的矛盾,也体现了法律控制手段的僵硬性,这是由法律本身的特性所决定的。

最后,法律控制日益脱离社会。从渊源上看,法律源于社会生活。但是,随着社会分工的发展,法律也日益形式化、自治化、专门化和职业化,法律逐渐脱离民众的日常生活,为某些职业集团和机构所垄断,从而使法律控制日益脱离社会。概言之,这主要表现在以下几个方面:原先日常化的语言为专门的法言法语所替代;原先习惯形成的处理冲突的民间贤达为现代社会经过专门而系统训练的专业人员所代替;原先常规化的与民众生活非常接近的民间机构为现代专门化的法律机构所替代;原先日常化、大众化的冲突处理运作程序为现代严格而复杂的专门的法律程序所代替。

(二)非法律形式社会控制

非法律形式社会控制是指通过运用除法律以外的社会控制手段来对社会进行的社会控制,具体包括道德、宗教、风俗习惯、政权、社会舆论、纪律等社会控制手段,总称为非法律形式的社会控制手段。与法律形式的社会控制相比较,非法律形式的社会控制有自己的长处和不足的地方。

1.非法律形式社会控制的长处

首先,非法律形式社会控制成本低。非法律形式社会控制(如道德、风俗习惯等控制手段)都是在社会生活中自然而然形成的,它们的实施、运作、执行等是靠社会舆论等外在力量来保证的,而且大多数情况下,是靠人们的自觉来实现的,不需要专门的人员、专门的机构来负责实施,从它们的形成到它们的最终实现的整个过程也不需要国家和社会支付其专门的费用,就能实现对人们的内心和行为的调控。因此,与法律控制相比,非法律形式社会控制的运行成本是最低的,且社会效果最佳,应该引起我们尤其是我们的法学家的高度重视。特别是对于我国目前正在进行的法治国家建设,它们有特别的现实意义,更值得我们重视和借鉴。

其次,非法律形式社会控制范围广。与法律控制相比,非法律形式社会控制不仅调控人们的行为,而且调控人们的内心世界。即使是在调控人们的行为上,非法律形式社会控制的范围也比法律控制的范围广。现以风俗习惯为例加以说明。从渊源上,法律源于习惯,特别是在人类社会的早期,这种情况表现得尤为明显。法律只是将部分风俗习惯而不是将所有的风俗习惯法律化、制度化。风俗习惯涵盖的范围从人们的衣、食、住、行到市场经济的运行规律和政治权力的整体运作框架,从自然世界到人类社会的所有领域以及所有领域的所有方面;而法律只是选取其中重要的一小部分或照搬或改造而成,或反其道而行之。

再次,非法律形式社会控制手段灵活。非法律形式的社会控制手段主要有道德、风俗习惯、宗教、纪律、社会舆论等方式,是一种内生于社会内部的自发社会秩序,是从自发社会秩序中沉淀、硬化出来的内在规则,又随着社会的发展和变化而形构出新的秩序和内在规则从而不断丰富和发展,使之成为一种开放的规则体系。它能够与时俱进,它的发展与变化是自发进行的,不是人为的结果,也不需要严格的程序,具有灵活性的特征。

最后,非法律形式社会控制贴近社会。与法律控制相比,非法律形式的社会控制非常贴近社会。这主要体现在以下方面:其一,从它的形成来看,它不是人为设计的结果,不需要专门的人员和机构来制定,而是内生于社会,经多重博弈自发形构而成,契合于人们的社会生活习惯,是一种内在规则,而不是从外部强加在人们身上的外部规则。其二,从它的实施来看,它也不需要专门的人员和机构来保障它的实施,它是靠人们“下意识地遵从”、“不加反思的习惯”、自发形成的社会舆论等社会力量来保证它的实施的。因此,它的实施在某种意义上是自动实现的,是人们从内心接受它并自觉遵守它的结果,遇到的社会阻力很小。一言以蔽之,由于它内生于社会,因此这保证了它回归社会时畅通无阻,贴近民众、贴近生活、贴近社会。

2. 非法律形式社会控制的不足之处

非法律形式社会控制并非完美无缺,与法律控制相比,主要有以下不足之处:

首先,非法律形式社会控制缺乏明确性。与法律控制相比,非法律形式社会控制缺乏明确性,主要表现在以下方面:其一,法律控制具有专门的法律文件加以记载,而非法律形式社会控制大多数没有成文的东西,它们的形成和发展变化是自发的。其二,法律控制具有明确的规范性。从微观来看,几乎所有的法律规范内部具有严密的逻辑结构;从宏观来看,法律规范之间形成一个和谐完整、逻辑严密的整体。而非法律形式社会控制大多数是不成文的,何谈规范性和明确性?即使有成文的规定,它的规定也是不规范的。大多数只有行为模式的规定,而没有法律后果、法律评价的规定,如道德规范,与法律控制相比,缺乏明确性。

其次,非法律形式社会控制缺乏强制力保证。非法律形式社会控制的实施没有专门的人员和机构,更没有现代系统化、制度化的国家机构来保障它的实施。它的实施、执行的保障力量具有弥散性的特点,既有有形的又有无形的,既有物质的又有非物质的,既有潜藏在人们内心深处的东西又有经过沉淀、固化自然而然形成的行为模式,既有心理的又有物理的力量。总之,非法律形式社会控制主要是一种内在的社会控制形式,它的实施主要靠人们的认同而自觉执行,缺乏一种外在的强制力的保障。

(三)法律形式社会控制与非法律形式社会控制之间的关系

正是事物之间存在区别尤其是功能上的区别,才使事物之间有可能存在联系。如果两个事物完全相同,就会变成同一个事物,就谈不上什么联系。非法律形式社会控制与法律形式社会控制也不例外。因此,我们先谈它们之间的区别(有些区别在前面谈过,在此主要是从社会控制的构成要素的角度来谈它们之间的区别),再谈两者之间的联系。

1. 两者的区别

首先,从控制主体上看,非法律形式社会控制属于社会场的控制(如习俗)和社会组织的控制(如宗教、道德、纪律等社会规范),是社会群体、组织和个人对社会的控制;而法律形式社会控制属于全社会的控制,是国家以全社会的名义对全体社会成员进行的社会控制,在整个社会控制体系中处于主导地位。

其次,从控制客体上看,非法律形式社会控制和法律形式社会控制虽然都是社会行为,包括个人行为和组织行为,但两者有所不同:法律控制的对象不只是社会组织的内部成员,还包括社会组织外部的所有社会成员;非法律形式社会控制只是一种面向某些社会组织内部成员的控制,对其外部社会成员则无能为力,没有效力,如学校纪律、宗教团体的宗教规范等就属于这一类。

再次,从控制手段上看,法律控制只有法律这种控制手段,而非法律形式社会控制手段较多,包括除法律以外的所有社会控制手段。

最后,从控制的力量保障上看,法律控制是一种依靠国家强制力来保障实施的社会控制,有系统和制度化的专门人员和机构来执行;而非法律形式社会控制的实施没有专门人员和机构,它依靠的是人们从内心的认同、习惯性地遵守、"下意识地遵从"、社会舆论的影响和熏陶等心理的、舆论的、非物质的和物质的社会力量。

2. 两者的联系

对于非法律形式社会控制与法律形式社会控制的关系,人们从不同的角度有不同的看法,归纳起来有以下三种观点:

(1)从历史渊源上看,非法律形式社会控制是法律形式社会控制的社会基础。美国著名的法社会学家庞德认为,人类对社会实行社会控制主要有三种手段:法律、道德和宗教。在开始有法律时,这三者是很难分开的。但是,自 16 世纪以来,法律成为社会控制的首要工具。尽管如此,法律仍需要其他社会控制手段的配合。[1] 而美国学者萨姆纳以民俗与法律的渊源关系为例,说明民俗、民德是法律的社会基础。他认为,民俗是人们处理事物、解决问题的群体方式。当有关社会利益的评判与原有民俗加在一起时,就成为"民德"。法起源于或者说应该起源于民德,民德渐渐演化为法律,而法律具有国家强制力保障这一特征又区别于民德。民俗和民德随着生活状况的改变而逐渐变化,但几乎没有可以通过有意识的行为而使它们发生根本性变更的余地。立法必须在原有的民德中寻找立足点,立法为了自强必须与民德一致。当法律达到准备从民德中分离出来的程度时,法律就削弱了它本身的社会基础和权威,违背民德的法律就像一堆废纸。[2]

(2)从量上看,在整个社会控制发展过程中两者存在此消彼长的关系。美国法社会学家布莱克把它归纳为:法律的变化与其他社会控制成反比。在几乎所有的社会中,家庭本身的控制都多于其他群体。因此一般来说,家庭纠纷较少可能诉诸法律。例如,在 17 世纪的美国,同一家庭的成员之间很少互相诉讼,而邻居之间则经常有这样的事。在现代美国也是如此,与其他类型的纠纷相比,家庭纠纷更少可能告到法院;家庭越强有力,这种可能性就越小。由于现代化,家庭控制在各处都被削弱,而法律控制则相应增强。

法律也随其他社会控制变化而变化。法律的变化持续了几个世纪,随着不同的社会、同一社会中的不同社区、不同场合而变化。例如,在农村与城市,私人场合与公共场合。私人场合中的社会控制多于公共场合,朋友间的法律控制少于一般关系。法律控制甚至在同一天的不同时刻也不同。例如,当人们入睡时,大多数社会控制也就松懈了,而法律却增加了:夜晚是警察活动最频繁的时刻,睡觉期间的公共控制的加强可能是与

---

[1] 参见沈宗灵:《现代西方法理学》,北京大学出版社 1992 年版,第 289 页。

[2] 参见[英]罗杰·科特威尔:《法律社会学导论》,潘大松等译,华夏出版社 1989 年版,第 20~23 页。

非正式控制的瓦解相联系的。[1]

(3)从功能上看,两者存在功能互补的关系。随着社会的向前发展,法律形式社会控制与非法律形式社会控制存在一种此消彼长的关系,法律形式社会控制的地位和范围在不断地上升、扩大。尽管如此,法律形式社会控制也不可能完全取代非法律形式社会控制。因为法律形式社会控制本身存在难以克服的弊端,如控制的范围有限、控制的成本较高、控制的手段僵化、日益形式化、脱离社会等。而法律形式社会控制的这些弊端正是非法律社会控制的长处之所在,是其存在的价值之所在,是法律形式社会控制应该借鉴的。当然,非法律形式社会控制并非完美无瑕,也有自己的不足之处,如缺乏法律控制规范的明确性和稳定性,没有专门的人员和机构来保证其实施。而这些又是法律形式社会控制的长处之所在,因此非法律形式社会控制需要法律形式社会控制的配合和支持。可见,理想的社会控制模式应该是法律形式社会控制和非法律形式社会控制和平共处,两者相互依存、相互配合、相互支持,这是任何社会在对社会进行社会控制时的共同之处。不同的只是根据各自的国情和社情,在两者中谁占主要地位、谁占次要地位;在社会不同的发展时期和不同的地域,两者是如何搭配、如何分工的。

三、我国社会控制模式的选择

(一)当代我国社会控制模式的最佳选择——"法德"并举

庞德说:"当我们生活在地上世界里,如果法律在今天是社会控制的主要手段,那么它就需要宗教、道德和教育的支持;而如果它不能再得到有组织的宗教和家庭的支持的话,那么它就更加需要这些方面的支持了。"[2]事实也是如此。可以说,为维护社会文明,对社会实行有效控制,道德、宗教、法律这三种主要手段在社会控制中互相配合和补充,实现社

[1] 参见[美]布莱克:《法律的运作行为》,唐越、苏力译,中国政法大学出版社 1994 年版,第 6 章。

[2] [美]庞德:《通过法律的社会控制:法律的任务》,沈宗灵、董世忠译,商务印书馆 1984 年版,第 33 页。

会控制由外在控制向内在控制的转变,最终达到维护稳定的政治环境和良好的社会秩序的目的。

中国的法律是以道德为根基而不是以宗教为根基。以“德主刑辅”“明刑弼教”为特征的儒家“德治”学说,一直是中国封建社会的指导思想和理论基础,法律与道德也一直是社会控制的两个主要手段,其影响至今仍然存在。但现在有一种错误的观点认为,“法治”是社会秩序建立的首选社会控制手段,轻视道德的作用;而且认为现代社会的市场经济和道德是分离的,并视传统道德为阻碍我国向现代化迈进的历史包袱予以全盘否定;似乎只要有了所谓完备的法律体系,市场经济所需要的秩序就建立起来了;法与其他社会控制是一种此消彼长的关系。结合我国的具体情况,随着我国现代化的发展、市场经济体制的逐步建立和完善,法律的作用会越来越突出。但是,法律在社会控制中的作用加强是否意味着其他社会控制尤其是道德控制的减弱呢?回答是完全否定的。我国选择“法治”与“德治”并重的社会控制模式,既符合我国的法律文化传统,也是建立市场经济秩序的现实需要,又有国外成功的经验可资借鉴,是一种最佳模式选择。

(二)“法德”并举模式的原因

法律与道德是两种不同的社会控制力量,具有不同质的规定性。在社会控制中,作为维护社会秩序的两种重要手段,法律和道德在各自的领域里发挥着社会调整作用;两者的功能是互相不可替代的。但它们也绝非不相融。制定法律的目的在于使其能得到有效的遵守与实施,但如果人们都认为该法律是“完全不合理的或非正义的,那么这一目的就无法实现”。[1] 也就是说,“当一条规则或一套规则的功效受到道德上的抵制威胁时,它的效力就可能变成一个毫无意义的外壳”。[2] 因此,在某种意义

[1] [美]E.博登海默:《法理学——法哲学及其方法》,邓正来、姬敬武译,华夏出版社1987年版,第329页。

[2] [美]E.博登海默:《法理学——法哲学及其方法》,邓正来、姬敬武译,华夏出版社1987年版,第330页。

上，道德也是“主观意志的法”[1]，“法是道德的最小限度”[2]。任何法律体系的建立，都离不开一定的伦理道德基础，都必须获得道德的支持；否则，就会被废弃。

从法律与道德的逻辑关系来看，两者是一种交叉关系，其控制范围在部分上是重叠的。有相当部分的法律规范实质就是道德的提升。例如民法中的诚实信用原则，既是法律原则，也是道德规范的内容。而且随着社会的发展，法律和道德之间相互重叠的部分会越来越大。在交叉、重叠以外的领域，则由法律和道德共同发挥各自的调节作用。

社会控制的模式并不是单一的，而是多种多样的。世界各国由于历史文化背景的差异，在建立社会控制系统的过程中，所选择的社会控制模式也各不相同。例如，西方一些国家特别强调法律控制的作用，建立了高度发达的法治社会，其他社会控制手段（如宗教、道德）则处于次要地位。而在信奉伊斯兰教的一些国家中，则非常重视宗教在社会控制中的作用，宗教教义就是法律规范。因此，世界各国社会控制系统的建立，并无固定的模式，也不存在孰优孰劣的问题。任何一种较为理想的社会控制模式的选择和建立，都必须立足于本国国情和历史文化传统。外国的经验可以借鉴，但不能盲目照搬。

“法治”与“德治”在社会控制中，其功能各有优劣，两者具有互补性。法律作为社会控制的重要手段，其优于道德的方面主要在于：法律具有确定性和可预见性；在防止有序社会免遭破坏和恢复良好社会秩序的有效、及时方面，法律优于道德；在对人们外在行为的约束方面，法律比道德更为有效；作为约束人们行为的规范，在强制程度方面，道德不及法律。但法律仍存在一定的局限性：首先，从法律规范自身来看，法律具有保守的倾向和其框架中固有的僵化呆板因素。换言之，法律具有时间滞后性和

[1] [德]黑格尔：《法哲学原理》，范扬、张企泰译，商务印书馆1961年版，第111页。

[2] [日]岩崎武雄：《法与道德》，载中国社会科学院哲学研究所伦理学研究室编：《现代世界伦理学》，贵州人民出版社1981年版，第275页。

缺乏灵活性的缺陷,对于千姿百态、不断变化的社会生活的涵盖性和适应性不可避免地存在一定的限度。其次,法律制定得过多还会造成法律迷宫,有法难依。最后,在某些社会关系和社会生活领域,法律不宜介入或不能介入,如人们的思想、信仰、道德习惯或一般私人生活方面的问题。在各种规范调整方法中,法律有时不是成本最低的,在实施法律所需的条件不具备的情况下,法律也不可能充分发挥作用。

与法律相比,道德控制的优势在于:道德促人扬善抑恶;对人的内心活动和动机的控制与引导,道德无疑优于法律;道德调整的范围更广于法律。作为社会控制的手段,道德与法律相比,也有其明显的不足之处。

总之,法律与道德的功能各有其长,也各有其短。法律主要侧重于外在控制,道德侧重于内在控制,把两者结合起来,做到外在控制与内在控制的统一,社会秩序将能得到有效的维护。

我国具有重视法与道德教化综合为治的历史传统。中国在治国方面,建立了富有民族特色、独树一帜的法与道德教化综合为治的社会控制模式。中国古代社会的"德主刑辅""明刑弼教"等一套治国方式,其本质是为维护落后保守的生产关系服务的。它在特定的发展阶段起到一定程度的积极作用,但总体来说,还是禁锢了人们的思想,压抑了创造力,阻碍了古代中国经济和社会的发展。但从历史借鉴的角度来看,中国封建社会长期采用的德礼与刑罚共同为治的社会控制模式,具有那样持久的延续力,历经千年而未变,究其根源就在于道德教化、法制建设、制度建设三者的联结交叉、密切配合。这对于我们今天的社会控制手段和模式的选择,仍不无裨益。

"法德"并举,是我国市场经济建设实践的客观要求。社会主义市场经济是法治经济,现已成为人们的共识。但市场经济也需要"德治",则未必是共识。在构建高水平社会主义市场经济的今天,我们既要重视法律的作用,也不能否认道德的作用。

首先,在市场经济宏观调控的非经济手段中,道德是一个重要的调节手段。由于种种原因,我们的法律、行政和经济调节手段都还很不健全,一些单位和个人挖空心思地钻空子，特别是钻法律漏洞，作出了不少有损于国家和社会利益的事情。法律、行政和经济手段即使健全了，因其自身特点的限制，也不可能无所不包。与这些调节手段不同，道德不但可以调节法律、行政和经济手段所能涉及的那些经济活动和经济关系，还可以调节这些手段不能涉及或暂时没有涉及的那些经济活动和经济关系。

其次，从市场经济的现实运行情况来考察。目前，在市场经济的运行中，存在无序、失范现象，并严重地影响着经济的发展。对此，有一种观点认为，市场经济的发展，必然会给道德进步带来消极影响，市场经济发展与道德进步是二律悖反的关系。因而，拜金主义、各种形式的个人主义等现象的抬头，被认为是发展市场经济所需要付出的必要道德代价，是难以避免的。对市场经济中一些无序、失范现象的规范，只需要强调"法治"就够了。这种轻视或否定道德对维护社会稳定的重要功能的态度和观点是错误的。市场经济的发展，并不必然带来社会道德的沦丧，这已为国外的成功经验所证明。发展市场经济需要遵纪守法，依法进行，更需要道德来维护。如果只想赚钱，不讲信用、不讲道德，其结果是无论什么样经济都难以发展起来。

最后，市场经济也需要良好的人际关系。市场经济需要竞争，重视物质利益原则，但这绝不意味着市场经济条件下就没有正常的人际交往与和谐融洽的人际关系。相反，发展平等、团结、友爱、互助的新型人际关系仍然是社会全面、健康发展的重要条件。这方面的关系就要靠道德来调整。我国传统道德中集中表现人类共同心理意愿的一些要求，像"己所不欲，勿施于人""和为贵"等仍然是我们处理日常人际关系的准则。这些都不会随着时代的变化而失去其应有的光彩。

（三）"法德"并举模式的措施

1. 完善法律控制机制，厉行依法治国

（1）完善立法，建立完备和科学的社会主义法律体系。只有建立健全且能有效实施市场主体法律、市场行为法律、市场秩序法律、宏观调控法律、社会保障法律和制裁犯罪的法律，社会主义经济才能健康有序运行；

经济活动中的种种弊端，如投机倒把、坑蒙拐骗、假冒伪劣、权钱交易等问题，才能够很好地被预防和消除；危害社会治安的各种犯罪活动才能够得到有力的打击。

（2）重视法律的施行，加强执法监督。首先，要加大执法力度。一方面，要依法严厉打击严重危害社会治安的犯罪活动，维护社会的安定和正常秩序；另一方面，对各种严重扰乱市场经济秩序的失范和无序现象要依法予以严厉制裁，以保证改革开放的顺利进行。其次，为增强法律的权威性，要加强执法监督，完善法律监督体系。同时，深化司法体制改革，建立一支高素质的执法和司法队伍。

（3）确立守法观念，提高全民的法律意识。法律的遵守，不单在于法的强制和惩罚，主要在于人们对法律的信任和法律意识的培养。为此，通过各种途径，提高全民的法律意识，是加强"法治"的重要任务。

2. 加强道德控制机制的建设

（1）加强道德教育，重视道德舆论的引导和道德信念的确立。相形之下，外部的监督和制裁只是一种次要因素。进行坚持不懈的道德教育，在全社会形成正确的价值导向和强有力的舆论氛围，对人们正确人生观的确立和陶冶高尚的道德情操，确实起着一种潜移默化的作用。

（2）加强道德控制在制度层面上的建设。进行道德建设应同法治建设一样，要做到教育和制度建设的有机结合。首先，制定系统、配套的道德行为规则，使道德原则实体化，是增强道德规范的可操作性，发挥道德控制作用的一项重要措施和有效途径。其次，通过立法程序，制定出相应的"道德法"，把一些道德观念和要求上升为国家意识。再次，建立完善的道德惩戒和监督制度。制定各种道德行为规范，完善道德立法，不能仅仅限于制定一些带有倡导性的、过于原则的条文。一定要做到倡导和要求与具体的惩戒规则结合起来，把个人的思想道德品质的优劣同晋级和提拔重用挂钩，使之具有"法"的强制性。最后，根据需要设置或完善相应的组织机构。

第二分编　中观法社会学

第六章　社会组织的基本理论

一、社会组织的概念

（一）社会组织的含义

广义的社会组织，是指社会整体以及构成其整体的社会各个部分的结构状态；换言之，广义的社会组织，既可以指整个人类社会，如“人类社会组织”，也可以指构成社会细胞的家庭，如“家庭组织”。狭义的社会组织，则是指社会某一层面的结构状态，是社会学理论体系中的一个特定概念或者范畴。狭义的社会组织具有如下几个方面的特征：

首先，社会学中的社会组织一般或主要是指中观社会结构。在社会学中，社会结构理论一般分为宏观结构（社会、社区）理论、中观结构（组织）理论和微观结构（初级群体）理论。可见，在社会学理论体系中，社会组织是一个既有别于初级群体，又有别于社会或社区的中观社会结构。

其次，社会学中的社会组织一般或主要是指业缘社会组织。关于血缘组织、地缘组织和业缘组织的区别，详后加以说明（见本章社会组织的结构与功能）。

最后，社会学中的社会组织一般或主要是指现代社会组织。传统社会组织和现代社会组织有明显的区别。一般来说，传统社会组织类型单一，组织结构不分化，组织功能普化。譬如家庭，其不仅是传统社会的主要组织形式，而且是一种结构复杂、功能普化、目标多样的社会组织。而在现代社会，随着社会发展的不断提高和整个社会结构的不断分化，一方面，传统社会组织的结构不断分化、组织功能日益专化，如家庭；另一方面，社会日益分化出结构分化、功能普化、目标稳定的现代社会组织，组织成为人们精心设计出来的以达到某种特定目标的社会群体，如学校、俱乐部、政府、医院、公司等。

（二）社会组织的主要分类

1. 根据组织目标和功能的不同，分为经济生产组织、政治目标组织、整合组织和模式维持组织。经济生产组织是指那些制造物品或者进行生产的组织，如各种实业公司；政治目标组织是指那些为保证整体社会目标实现而形成的各类组织形式，如政府机构和权力组织等；整合组织是指那些调整社会系统内各子系统、各部分之间的关系，达到各部分的协调一致，从而维持社会运行秩序，从社会层次上提供功能，涉及调解冲突和指导动机，从而实现社会制度的期望或达到社会各部分彼此良好配合的组织形式，如法院、律师事务所、精神病医院等；模式维持组织是通过文化传播和教育普及来维系现存社会体系的运转，主要是指那些具有“文化”、“教育”、“价值承载”和“揭示”功能的组织，如教会、学校、研究机构等。

2. 以受惠者为标准，分为互惠性组织、营利性组织、服务性组织和公益性组织。互惠性组织成员一般因共同的兴趣而结合在一起，但其参与度较低，其组织目标是使所有成员都获得好处，如政治党派、工会、俱乐部等；营利性组织是指那些直接从事各种形式的生产经营活动，以营利为目标，其价值可以用货币来表现的组织，主要受益者是组织的经营者和所有者，如工厂、公司等；服务性组织是指将为顾客提供专业性的、优质的服务作为组织主要目标的组织,其受益者是社会公众中与组织有直接接触的个人或者单位,如学校、医院等;公益性组织是指以大众福利作为组织主要目标的组织,其受益者是社会一般公众,如政府机构、消防机构、邮局、大学等。

3. 以有无正式结构为标准,分为正式组织和非正式组织。凡是有正式结构的组织,称为正式组织。正式组织是指组织内部各个职能部门之间有正式确定的、比较稳定的相互关系形式,一般由职位、规范、权威和角色等因素构成。正式组织具有如下基本特征:具有明确的组织目标;具有明确的组织结构并反映出一定的管理理念;具有明显的职位等级;讲求效率;有严格的组织规范,以约束个人行为;成员间的互动关系比较规范,是一种角色关系;任人唯贤,各种职位具有可替代性,不重视个人的独特性。一般来说,任何正式组织中都有非正式结构的存在。非正式结构是指未经明确规定而从组织成员的活动及其相互作用中自发产生的组织结构。这种以非正式结构为基础而形成的组织形态就是非正式组织,其成员间的互动比较随便,活动也比较自由,如各种业余协会、俱乐部等。

4. 以组织规模为标准,分为小型组织、中型组织、大型组织和巨型组织。小型组织是社会生活中的一种最普遍的组织形态,是构成较大组织的基本单位,一般由 3 ~ 30 人组成,无须选举代表,直接可以参与互动;中型组织的人数为 30 ~ 1000 人,虽然可以维持面对面的互动,但组织领袖的作用得以凸显;大型组织的人数少则 1000 人,多则 50,000 人以上,成员之间的互动不再以面对面的互动为主,组织领袖的作用更显重要;巨型组织人数众多,没有限制,任何个人都无法与其他一切成员进行直接的互动,组织中的重要人物可以通过大众传媒而为多数人所识别。

5. 以组织权威的基础为标准,分为强制性组织、功利性组织和规范性组织。强制性组织是将权威的基础建立在暴力基础之上,通过强迫的手段使成员服从组织;功利性组织是将权威的基础建立在物质或金钱基础上,通过使人们获得某种物质报酬和利益而服从组织的权威;规范性组织是将权威的基础建立在伦理道德或观念信仰基础之上,同时辅之以一定的象征性报酬，成员对组织的服从建立在对规范内化的基础上。

另外，在我国，以产业为标准，将社会组织分为第一产业组织、第二产业组织和第三产业组织；以机构编制为标准，将社会组织分为国家机关编制的组织、国家事业编制的组织和国家企业编制的组织。

（三）社会组织的构成要素

任何一个社会组织，无论规模大小、结构繁简、职能迥异，其构成要素必不可少地包括以下五个方面：

1. 一定数量的成员。这是组织生存的先决条件。但并非任何社会个体都可以随意取得某一特定组织的成员资格。现代社会组织一般都有十分明确的组织边界，对组织成员的加入有非常明确而具体的要求，社会个体必须具备一定的条件，履行一定的手续才能加入，并在组织中获取某一角色地位。

2. 特定的组织目标。特定的组织目标是组织存在的依据，指示着组织努力的方向；否则，如果组织目标模糊或丧失，组织则面临解体的命运。组织成员参与组织及其活动的动机和愿望千差万别，但它们最终要统一到共同的组织目标之下；同时，这一共同组织目标又要建立在各个组织成员的动机和愿望的基础之上，集中体现各个组织成员的愿望和利益。

3. 明确的行为规范。任何社会群体或组织都有其固有的行为规范，以明确成员间的关系并规定成员的行为。作为比初级社会群体更高形态的社会组织，其行为规范更加细致严密、更加规范明确，而且往往以书面形式加以颁布实施。为了实现组织的目标和功能，就必须制定严格而明确的组织规范，对成员的组织行为及其互动作出明确的规范和指引，以使将各成员相对独立的行为朝着组织目标设定的轨道前进。

4. 完整的权力结构。其包括两种权力结构：一是权力自上而下的纵向分配结构，是指由决策者、管理者和执行者所构成的一种“支配—服从”的层级体系。组织内部细致的分工，相应地要求严格的分权，以此对成员的行为进行严格的指引和控制，以保障组织目标的实现。现代社会组织的权力结构一般是“金字塔形”；随着组织规模扩大，组织活动的不断复杂化，权力结构呈现向“梯形”发展的趋势。二是权力横向的分配结构，即在同一层级中，不同权力之间的互相配合和互相协调。

5. 一定的技术设施。组织活动不仅需要场所、工具等“硬件”设施，而且需要成员熟练运用这些设施完成个人活动的“软件”技术。

二、社会组织的目标与决策

（一）组织目标

1. 含义

组织目标是每个组织都必须通过自身活动去达到的某种有待实现的未来状态。组织目标可以分解为三个纵向的层次：(1)宏观环境层——社会加于组织的目标；(2)中观组织层——作为一个利益共同体和一个系统的整体目标；(3)微观个人层——组织成员的目标。

2. 作用

(1)导向作用，为组织管理和发展指明方向。

(2)激励作用，目标是一种激励组织成员的力量源泉。

(3)凝集作用，组织凝聚力的大小受多种因素的影响，其中一个因素就是组织目标，尤其是当组织目标与个人目标一致时，凝聚力就会大增，反之则会削弱凝聚力。

(4)考核作用，明确而具体的组织目标，是制订组织考核方案的主要依据。

3. 制定与实施

(1)制定原则。制定原则包括：①互惠原则，即目标对所有参与人员都有利；②评估原则，即运用能够进行测量的技术以评估目标实现程度；③选择原则，是指组织在确定目标时要遵循选择最优目标的科学程序。

(2)实施与评估。实施中应该注意两个问题：一是选择适当机会；二是要不断地进行监督检查。组织目标实现程度的评估，一般包括三个方面：一是有效性，是指组织实现各种目标的能力，它意味着组织能以最终实现全部目标的方式来安排和使用它的资源，有效性可以是长期测量标准；二是效率，是指组织在实现目标的过程中，消耗的资源与产出的结果之间的比例关系，资源的花费应当带来相应的正面的结果，效率则属于短期测量标准；三是人道主义或者人文关怀，是指组织应最大限度地发挥个人才能，而不只是追求效率。

4. 影响组织目标的因素

(1) 文化环境对目标的影响。文化环境包括一般组织环境和具体工作环境，它们对组织目标的存在及其实现产生决定性影响，包括经济环境、社会环境和政治环境。

(2) 组织内部不同目标层次的相互影响。组织在确定总目标后，就会把它转换成具有可操作性的目标，并分出等级和先后序列。因此，组织内部多种类型、多种层次的目标相互影响、相互作用，有时可以改变短期目标和实际任务的完成。

(3) 组织参与者对目标的影响。个人参加组织是为了达到自己的目标，而组织目标不可能与每个成员的目标完全一致，这便出现了组织目标与个人目标的冲突，组织参与者对组织目标可能会产生影响。

(二) 组织决策

1. 含义

组织决策是指从一系列组织行动方案中选择其一，以期达到组织目标的决策过程。组织行为是有目标、有方向的，组织是通过制定决策和实施决策而向目标前进的。组织决策一般包括下列几个方面：(1) 组织决策总是为了一个既定目标，没有目标就无从决策；(2) 组织决策总是要付诸实施的，不准备实施，决策是多余的；(3) 组织决策总是在确定的条件下寻找优化目标和优化地达到目标，不追求优化，决策是没有意义的；(4) 组织决策总是在若干有价值的方案中进行选择，一个方案无从比较选择，则无从优化。

2. 种类

(1) 按照其目标性质，组织决策分为常规型决策和非常规型决策。常规型决策是指在行动规范中重复出现的、例行的决策，一般有章可循、有法可依。非常规型决策是指偶然发生或者首次出现的非重复决策，这类决策往往要依靠组织领导者的判断、直觉、启发式研究和创造力。

(2)按照其目标要求,组织决策分为最优决策和满意决策。最优决策是追求理想条件下的最优目标。但在现实生活中,理想条件往往不存在。因此,许多组织往往不愿冒巨大风险去追求最优目标,宁可在现实条件下有把握地追求一个满意的结果,这就是满意决策。

(3)按照其条件和后果,组织决策分为确定型决策、风险型决策和不确定型决策。

3. 过程

(1)发现和确定问题。组织的决策者根据总目标,发现和确定问题,这是决策过程的起点。所谓问题,就是现状与目标的差距。发现和确定问题,就是要求对问题的表现(其时间、空间和程度)、问题的性质(其迫切性、扩展性和严重性)、问题的原因有清楚的了解。

(2)设计方案。方案设计要有明确的目的,切实可行,合理合法。

(3)评价和选择方案。

(4)实施和审查方案。

4. 决策者对组织决策的影响

决策者是组织决策的组织者和具体承担者,其个人特征足以影响组织的决策。根据决策者个人特征对组织决策的不同影响,决策者可以分为以下三种类型:(1)对利益的反应比较迟钝,而对损失的反应比较敏感,这是一种不求大利、怕担风险的决策者;(2)对损失的反应比较迟钝,而对利益的反应比较敏感,这是一种谋求大利、敢于冒风险的决策者;(3)完全按照损益值或期望值的高低来选择行动方案的决策者,是处于上述两者之间的决策者。

5. 有限理性与组织决策

(1)理想状态:充分信息下利益最大化的组织决策。这一决策模式通常包括以下四个要素或假设:人们知道自己的目标(效用函数);人们知道面对的选择;人们知道这些选择的后果;人们知道并遵守(最大化)决策的规则以进行选择。

(2)现实状态:①信息不完备或信息不确定性下的组织决策;②信息不对称下的组织决策。

(3)组织决策的启动机制:问题导向型组织决策过程;答案导向型组织决策过程。

三、社会组织的沟通与互动

(一)组织沟通

1. 含义

组织沟通是指人们在组织活动中彼此交流各自的观点、思想、兴趣、情感、知识等各种各样的消息的过程。组织沟通具有以下几个方面的特征:首先,沟通双方一般互为主体或客体;其次,沟通双方使用统一或相通的符号;再次,沟通双方对沟通的情景有相同的理解;最后,沟通双方是相互影响的。

2. 种类

根据沟通是否有中介,可以分为直接沟通与间接沟通;根据沟通的向度,可以分为纵向沟通与横向沟通;根据沟通双方的社会身份,可以分为正式(角色)沟通与非正式(角色)沟通;根据沟通的手段,可以分为言语沟通与非言语沟通。下面重点介绍组织的纵向沟通与横向沟通、正式沟通与非正式沟通。

(1)组织的纵向沟通与横向沟通

①纵向沟通。纵向沟通是指不同层次或不同级别的人或组织之间的沟通,主要是指上级与下级、组织领导与组织成员之间的沟通。从信息传递的方向看,纵向沟通又分为以下两种形式:

第一种是自上而下的沟通。在组织的纵向沟通中,自上而下的沟通占主导地位,具有以下三个方面的功能:一是保证组织目标的实现;二是促进组织的新陈代谢,即通过自上而下的沟通,经常组织成员通报新情况、新经验、新技术及新思想,不断促进组织的新陈代谢,使其充满活力;三是推动组织的思想教育。

自上而下的沟通,通常凭借文件、会议、指令、指示等形式进行,一般存在以下几个方面的不足:一是沟通的信息量过小;二是沟通的信息冗余量过大,套话、空话、老生常谈太多;三是沟通的形式单调;四是沟通的信息精确度较低,沟通层次太多。

第二种是自下而上的沟通。这是组织成员向领导、下级向上级反映自己的要求、愿望,提出批评而建立的正常渠道,具有两个方面的功能:一是决策功能,即自下而上所传递的信息可能成为组织决策的重要依据;二是监督功能,即自下而上的沟通能监督组织各项决策的实施。自下而上的沟通也存在许多问题,但其最主要的问题是信息精确度较低。

②横向沟通。横向沟通是指同一层级层次的人或组织之间的信息交流,具有两个方面的功能:一是增进其相互间的了解,协调其相互间的活动,解决其相互间的问题或矛盾等;二是对于组织内的纵向沟通而言,横向沟通是一种功能补充,不仅减少了纵向沟通的环节,而且帮助消化纵向沟通所传递的信息,弥补了纵向沟通的不足。

(2)组织的正式沟通与非正式沟通

①正式沟通。正式沟通是指经过精心设计的正式沟通系统,实际上就是组织内部各种角色之间遵照组织规定和角色规范所进行的相互沟通。正式沟通包括上述纵向沟通和横向沟通两种,具有两个方面的特征:一是组织内的正式沟通是排斥个人感情的;二是组织内的正式沟通同时又受个人感情的影响。

②非正式沟通。非正式沟通是指未经精心设计的组织沟通系统,是组织成员以其私人身份进行的不规则的相互沟通。比较而言,非正式沟通具有以下四个方面的特征:一是信息传递速度较快;二是信息内容的精确度较高;三是信息容量大;四是信息反馈面广。非正式沟通具有以下两个方面的功能:一是联络感情;二是传递小道消息。

(二)社会互动

1. 含义

社会互动是指社会上人与人、群体与群体之间通过直接或间接的联系而发生的相互依赖性行动的过程。具言之,社会互动必须是发生在两个或两个以上的人或群体之间，单个人或群体就无所谓社会互动；社会互动是一种社会性行动，是行动者的行动与他人的行动发生联系的行动，而不是各自孤立的行动；社会互动既有直接的也有间接的，并不都是面对面的。

2. 种类

根据不同的标准，社会互动可以划分为不同的类型：根据互动双方的行动方向，可以分为单向互动与双向互动；根据社会互动所产生力量的性质，可以划分为产生向心力的顺从型互动、产生聚合力的合作型互动、产生驱动力的竞争型互动和产生遏制力的冲突型互动。下面重点介绍顺从型互动与合作型互动、竞争型互动与冲突型互动。

（1）顺从型互动与合作型互动

顺从型互动就是行动者之间发生性质相同、方向一致的行动过程，具体表现为模仿、服从和从众三种形式。合作型互动是指两个或两个以上的人或单位为了达到共同目的，自觉或不自觉在行动上相互配合的过程，具体表现为协作、交换和互助三种形式。

（2）竞争型互动与冲突型互动

组织内的竞争型互动是组织发展的驱动力量，是竞争者之间优胜劣汰的过程，而冲突型互动是一种互相反对的互动方式，两者存在明显的区别：首先，冲突双方只是一种直接接触，而竞争双方可能面对面，也可以背对背；其次，冲突双方有情绪上的敌对，而竞争双方一般不带有情绪上的敌对；再次，冲突双方互为攻击对象，而采用积极方法开展竞争的双方并不相互攻击；最后，冲突双方利益、态度和意见一般是相互对立的，而竞争双方一般不存在上述对立。

四、社会组织的结构与功能

（一）组织结构的微观构成——社会角色

1. 含义

“角色”最先是戏剧中的一个专有名词，是指戏剧舞台上所扮演的剧中人物及行为模式；后来借用到社会学中，是指由一定社会地位决定的符合一定社会期望的行为模式,是构成社会群体或社会组织的细胞,是人的多种社会属性和社会关系的反映。

2. 种类

(1)根据人们扮演角色的心理状态不同,分为自觉角色和不自觉角色。自觉角色是指人们在扮演某一角色时,明确意识到自己所享有的权利和承担的义务,因而能认真地行使自己的权利,努力地履行自己的义务;不自觉角色是指人们在扮演某一角色时,没有完全意识到自己所享有的权利和承担的义务,而只是按习惯性行为模式去做。

(2)根据角色规范是否有明确规定,分为规定性角色和开放性角色。规定性角色是指对角色的权利和义务有比较严格而明确规定的角色;开放性角色是指对角色的权利和义务没有比较严格而明确规定的角色,角色扮演者可以根据自己对角色的理解和社会对角色的期待从事活动。

(3)根据角色所追求目标不同,分为功利性角色和表现性角色。功利性角色是指那些以实际利益为目标的角色;表现性角色是指那些不以获得经济上的效益和报酬为直接目的,而是以个人表现为满足的角色。

(4)根据角色是否符合一定的社会期待,分为正式角色和非正式角色。正式角色是指符合一定社会期待的角色;非正式角色是指偏离或违反一定社会期待的角色。

(5)根据角色获得方式不同,分为先赋角色和自致角色。先赋角色,亦称归属角色,是指建立在血缘、遗传等先天因素基础上的社会角色;自致角色,亦称成就角色,是指通过个人的活动和努力而获得的角色。

3. 角色扮演

(1)角色扮演过程

角色扮演过程,即角色期待→角色领悟→角色实践。角色期待,亦称角色期望或期望角色,是指社会和组织对某一角色的希望和要求;角色领悟,亦称角色认知或领悟角色,是指角色扮演者对其角色规范和要求的认识或理解;角色实践,亦称角色行为或实践角色,是人们角色扮演的实际过程或活动,是角色领悟的发展。

(2)角色扮演失调

第一,角色紧张。人们在角色扮演的实际过程中,由多重角色扮演所引起的时间和精力上的紧张,称为角色紧张。

第二,角色冲突。角色冲突是指人们在角色扮演过程中,不同角色规范的不同要求,引起人们某一具体角色扮演的矛盾和冲突。组织内的角色冲突有如下几种情形:角色外冲突,即发生在两个或两个以上的扮演者之间的角色冲突;角色间冲突,即发生在同一个人所扮演的不同角色之间的冲突;角色内冲突,即发生在同一个人所扮演的同一角色内部的角色冲突。

第三,角色混同。角色混同是指人们在其角色扮演过程中,将不同角色规范或行为模式混淆甚至颠倒了。这具体包括:自我混同,即角色转移或角色不清或角色中断而引起的自我混同;他人混同,即将他人所承担的不同角色规范相互混淆或颠倒。

第四,角色失败。角色失败是在角色扮演过程中发生的极为严重的失调现象,是指由于多种原因而使角色扮演者无法进行成功的表演。

(二)组织结构的中观构成——社会群体

1.含义

社会群体有广义和狭义两种含义。广义的社会群体有三种解释:一是把社会群体解释为整个人类社会;二是把社会群体解释为社会类属,即一群具有相似特征的人;三是把社会群体解释为社会组织。狭义的社会群体,仅仅是指小群体或初级群体。此处所说的作为组织结构的中观构成的社会群体,就是指狭义的社会群体,是两个或两个以上的人通过直接的社会联系和心理沟通所结成的人群共同体,是组织与成员之间的中介。现代组织都是由大小不同、多少不一的群体所组成。

2.种类

根据不同的标准,社会群体可以分为以下不同的主要类型:

(1)根据个人是否参加社会群体的标准,分为内群体与外群体。内群体是指一个人经常参与的或在其间生活,或在其间工作,或在其间进行其他活动的群体。内群体又称我们群体,简称我群。外群体是相对于内群体而言,泛指内群体以外的所有群体。外群体又称他们群体,简称他群。

(2)根据个人是否接受社会群体规范的标准,分为所属群体与参照群体。所属群体是指在社会地位和角色关系上或多或少相互依赖的一组人,他们具有共同的价值规范及彼此协调一致的社会行为。所属群体是个人参加其中并接受其规范的群体,也称首属群体、基本群体,它是一种小群体。参照群体并非个人参加的群体,它是用作评价人物或事物标准的群体。个人和社会在评价社会现象时,往往把它与其他群体进行比较,这种用作评价事物尺度的其他群体就是社会学所说的参照群体。

(3)根据构成社会群体的原则和方式的不同,分为正式群体与非正式群体。正式群体指有一定的规章制度,有既定的目标,有固定的编制和群体规范,成员占据特定的地位并扮演一定角色的群体;它是组织中观构成的主体形式,是实现组织目标的主导力量。非正式群体指以个人好恶、兴趣等为基础自发形成,无固定目标,无成员间正式而明确的地位及角色关系的群体;它是组织中观构成的辅助形式,是实现组织目标的辅助或阻碍力量。

(4)根据社会群体形成的直接原因不同,分为血缘群体、地缘群体、业缘群体与趣缘群体。血缘群体是因婚姻和血缘关系而结成的群体,其基本形式为家庭,其次是家族、氏族、部落、部族等具体形式,实际上是家庭的扩大化。地缘群体是基于成员间空间或地理位置关系而形成的群体,其基本形式是邻里和同乡等具体形式。业缘群体是因职业和工作联系而结成的群体,是社会分工进一步发展的产物,包括各种各样的社会经济组织、政治组织和文化艺术组织等具体形式。趣缘群体是基于成员间兴趣、爱好、志向等相同或者相近而形成的群体,如各种各样的兴趣俱乐部、协会、研究会等具体形式。

(5)根据群体成员间关系的密切程度,分为初级群体与次级群体。初级群体,又称基本群体、直接群体或者直属群体,是指其成员间相互熟悉、了解,因而以感情为基础结成亲密关系的社会群体。典型的初级群体有家庭、邻里、朋友、亲属等,还有复杂组织中的一些非正式群体,如军队中的战友群、工厂里的工友群、学校中的“哥们儿”群体等。初级群体的基本特征有:规模小;面对面的直接互动;不能替代的人际关系;情感结合;非正式控制;聚合力和持久性较强。次级群体,又称间接群体或次属群体,是指其成员为实现特定目标集合在一起,通过明确的规章制度结成正规关系的社会群体。其典型是各类社会组织,如军队、学校、工厂、政府机关等。与初级群体比较而言,次级群体的基本特征有:它是人们为了实现某个社会目标而有意识建立起来的;有限的面对面的互动;非永久性的暂时关系;有一个明确而具体的目标;有一个复杂而正式的结构;有一组不依附于任何特定个人的组织角色;有明确的规章制度。

(三)组织的宏观构成——组织结构

1. 含义

所谓组织结构,就是指社会组织的架构,它表现为一个组织内部各构成部分及各层级之间所确立的相互关系的形式。组织结构有广义和狭义之分,广义的是指组织体制,狭义的是指某一组织的管理结构形式。社会组织结构不是直观可见的,而要通过绘制组织结构图来表示;物质结构是自然形成的,而社会组织结构都是人为了实现一定的目的而设计和建立起来的。一般来说,组织结构可划分为两大部分:一部分是组织的显性结构即组织的正式结构;另一部分是组织的隐性结构即组织的非正式结构。这种划分实际上是把社会群体分为正式群体和非正式群体在社会组织结构中的延续和反映,以下将分而论之。

2. 组织中显性正式结构

(1)含义

显性正式结构,是指以形式化、正规化、固定化的职位关系、部门关系组织起来,并以组织规范的形式表现出来的社会组织结构,一般都是在任务分工或专业化原则、权力分层原则、制度化原则和控制跨度的指导下形成,因此它具有分工明确、任务清楚、权责分明、制度严格以及建立在角色、职位基础上的人际关系等特点。

(2)种类

根据最终形成的组织结构图不同,组织中的显性正式结构又可以分为以下几种主要类型:

一是直线式的组织结构形式。这种形式也就是“金字塔”形状的组织结构,只有上下级的直线关系,没有横向并列的其他组织结构,其指挥和管理职能基本上由领导自己执行,机构简单,职权明确,组织的最高领导掌握全部权力,命令可以层层下达,保持统一。

二是以参谋制补充直线式的组织结构形式。当组织规模大、组织目标多样、关系复杂、组织管理往往需要多方面的专门知识和才能,在最高领导一般难以做到时,为了弥补其不足,就需要设置参谋机构。不过,这种参谋机构只是专业化的咨询机构,只向最高领导提供专业方面的知识,没有决策权,无权直接向下级发布命令。因此,这种组织结构尽管设置了参谋机构,但还是保留了直线式的组织结构形式,只是一种以参谋制补充直线式的组织结构形式。

三是职能式的组织结构形式。与直线式组织结构不同,职能式组织结构形式的特点是权限分割,即将统一的组织权限分割为几个方面,每一个方面分别设置一个职能部门,这些职能部门之间是横向分工的关系。

四是直线职能式的组织结构形式。这种组织结构形式力图吸取直线式和职能式的长处并克服它们的局限性而形成综合性的组织结构。在这种组织结构中,既有直线式的或纵向的权限层次关系,又有职能式的或横向的专业分工。

五是事业部制的组织结构形式。这种组织结构形式是从职能制结构转化而来的。由于组织规模的扩大,组织内部管理层次的增加,许多组织在集权基础上,按业务分类或按产品分类,分出一些事业部组织,分别实行相互独立的管理。一个标准的事业部组织由三个部门组成:高层管理;职能部门;事业部门。

六是矩阵式组织结构形式。在数学上,矩阵是指纵横排列的二维数据表格,最早来自方程组的系数及常数所构成的方阵。矩阵式组织结构形式是一种超事业部制的组织结构形式。在这种组织结构中,能把组织中纵向的管理系统和横向的目标系统结合起来,能较好地完成其协调功能。矩阵式是一种适合多种基本组织要求的结构设计,一方面,它将其活动专业化,使其成为能发挥技术特长和能为组织成员提供持久性基地的职能部门;另一方面,它建立了一个协调那些以计划、工程、产品或系统为基础的专业化部门的活动单位。这种组织结构形式是传统的职能式组织和独立的工程式组织的一种折中形式。因此,矩阵式组织结构形式产生双重的权力和职责,职能部门具有管理技术或专业化方面的权力,而协调部门具有管理计划、工程、任务和产品等方面的权力。

根据组织中成员间职位关系的不同,组织中显性正式结构又可以分为以下三种主要类型:横向的同等结构、纵向的等级结构和纵—横向的混合结构。

从组织结构与职位的关系看,任何组织结构都会产生各种职位,一个组织在纵向和横向上所设置的各种职位及其职位之间的相互关系,是组织结构的直接表现,职位关系使组织形成一定的格局,这种格局也就是结构。可见,在一定意义上,组织内的职位关系就是其组织结构。任何组织内的职位关系可以理念化地分为横向的职位关系和纵向的职位关系,也就是我们常说的平级关系和上下级关系。由组织中平级职位关系形成的组织结构,我们称为横向的同等结构;由组织中上下级职位关系形成的组织结构,我们称为纵向的等级结构。

当然,在实践中,上述两种组织结构很少单独出现,大多数组织都是等级结构和同等结构因素不同程度的结合,要么是以同等结构为主、等级结构为辅,要么是以等级结构为主、同等结构为辅。可能的变换、结合是如此之多,以至于几乎具有无限的实验可能性。我们把这种由等级结构和同等结构因素不同程度地结合而形成的组织结构,称为纵—横向的混合结构。

(3)组织中显性正式结构的设计原则与研究方法

组织中显性正式结构的设计,应遵循以下几个原则:一是目标任务原则;二是有效管理跨度原则;三是分工协作原则;四是统一指挥原则;五是权责对等原则;六是精简与效率原则;七是统一领导与分级管理原则。

由于显性正式结构是指以形式化、正规化、固定化的职位关系、部门关系组织起来,并以组织规范的形式表现出来的社会组织结构,因此对其组织规范所体现出来的组织结构的研究,可以采用组织结构—功能分析的研究方法。

3. 组织中隐性非正式结构

(1)含义

显性正式结构关注的是组织内部各种职位、部门的正式关系、公务关系,但由于组织中的个人是具有多方面需求和个性丰富的社会人,其行为并非始终按正式结构规范进行,其需求也不是正式结构所能完全满足的。一些社会地位、个人经历和社会背景相似,个人性格、兴趣、情感和志向相投,互动频繁的组织成员,往往易形成各种非正式群体,借以满足自身的多重需要。因此,在任何社会组织中,即使高度科层制化的组织,除正式结构中所确定的职位关系、部门关系外,还存在建立在个人感情关系基础上的初级关系,形成非正式结构。这种非正式结构是指由组织成员从外部带进组织的和在组织成员互动基础上自发形成的各种初级关系的总和,它依附具体个人而存在。在正式结构中,个人与职位、公与私分开,而在非正式结构中,它们又重新结合在一起。与正式结构相比,非正式结构具有自发性、易变性、情感性、沟通灵活性和功能多重性等特征。对组织中隐性非正式结构的研究,我们一般不能采用组织结构—功能分析的研究方法,但可以采用社会关系网络分析的研究方法。

(2)种类

根据非正式组织成员在组织中分布的情况不同,组织中隐性非正式结构有以下几种基本类型:

一是纵向共栖结构。所谓纵向共栖结构,是指其非正式组织的成员散布于组织中的各个层级,在正式结构的权力关系中,这些人有领导与被领导的关系。这种分布于正式结构中不同层级的组织成员所结成的非正式组织,其成员之间具有高度的相互依赖性,互利互惠,所形成的非正式组织结构以正式组织结构为依托,两者所形成的纵向共栖结构具有较高的稳定性。

二是纵向寄生结构。所谓纵向寄生结构,是指非正式组织中成员来自正式组织结构中的各个层次,但彼此间所提供的相互协调并不相称。也就是说,在正式组织中处于上级的人员虽然在非正式组织中仍维护他们下级人员的利益,但其下级人员并不全力或没有能力维护他们上级人员的利益,他们一般寄生于他们上级主管,凭借与某上级的血缘、地缘或趣缘关系,只图享受权利,不想履行义务。

三是横向防守结构。这种结构的成员完全来自正式组织结构中同一层级的不同部门或单位。其形成原因是组织的技术结构、部门结构的有机构成不断提高,使组织结构内部原有组织结构和权力关系发生变化,从而不断威胁到某一类人的利益。此时,受到威胁的一类人便自愿结合,并借用其非正式结构的力量,以维护他们切身利益或权力地位。

四是横向进取结构。横向进取结构的成员也是来自正式组织结构中同一层级的不同部门或单位。其形成原因是,正式组织结构中一些怀才不遇的人为了显示自己的聪明才智,满足自我实现的需要,以谋求改变现行正式组织的选拔、晋升、奖惩及工资制度中存在的不合理现象而结成的一种非正式组织。

(四)组织功能

从组织结构与功能的关系看,两者具有密切的关系:一定的组织结构,只有具有一定功能才有意义;而一定的组织功能,又必须依赖于一定的组织结构才能产生;功能的变化或优化,反过来会促进一定组织结构的变化或优化。一种组织结构是否合理,并不在于安排了多少人员或内部是否相安无事等,而在于其结构是否能产生最大的组织功能,实现其组织目标。组织结构的功能,一般表现在以下几个方面:

一是提高效率。建立正常的合理的组织结构,就能有效地运用人力、物力、财力,以最小投入,获得最大的输出,充分发挥组织机构的作用。

二是沟通关系。良好的组织结构具有多向度的组织沟通渠道，充分发挥其组织沟通功能：无论是纵向的自下而上的组织沟通，如向上级请示汇报工作；还是纵向的自上而下的组织沟通，如对下级传达命令、收集情况；抑或横向的组织沟通，如同一层次部门或科室或人员之间的互通信息，都能够畅通无阻、反馈顺畅而迅速。

三是顺畅互动。良好的组织结构具有多向度的组织互动方式，充分发挥其组织互动功能：无论是顺从型组织互动还是合作型组织互动；无论是竞争型组织互动还是冲突型组织互动，都能够畅通无阻、顺畅互动。

四是确定性功能。组织结构明确其成员的任务、责任、权利、地位及其归属关系，从而使全体组织成员心中有数，安心工作，积极完成组织所交给的各项任务，使之具有一种确定性的功能。

五是统一行动。一定的社会组织是人们为了完成某种既定目标而组织起来的，它通过组织结构的合理分工，发挥大家的智慧和能力，为实现组织目标而采取统一的行动，使之具有统一行动的功能。

五、社会组织的运行过程及其研究变项

（一）社会组织的运行过程

一个完整的社会组织运行过程包括：首先，进行组织决策，确定组织目标；其次，根据确定的组织目标，设计组织结构；再次，设计的组织结构不同，带来的组织沟通与互动也不同；最后，由于组织沟通与互动的差异，实现的组织功能也不同。可将之概括为：组织决策→组织目标→组织结构→组织沟通与互动→组织功能。

其中，组织结构在整个社会组织运行过程中具有举足轻重的作用，处于整个运行过程的核心地位，具体展开如下：

在极端的等级结构中，组织决策往往由处于等级结构的最高领导者一人承担，组织目标也由其最后确定，围绕组织目标而进行的组织活动具有鲜明的特征。首先，在组织沟通上，它主要是一种自上而下的纵向沟通，自下而上的纵向沟通的作用受到了积极抑制，更缺乏一种横向沟通。因此，在这种组织结构中，组织沟通存在信息量过小、信息冗余量过大、信

息精确度较低、沟通形式单调等弊端，常常凭借文件、会议、指令、指示等形式进行。[1] 其次，在组织互动上，它主要是一种顺从型互动，而不是一种合作型互动；处于这种组织结构中的行动者之间经常发生性质相同、方向一致的行为，而且只能与最高领导者的行为保持一致。[2] 最后，这种组织结构有一个权威性的命令链，具有统一、迅速的特征；在追求效率的组织功能中，应该是一种较好的组织结构选择。

在极端的同等结构中，组织决策由许多人参与进行，组织目标也由许多人经过一定的妥协最后形成；在某种意义上，它直接或间接地反映了所有组织成员的意志，容易受到绝大多数组织成员的认可、接受和执行。因此，围绕组织目标而进行的组织活动具有与等级结构完全不同的特征。首先，在组织沟通上，它主要是一种横向沟通，沟通的信息量较大、真实、准确、形式灵活，问题相对不集中、分散等特征。[3] 其次，在组织互动上，它主要是一种合作型互动，组织成员的行为具有协作、相互配合、交换和互助的特征。[4] 最后，这种组织结构中，涉及冗长的辩论、观点的分裂，所有的观点都可以得到表达，所有的论点都可以散发，所有的利益都可以给予其恰当的分量，甚至可能会阻碍决策，并几乎不可避免地导致妥协的解决办法；[5] 在追求公正、决策民主和科学的组织功能中，这种组织结构应该是一种明智的选择。

（二）社会组织运行过程的研究变项

社会组织运行是指组织实现自身目标和发挥自身功能的过程。在这

---

〔1〕 参见刘祖云：《组织社会学》，中国审计出版社、中国社会出版社 2002 年版，第 76～81 页。

〔2〕 参见刘祖云：《组织社会学》，中国审计出版社、中国社会出版社 2002 年版，第 102～109 页。

〔3〕 参见刘祖云：《从传统到现代：当代中国社会转型研究》，湖北人民出版社 2000 年版，第 292～298 页。

〔4〕 参见刘祖云：《组织社会学》，中国审计出版社、中国社会出版社 2002 年版，第 110～114 页。

〔5〕 参见［英］M. J. C. 维尔：《宪政与分权》，苏力译，三联书店 1997 年版，第 322～323 页。

一过程中,大致可以分解为三个相互独立又相互联系的系统(见图6－1所示):组织输入系统(人与组织的关系)→组织系统(组织的结构、部门化、个人操作行为、相互行为)→组织输出系统(组织与环境的关系)。

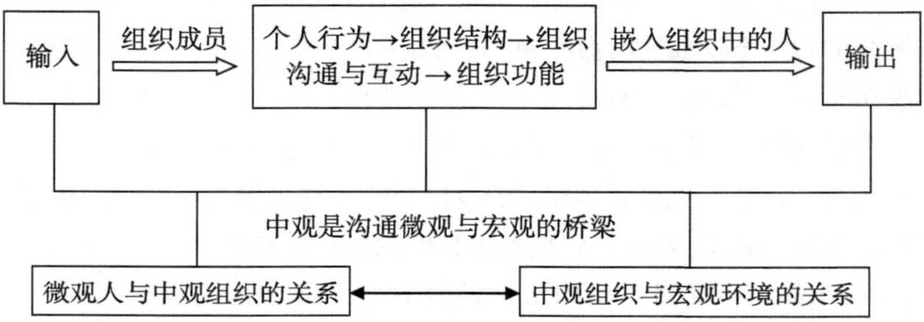

图6－1　社会组织运行系统

社会组织运行的研究变项主要包括以下三个方面:

1. 组织系统内部的基本研究变项:组织的结构是指组织成员之间的职位关系,分为横向的同等结构和纵向的等级结构;部门化是组织结构另一种表现形式,是指组织内部分工,如生产、经销、采购、人事、财务、立法、行政、司法等部门;个人操作行为是指个人表现、合作表现、技术过程等;相互行为是指组织的沟通与互动等方面。

2. 组织输入系统的研究变项:一是人的因素,是一种可变性最大的因素,对组织运转的影响最大;二是物的因素,具体包括资本、原料和设备的投入因素等。人与组织的关系主要表现在三个方面:一是人的特征,包括体力、外表、知识、才能、性格、专业技能、社会地位等;二是与组织进行交换的形式,包括表现、互动、期望、激励状态等;三是能否被组织认同,包括组织外所属群体、是否为另一次级群体成员、角色状况和位置状况等。

3. 组织输出系统的研究变项。这包括生产力因素,如商品、产品等;团结或者整合及高昂的士气等。组织与环境的关系主要体现为三个方面:一是组织的外在制约因素,包括家庭和社区规范、专业规范、经济规范、政策、法律规范等;二是生存机制问题,即如何与环境相整合,包括对环境的知觉、沟通、适应、吸引和影响等因素；三是在与环境交换过程中所表现出的特点，包括内部结构的变化、人事、操作规则、效用、关系及其组织声望等。

第七章　法律组织的结构与功能

一、立法组织的结构与功能

(一)立法组织的同等结构

组织内的职位关系就是其组织结构。因此,研究立法组织结构问题,就转化成对立法组织内部相对稳定的职位关系的研究。

第一,从立法组织的性质来看,立法组织是民意代表机构,代表由选民直接或间接选举产生,只对选民负责,只接受选民的监督,除此之外,不接受其他任何组织和个人的领导和监督。例如,《全国人民代表大会和地方各级人民代表大会选举法》第 2 条规定"全国人民代表大会的代表,省、自治区、直辖市、设区的市、自治州的人民代表大会的代表,由下一级人民代表大会选举。不设区的市、市辖区、县、自治县、乡、民族乡、镇的人民代表大会的代表,由选民直接选举"。《宪法》第 76、77 条规定"全国人民代表大会代表应当同原选举单位和人民保持密切的联系,听取和反映人民的意见和要求,努力为人民服务";"全国人民代表大会代表受原选举单位的监督。原选举单位有权依照法律规定的程序罢免本单位选出的代表"。

第二,从立法组织的目标来看,遵循科学化的原则,即力图使立法符合客观实际,反映民众的心声,符合民众的愿望,有关法律对代表的社会调查权、知情权、获取立法信息的权利等进行了具体的规定。例如,《全国人民代表大会和地方各级人民代表大会代表法》第3、22、23、38条规定“代表享有……获得依法执行代表职务所需的信息和各项保障”;“县级以上的各级人民代表大会代表根据本级人民代表大会常务委员会的安排,对本级或者下级国家机关和有关单位的工作进行视察。乡、民族乡、镇的人民代表大会代表根据本级人民代表大会主席团的安排,对本级或者下级国家机关和有关单位的工作进行视察”;“代表根据安排,围绕经济社会发展和关系人民群众切身利益、社会普遍关注的重大问题,开展专题调研”;“县级以上的各级人民代表大会常务委员会,各级人民政府和人民法院、人民检察院,应当及时向本级人民代表大会代表通报工作情况,提供信息资料,保障代表的知情权”。

第三,为了实现立法的科学化,立法组织大多规定了民主化的组织活动原则,贯彻实施少数服从多数的组织活动规则。例如,《宪法》第64条规定:“宪法的修改,由全国人民代表大会常务委员会或者五分之一以上的全国人民代表大会代表提议,并由全国人民代表大会以全体代表的三分之二以上的多数通过。法律和其他议案由全国人民代表大会以全体代表的过半数通过。”《全国人民代表大会和地方各级人民代表大会选举法》第5条规定:“每一选民在一次选举中只有一个投票权。”

第四,为了实现立法的科学化,立法组织大多规定了民意表达自由的立法组织活动规则,大多提供了为使民意表达自由而采取的物质保障、时间保障等外部客观条件。对于民意表达自由的立法组织活动原则,相关法律大多进行了明确规定。例如,《全国人民代表大会和地方各级人民代表大会代表法》第11条规定:“代表对确定的候选人,可以投赞成票,可以投反对票,可以另选他人,也可以弃权。”《全国人民代表大会和地方各级人民代表大会选举法》第41条规定:“选举人对于代表候选人可以投赞成票,可以投反对票,可以另选其他任何选民,也可以弃权。”

为了保障民意表达自由,有关法律还作出了在物质、时间、豁免权等方面保证的具体规定。例如,《宪法》第74、75条规定“全国人民代表大会代表,非经全国人民代表大会会议主席团许可,在全国人民代表大会闭会期间非经全国人民代表大会常务委员会许可,不受逮捕或者刑事审判”;“全国人民代表大会代表在全国人民代表大会各种会议上的发言和表决,不受法律追究”。

第五,为了保障立法的顺利进行,立法组织大多规定了有关立法召集人、主席团、常设机构等行政事务方面的规定,使立法组织内部存在一些等级结构因素,但这些等级结构因素只限定在必要的行政事务方面,不但不会影响立法组织的立法活动及其民意代表的民意表达,相反是为民意表达的顺利进行提供程序、组织等方面的保障。

总之,从立法组织内的职位关系来看,立法组织是一种以同等结构为主、等级结构为辅的组织结构。

(二)嵌入立法组织同等结构的组织沟通与互动

立法的同等组织结构为嵌入此结构中的组织沟通和互动提供了制度框架,对立法组织沟通和互动产生了广泛而深入的影响。

首先,立法的同等组织结构为组织沟通和互动构建了一种“平等的言谈情景”。虽然权力和能力等方面的客观差异会导致人与人之间事实上的不平等,但由于立法的同等结构的制度设计,可以从组织和法律上保证进入立法中的民意代表之间的法律平等,为立法的组织沟通和互动制度化地创造一种“平等的言谈情景”。

其次,立法的同等组织结构为组织沟通和互动营造了一种“自由的言谈情景”。由于立法的同等组织结构,决定了立法的组织沟通和互动的内容(如立法议案),只要经过了所有嵌入立法同等组织结构的主体的协商和同意,都可以进入立法中。如果说审判对纠纷有时间上的限定,必须在法定诉讼时效范围内,立法的组织沟通和互动的内容,则没有时效方面的规定。在这个意义上,立法的同等组织结构构建的是一种“超越法律”的“自由的言谈情景”,是一种范围广阔的自由,民意得到了全面而深入的充分释放。

最后,立法的同等组织结构还影响了组织沟通和互动的方式。立法的同等组织结构决定了其组织沟通方式是平等主体之间的横向沟通和协作性互动。

(三)嵌入立法组织同等结构的组织功能——沟通合法性

嵌入立法同等组织结构的组织沟通和互动,并不是立法组织的最终目的;立法组织的最终目的是让立法中形成的规则(如法律法规等)为有关社会大众所接受和认可,获得一种建立在组织充分沟通和互动基础上的沟通合法性。

立法组织的同等结构,不仅为立法组织沟通和互动提供了一种"平等而自由的言谈情景",而且为立法的横向组织沟通和协作型互动提供了组织技术保障,民意得到了充分的表达,使立法不仅切合民意,符合绝大多数人的立法期待,而且使立法符合客观社会实际,更容易在社会中得到贯彻执行,更容易被社会大众认可和接受。

二、执法组织的结构与功能

(一)执法组织的等级结构

组织内的职位关系就是其组织结构。因此,研究执法组织结构问题,就转化成对执法组织内部相对稳定的职位关系的研究。

首先,从执法组织的性质来看,执法组织是一种法律实施与执行机构。例如,在中央级执法组织,《宪法》第62条规定"全国人民代表大会行使下列职权:……(五)根据中华人民共和国主席的提名,决定国务院总理的人选;根据国务院总理的提名,决定国务院副总理、国务委员、各部部长、各委员会主任、审计长、秘书长的人选";第85条规定"中华人民共和国国务院,即中央人民政府,是最高国家权力机关的执行机关,是最高国家行政机关";第92条规定"国务院对全国人民代表大会负责并报告工作;在全国人民代表大会闭会期间,对全国人民代表大会常务委员会负责并报告工作"。在地方各级执法组织,《宪法》第105条规定"地方各级人民政府是地方各级国家权力机关的执行机关,是地方各级国家行政机关";第110条规定"地方各级人民政府对本级人民代表大会负责并报告工作。县级以上的地方各级人民政府在本级人民代表大会闭会期间,对本级人民代表大会常务委员会负责并报告工作”。《地方各级人民代表大会和地方各级人民政府组织法》第 2 条第 3 款规定:“地方各级人民政府是地方各级国家权力机关的执行机关,是地方各级国家行政机关。”

其次,从执法组织之间的关系来看,执法组织之间是一种领导与被领导的关系。例如,《宪法》第 88 条规定“总理领导国务院的工作。副总理、国务委员协助总理工作”;第 91 条规定“审计机关在国务院总理领导下,依照法律规定独立行使审计监督权,不受其他行政机关、社会团体和个人的干涉”;第 110 条规定“地方各级人民政府对上一级国家行政机关负责并报告工作。全国地方各级人民政府都是国务院统一领导下的国家行政机关,都服从国务院”。《地方各级人民代表大会和地方各级人民政府组织法》第 69 条第 2 款规定:“全国地方各级人民政府都是国务院统一领导下的国家行政机关,都服从国务院。”可见,在中央级执法组织之间及其与地方执法组织之间的关系上,都是一种领导与被领导的关系。

同时,《地方各级人民代表大会和地方各级人民政府组织法》第 83 条规定:“自治区、直辖市的人民政府的各工作部门受人民政府统一领导,并且依照法律或者行政法规的规定受国务院主管部门的业务指导或者领导。自治州、县、自治县、市、市辖区的人民政府的各工作部门受人民政府统一领导,并且依照法律或者行政法规的规定受上级人民政府主管部门的业务指导或者领导。”可见,在地方各级执法组织政府及其部门之间的关系上,也都是一种领导与被领导的关系。

最后,从执法组织内部成员之间的职位关系来看,执法组织实行的是一种首长负责制,组织内的成员之间是一种服从与被服从的关系。例如,《宪法》第 86 条规定“国务院实行总理负责制。各部、各委员会实行部长、主任负责制”;第 88 条规定“总理领导国务院的工作。副总理、国务委员协助总理工作”;第 90 条规定“国务院各部部长、各委员会主任负责本部门的工作;召集和主持部务会议或者委员会会议、委务会议,讨论决定本部门工作的重大问题”。可见,中央级的行政组织国务院及其各部门实行的都是首长负责制,其内部成员之间都是一种服从与被服从的关系。

《宪法》第105条规定“地方各级人民政府实行省长、市长、县长、区长、乡长、镇长负责制”;《地方各级人民代表大会和地方各级人民政府组织法》第77条规定:“地方各级人民政府分别实行省长、自治区主席、市长、州长、县长、区长、乡长、镇长负责制。省长、自治区主席、市长、州长、县长、区长、乡长、镇长分别主持地方各级人民政府的工作。”可见,地方各级行政组织实行的也都是首长负责制,其内部成员之间也都是一种服从与被服从的关系。

总之,无论是从执法组织之间的关系来看,还是从执法组织内的职位关系来看,执法组织的组织结构是一种较为典型的等级结构。

(二)嵌入执法组织等级结构的组织沟通与互动

执法组织的等级组织结构为嵌入此结构中的组织沟通和互动提供了制度框架,对执法组织沟通和互动产生了广泛而深入的影响。

首先,执法组织的等级结构决定了执法组织的组织沟通主要是一种非平等主体之间的自上而下的纵向沟通。由于执法组织的等级结构决定了执法组织成员之间是一种服从与被服从、领导与被领导的关系,因此这也就决定了他们的组织沟通主要是一种非平等主体之间的单向度的自上而下的纵向沟通:在信息和指令的传递过程中,领导者是信息和指令的发出者,在组织沟通中处于主导地位;而被领导者则是信息和指令的被动接受者,在组织沟通中处于附属地位。

其次,执法组织的等级结构决定了执法组织的组织互动主要是一种非平等主体之间的单向度的纵向顺从型互动。由于执法组织的等级结构决定了执法组织成员之间是一种服从与被服从、领导与被领导的关系,因此这也就决定了他们的组织互动主要是一种非平等主体之间的单向度的纵向的顺从型互动:在信息和指令传递过程中,领导者是信息和指令的发出者,在组织互动中占据主导地位;而被领导者则是信息和指令的被动接受者,在组织互动中处于顺从地位。

另外,还需要说明的是,执法组织除了存在显性的正式结构,还存在隐性的非正式结构,因此执法组织的沟通和互动,除上述由显性的正式结构决定的组织沟通和互动外，还存在由隐性的非正式结构决定的组织沟通和互动，但后者不属于在此要讨论的范围。

（三）嵌入执法组织等级结构的组织功能

执法组织的等级结构，不仅决定了执法组织的组织沟通与互动，而且进一步决定了执法组织的组织功能，具体体现在以下几个方面：

首先，执法组织的高效功能。在执法组织的等级结构中，一般实行首长负责制，组织决策往往由处于等级结构的最高领导者一人承担，组织目标也由其最后确定，围绕组织目标而进行的组织活动具有鲜明的特征：在组织沟通上，主要是一种自上而下的单向度的纵向沟通，常常凭借文件、会议、指令、指示等形式进行组织沟通，无须进行时间成本过高、信息收集成本和信息整合成本过高的自下而上的纵向沟通和横向沟通，从而保证了组织沟通的高效；在组织互动上，主要是一种单向度的纵向的顺从型互动，行动者之间经常发生性质相同、方向一致的行为，而且只能与最高领导者的行为保持一致，无须进行时间成本过高、信息收集成本和信息整合成本过高的多向度的横向的合作型互动，从而也保证了组织互动的高效。总之，执法组织的结构有一个权威性的命令链，具有迅速的特征，从而保证了执法组织的高效率。

其次，执法组织的统一功能。在执法组织的等级结构中，一般实行首长负责制，组织决策往往由处于等级结构的最高领导者一人承担，组织目标也由其最后确定，围绕组织目标而进行的组织活动具有鲜明的特征：在组织沟通上，主要是一种自上而下的单向度的纵向沟通，常常凭借文件、会议、指令、指示等形式进行组织沟通，多向度的自下而上的纵向沟通和横向沟通等沟通形式受到抑制甚至排斥，从而保证了组织沟通的统一和组织目标的一致性；在组织互动上，主要是一种单向度的纵向的顺从型互动，行动者之间经常发生性质相同、方向一致的行为，而且只能与最高领导者的行为保持一致，多向度的横向的合作型互动受到抑制甚至排斥，从而也保证了组织互动的统一和组织目标的一致性。总之，执法组织的结构有一个权威性的命令链，保证了组织目标的一致性，从而也保证了执法组织的统一功能。

三、司法组织的结构与功能

(一)一般司法组织的结构与功能

司法组织,一方面追求公正、民主,但它显然不像立法机构那样,可以进行较长时间甚至无限期的争论、辩论和讨论,[1]必须在“合理的期限内”或法律规定的期限内作出决断;另一方面追求与上述追求相冲突至少不一致的效率、迅速和统一,但它又不像行政机关那样单纯地追求效率、迅速和统一,甚至绝大多数情况下要以牺牲这些价值追求为代价,以公正、民主和科学作为优先考虑的东西。“它代表了一种有意识地将不同类型组织的价值结合起来以实现特定目的的努力。”[2]这就是人们一般将这种融合了两种相互冲突的价值追求的价值统合为正义的原因。它不只是包含了公正的应有之义,也包含了效率的含义,因为迟到的正义非正义。一定的功能产生于一定的组织结构。也就是说,即使我们对司法组织的功能设计非常完美,但如果没有相应的组织结构予以配合,这种功能也无法实现。为此,在法院内部的组织结构中,与公正、民主的价值功能追求相适应的是同等结构因素;处于这种组织结构中的法官职位关系是横向的职位关系,其地位是平等的,“除法律以外,没有别的上司”,是法理权威,而不是传统权威;即使是处于不同审级的法院的法官,也是如此。处在这种组织结构中的组织沟通,主要是一种横向沟通,具有透明、公开、开放性的沟通,沟通的信息量较大、真实、准确、形式灵活,问题相对不集中、分散等特征。当然,这里的横向沟通,不仅包括法官与法官、法官与庭长甚至院长之间的沟通,而且包括法官与参与到法院审理中来并也进入这种法院组织结构中的所有案件参与人之间的横向沟通。处在这种组织结构中的组织互动,主要是一种合作型互动,组织成员的行为具有协作、相互配合、交换和互助的特征。同样,这里的合作型互动,不仅包括法官

[1] 这是西方国家立法的一般情形。在我国,对立法的效率比较关注。

[2] [英]M. J. C. 维尔:《宪政与分权》,苏力译,三联书店1997年版,第324页。

与法官、法官与庭长甚至院长之间,包括法官与参与到法院审理中来并也进入了这种法院组织结构中的所有案件参与人之间的合作型互动。因此,在这种法院组织结构中,有更多的人的意见、利益得到了应有的考量和必要的尊重,更容易达成比较一致的共识和看法,也就更容易获得社会公正,尽管它是以较长时间的辩论,最后以一种双方妥协的方式而获得的。

因此,在法院内部的组织结构中,与效率、迅速的价值功能追求相适应的是等级结构因素,处于这种组织结构中的法官职位关系是纵向的职位关系,其地位是不平等的;处于不同审级法院的法官之间,也是如此。处在这种组织结构中的组织沟通和组织互动,主要是一种自上而下的纵向的组织沟通和顺从型互动,最多辅之以一种自下而上的纵向的组织沟通和合作型互动。因此,在这种法院组织结构中,虽然可能获得效率,但社会公正难以得到保障。

在法院既追求公正也追求效率的今天,现实社会生活中的法院组织结构很少出现这两种极端的情形,往往是两种结构因素的有机结合,只是两者比例和程度的不同而已。例如,在以公正为主兼顾效率的功能设计中,法院组织结构就以同等结构为主,辅之以等级结构;在以效率为主兼顾公正的制度设计中,法院组织结构则以等级结构为主,辅之以同等结构。实际上,这是所有现实社会中社会组织结构所具有的特征。例如,在立法机构中,尽管以同等结构为主,但也有其立法效率的考虑,也有等级结构的因素存在;在行政机构中,尽管以等级结构为主,也有同等结构因素存在。它们与司法机构的组织结构的不同是,法院组织结构中有比立法机构更多的等级结构因素,有比行政机关更多的同等结构因素。

如果以等级结构因素为标准,从大到小的排列顺序依次为行政机构、司法结构和立法机构;如果以同等结构因素为标准,从大到小的排列顺序依次为立法机构、司法结构和行政机构。因此,司法之所以为司法,不仅存在组织功能的不同,可以满足社会对正义的需要,更进一步的在于组织结构中的等级结构因素和同等结构因素的结合比例与程度,也不同于立法机关和行政机关。这就是司法存在的组织结构依据。

(二)我国法院组织的结构与功能

公正与效率是现代法院共同追求的目标,我国法院也不例外。因此,为了保证这种功能的实现,我国法院自觉或不自觉地设计了同等结构因素和等级结构因素。从规范层面的正式制度安排来看,作为等级结构因素最集中的体现就是法院内部的行政管理系统,具体包括法院的日常的行政办公、人事、财务、福利待遇、司法统计、审判后的案件执行,等等。这些在其他国家的法院中也存在,不同的是,中国法院的行政事务性工作复杂得多,也繁重得多:既包括正式制度所安排的,也包括非正式制度所安排的;既包括应有的为审判提供保障的与审判工作有关的,也包括与审判工作无关或无直接关系的。[1] 如果以审判过程为标准,为了研究的方便,笔者将可以与审判分离的等级结构因素称为外部等级结构因素,不能与审判分离的等级结构因素称为内部等级结构因素。这两种等级结构因素,在世界各国法院的等级结构因素中也存在。由于内部等级结构因素与法院审判工作相伴而生,不可能从审判工作中分离出来,而外部等级结构因素却可以从法院审判工作中适当地分离出来,因此这种外部等级结构因素有一种更加集中化、行政化和等级化的趋势。不同的只是外部等级结构因素的集中化程度不同:我国实行的是一种相对分散化的管理模式,但目前有相对集中化的改革趋势,如我国正在试点交由各高级人民法院集中管理当地基层法院和中级法院人、财、物的司法改革,就体现了这种发展趋势。[2] 这些更加集中化、行政化的制度安排,不但没有妨碍法

---

〔1〕 参见苏力:《送法下乡:中国基层司法制度研究》,中国政法大学出版社 2000 年版,第 70 ~ 72 页。

〔2〕 例如,美国通过国会建立了只由法官组成的联邦司法管理委员会,集中管理全国法院内部的行政管理;在各州也仿照联邦法院系统的管理模式建立了司法事务管理委员会。日本受到美国的影响,通过设立最高法院事务总局,使最高法院控制了法院系统的行政管理工作。而德国、法国等国家则采取了一种行政主导的模式。例如德国,在联邦一级,由联邦司法部负责其行政管理;在州一级,则由州司法部负责。无论是司法主导型,还是行政主导型,其共同之处在于:一是更加集中化;二是强调从法官、检察官中遴选管理者和自身管理。详细论述参见孙万胜:《司法制度的理性之径》,人民法院出版社 2004 年版,第 306 ~ 311 页。

院审判活动,相反更加有利于审判活动的公正和效率。

同样,从规范层面的正式制度安排来看,作为同等结构因素最集中的体现则是法院的审判系统。首先,尽管我国各级法院均由院长、副院长、庭长、副庭长和审判员若干人组成,但在审判上没有区分,遵循世界惯例,都是法官中的一员,享有平等的审判权。他们尽管有其职位不同,但在审判上职位关系都平等,都是法官。也就是说,这种职位区别纯粹是为了法院内部行政管理的需要而设立的。其次,在具体审理案件活动中,只有基层法院的一审简单案件适用独任审判,其他均适用合议庭制,即至少 3 名的审判人员组成合议庭审理案件,实行的是一人一票、少数服从多数的原则。即使是备受争议的作为法院内部集体领导审判工作的专门机构审判委员会,在对案件判决进行表决的时候,也是实行一人一票、少数服从多数的原则。再次,从法院内部设立的各种审判组织来看,除设立合议庭和独任审判员外,法院内部还设立了各种专门的业务庭(如民庭、刑庭、行政庭等)和审判委员会,但这些审判组织的设立,基本上是根据案件的难易程度、专业化程度所作的横向社会分工,各审判组织之间一般不存在业务上的领导与被领导、服从与被服从的纵向的社会分层关系。例如,只有基层法院的一审简单案件适用独任审判,中级以上的各级法院以及基层法院审理非简单案件均适用合议庭审判,只有重大、复杂、疑难案件才提交审判委员会讨论并作出决定;至于说内部各业务庭的设立,主要是基于社会分工和法官素质等方面的考虑,对法院审判业务所作的横向分工而已。最后,从整个法院系统来看,现代法院都设置了不同审级的法院及其级别管辖的制度,我国法院也不例外;但主要是根据案件的性质、案件影响的大小、诉讼单位隶属关系、诉讼标的大小、案情繁简程度等方面所作的受理一审案件的横向分工,其目的主要是使审判资源得到合理而充分有效的运用。此外,实行两审终审制,可以更充分地保护当事人的诉权,为纠纷的解决提供一个纠误渠道,二审法院对初审法院的复审主要是法律的审查,包括法定程序与法律解释和适用是否存在错误。最后审查的结果可能是维持原判、发回重审甚至改判,但这是基于法律的明文规定而应该履行的法定职责，也是基于法律的理由而作出的判决，不是基于两者之间的行政关系而行使的行政权力。因此，这里的上下级法院并不是像一般社会大众所理解甚至曲解的行政意义上的上下级关系。因此，我国相关法律对法院之间的审判工作规定为业务监督关系。可见，无论是从各种审判人员及其活动来看，还是从法院内部的各种审判组织以及整个法院系统来看，在审判上一律平等；从组织结构看，就是一种同等结构安排，既有利于保证法院审判过程中的公正的实现，也有利于整个司法效率的提高。

四、调解组织的结构与功能

（一）调解的同等组织结构

组织内的职位关系就是其组织结构。因此，研究调解的组织结构问题，就转化成对调解组织内部相对稳定的职位关系，可能要进入调解组织中的被调解人之间以及被调解人与调解人之间等外部关系的研究。[1]

首先，从调解的内部职位关系看，由于调解是一种群众性组织，因此所有的调解人员（包括主任、副主任、委员、调解员等）都是以民主的方式由群众或群众性组织选举产生。例如，《人民调解委员会组织条例》第3条规定"人民调解委员会委员除由村民委员会成员或者居民委员会成员兼任的以外由群众选举产生，每三年改选一次，可以连选连任"；《人民调解法》第9条规定"村民委员会、居民委员会的人民调解委员会委员由村民会议或者村民代表会议、居民会议推选产生；企业事业单位设立的人民调解委员会委员由职工大会、职工代表大会或者工会组织推选产生"；《人民调解工作若干规定》第2条规定："人民调解员是经群众选举或者接受聘任。"因此，所有的调解人员应直接对选举人负责，而不是对主任或副主任负责；当人民调解委员会的委员或调解人员出现不能任职或失职或违

---

〔1〕 关于组织的边界，学界一般认为它是指组织内部工作的正式成员。西方管理学中还有一种"利益涉及者"理论，认为凡是和组织发生关联，其利益受到组织影响的人都是组织的成员。参见周雪光：《组织社会学十讲》，社会科学文献出版社2003年版，第9页。

法乱纪等情形时,主任无权处理,只能交由选举人或组织行使职权。例如,《人民调解委员会组织条例》第 3 条规定:“人民调解委员会委员不能任职时,由原选举单位补选。人民调解委员会委员严重失职或者违法乱纪的,由原选举单位撤换。”再如,《人民调解法》第 15 条规定:“人民调解员在调解工作中有下列行为之一的……由推选或者聘任单位予以罢免或者解聘。”

尽管法律有时规定人民调解员在人民调解委员会领导下工作,调解委员会也设立主任、副主任等职务,但从整体立法精神看,这里的领导职务的设定显然不同于行政机关,应该是起着业务指导或召集人的作用,业务上不是服从与被服从的关系。例如,《人民调解法》在调解委员会与法院和政府之间的关系上,突出强调了政府及其有关部门对调解组织的业务指导,而不是对调解组织的领导权力,《人民调解法》第 5 条规定:“国务院司法行政部门负责指导全国的人民调解工作,县级以上地方人民政府司法行政部门负责指导本行政区域的人民调解工作。基层人民法院对人民调解委员会调解民间纠纷进行业务指导。”这一点还体现在调解委员会之间关系的法律规定上,《人民调解工作若干规定》第 27 条规定:“调解跨地区、跨单位的纠纷,相关人民调解委员会应当相互配合,共同做好调解工作。”

与此同时,法律还着重强调了政府及其部门对调解组织的经费等支持和服务义务。例如,《人民调解法》第 6 条规定“县级以上地方人民政府对人民调解工作所需经费应当给予必要的支持和保障,对有突出贡献的人民调解委员会和人民调解员按照国家规定给予表彰奖励”;第 10 条规定“县级人民政府司法行政部门应当对本行政区域内人民调解委员会的设立情况进行统计,并且将人民调解委员会以及人员组成和调整情况及时通报所在地基层人民法院”;第 14 条第 2 款规定“县级人民政府司法行政部门应当定期对人民调解员进行业务培训”;第 16 条规定“因从事调解工作致伤致残,生活发生困难的,当地人民政府应当提供必要的医疗、生活救助”;第 18 条规定:“基层人民法院、公安机关对适宜通过人民调解方式解决的纠纷,可以在受理前告知当事人向人民调解委员会申请调解”。

其次,如果说调解的内部职位关系法律规定还不是那么清晰的话,从外部关系即被调解人之间以及调解人与调解人之间的关系的相关法律规定看,则较为明确,上升到了法律原则的高度。例如,《组织条例》第 6 条规定“人民调解委员会的调解工作应当遵守以下原则:……(二)在双方当事人自愿平等的基础上进行调解”;《人民调解工作若干规定》第 5 条规定“根据《最高人民法院关于审理涉及人民调解协议的民事案件的若干规定》,经人民调解委员会调解达成的、有民事权利义务内容,并由双方当事人签字或者盖章的调解协议,具有民事合同性质……”;《民事诉讼法》第 96 条规定“人民法院审理民事案件,根据当事人自愿的原则……进行调解”。特别是《人民调解法》,不仅明确了上述法规所确定的自愿原则,也明确规定了平等原则,为自愿原则提供了前提保障。例如,《人民调解法》第 2 条规定“本法所称人民调解,是指人民调解委员会通过说服、疏导等方法,促使当事人在平等协商基础上自愿达成调解协议,解决民间纠纷的活动”;第 3 条规定:“人民调解委员会调解民间纠纷,应当遵循下列原则:(一)在当事人自愿、平等的基础上进行调解……”

为了使上述原则得以保障和贯彻,各相关法律还从反面进行了禁止性规定。例如,《人民调解委员会组织条例》第 6 条规定“人民调解委员会的调解工作应当遵守以下原则:……(三)尊重当事人的诉讼权利,不得因未经调解或者调解不成而阻止当事人向人民法院起诉”;第 12 条规定“人民调解委员会委员必须遵守以下纪律:……(二)不得对当事人压制、打击报复;(三)不得侮辱、处罚当事人;(四)不得泄露当事人的隐私”。《民事诉讼法》第 99 条规定:“调解达成协议,必须双方自愿,不得强迫。”《人民调解法》第 3 条规定:“人民调解委员会调解民间纠纷,应当遵循下列原则:……(三)尊重当事人的权利,不得因调解而阻止当事人依法通过仲裁、行政、司法等途径维护自己的权利。”

调解的平等自愿原则不仅体现在被调解人之间,更重要的是体现在调解人与被调解人之间。例如,《人民调解委员会组织条例》第 8 条规定

"人民调解委员会调解纠纷,应当在查明事实、分清是非的基础上,充分说理,耐心疏导,消除隔阂,帮助当事人达成协议";《人民调解工作若干规定》第31条规定"人民调解委员会调解纠纷,应当在查明事实、分清责任的基础上,根据当事人的特点和纠纷性质、难易程度、发展变化的情况,采取灵活多样的方式方法,开展耐心、细致的说服疏导工作,促使双方当事人互谅互让,消除隔阂,引导、帮助当事人达成解决纠纷的调解协议";《最高人民法院关于人民法院民事调解工作若干问题的规定》第6条规定"当事人可以自行提出调解方案,主持调解的人员也可以提出调解方案供当事人协商时参考";《人民调解法》第22条规定"人民调解员根据纠纷的不同情况,可以采取多种方式调解民间纠纷,充分听取当事人的陈述,讲解有关法律、法规和国家政策,耐心疏导,在当事人平等协商、互谅互让的基础上提出纠纷解决方案,帮助当事人自愿达成调解协议"。

为了使平等自愿原则得以贯彻落实,各相关法律对当事人的程序性和实体性权利也进行了规定。例如,《人民调解工作若干规定》第6条规定:"在人民调解活动中,纠纷当事人享有下列权利:(一)自主决定接受、不接受或者终止调解……(三)不受压制强迫,表达真实意愿,提出合理要求;(四)自愿达成调解协议。"《人民调解法》第17条规定"当事人一方明确拒绝调解的,不得调解";第23条规定"当事人在人民调解活动中享有下列权利:(一)选择或者接受人民调解员;(二)接受调解、拒绝调解或者要求终止调解;(三)要求调解公开进行或者不公开进行;(四)自主表达意愿、自愿达成调解协议"。

最后,从调解的外部关系对内部职位关系的影响看,调解的这种建立在平等自愿原则上的调解人与被调解人之间的外部关系,还会影响调解人之间的内部关系。尽管现有的法律对调解的内部职位关系规定得不是那么明确和具体,调解人之间很可能因行政管理的需要而形成一种服从与被服从的关系,但由于受调解人与被调解人之间平等自愿原则的影响和牵制,调解人之间最终不大可能形成除必要的行政管理以外的服从与被服从的关系,尤其是处于较高等级的调解人不大可能通过对处于较低等级的调解人的干预和影响来干预和影响被调解人。尤其是法院调解中法官作为调解人时，这种调解人之间实然存在的服从与被服从的关系更为突出，甚至在一定程度上会颠覆法律规定的法官之间的法律地位平等关系，[1]从而对调解的实体内容和程序很可能产生一定的实质性影响。以下是发生在我国某个基层法院一起有关通奸的案件，其审理过程节选如下[2]：

法官：从法律角度……你们跟他要钱没有任何法律依据，原告要求你们停止侵害，你们要立即停止对原告的无理侵害。

被告：他起了诉，对我的影响更大，我要求他给我 1 万元……没有什么行不行的。

面对被告所施加的压力，法院改变了“依法”审判的思路，转向了调解方式，增派了主管法院思想政治工作的副院长来加强对被告和原告的说服工作：

（对被告）“你的心情和一些过激行为我可以理解……你的精神受到了打击，名誉受到损失，原告应给予一定的经济赔偿，你应该相信组织依法解决……事已至此，应该想通一点、想远一点，要求不能太高，言行不能偏激，根据实际情况，要人家赔偿 1 万元偏高。请仔细思考一下，你的爱人亦有过错……原告向本院提起诉讼后，你不该再找他扯皮，再有过激的言行，法律会依法惩处。”

（对原告）“你不要指责对方……总根子、矛盾的起源还是在你身上，你的行为违法，严重地影响了他的家庭、夫妻感情，对社会造成了严重影响……你应该从违法角度看情节、看后来，主要责任在你身上，你的违法情节严重一些……造成他人的精神、名誉上的损害，是要承担经济责

[1] 参见张洪涛：《司法之所以为司法的组织结构依据——论中国法院改革的核心问题之所在》，载《现代法学》2010 年第 1 期。

[2] 参见杨柳：《模糊的法律产品》，载《北大法律评论》第 2 卷第 1 辑，法律出版社 1999 年版，第 208 ~ 225 页。

任的……而你既执行了调解协议（'私了'协议）又反悔，还来法庭告状，说人家敲诈勒索，你说被告会怎么想？一切矛盾都是由你引起的，由此导致的法律责任不承担，于法无据，为什么不给人家一定的赔偿呢？"

从上述调解人（包括主审法官和法院副院长）与当事人原、被告的交谈中可以看出：法官与当事人由原先的纵向的强制服从关系向后来的横向的平等协商关系转变，最终使案件由一种等级结构规定的运行逻辑向同等结构规定的运行逻辑转变；由于受这种外部关系的转变，处于较高等级的副院长不可能像我国司法审判实践中那样，通过对处于较低等级的法官的干预和影响来达到对调解过程和调解协议或者说对被调解人的干预和影响，而是自己直接面对当事人进行说服工作。正是这种建立在平等自愿原则基础上的调解人与被调解人之间的外部关系，为调解人（如上述法官与副院长）之间建立一种平等协商的关系提供了实实在在的制度保障。相反，现行法律对审判的内部平等关系尽管进行了详尽的规定，但由于缺乏这种外部平等关系的保障，法律规定的那种内部的平等协商关系及其同等结构最终被实然的行政服从关系及其等级结构所取代。[1]

综上所述，无论是从调解的内部职位关系和外部关系看，还是从外部关系对内部职位关系的影响看，调解（包括法院调解）都是一种平等的协商关系，其组织结构属于同等结构。

（二）嵌入调解同等组织结构的组织沟通与互动

调解的同等组织结构为嵌入此结构中的民意沟通提供了制度框架，对调解的组织沟通产生了广泛而深入的影响。

第一，从民意沟通的主体看，调解的同等组织结构框定了民意沟通主体的选择方式及其范围。调解的同等组织结构决定了民意沟通主体的选择方式必须采取民主协商的方式，而不是审判那种由法律确定的方式。只要经民主协商同意的，都有可能成为民意沟通的主体；即使是与纠纷没

---

〔1〕 参见张洪涛：《司法之所以为司法的组织结构依据——论中国法院改革的核心问题之所在》，载《现代法学》2010 年第 1 期。

有利害关系的“局外人”(如“送法下乡案”中的村民委员会主任、营业所主任等),也可以参与其中,甚至还有可能成为左右案件的关键人物。调解的同等组织结构还会影响参与调解的调解人的选择。调解可根据需要,来选择或者中途调整调解人,如上述案例中的主管思想政治工作的副院长中途参与到调解中来,就是如此。而审判中的法官一经法律确定,除非有法律规定的情形,一般不能随意调整或变换。因此,《人民调解法》第20条规定:“人民调解员根据调解纠纷的需要,在征得当事人的同意后,可以邀请当事人的亲属、邻里、同事等参与调解,也可以邀请具有专门知识、特定经验的人员或者有关社会组织的人员参与调解。”

第二,调解的同等组织结构为民意沟通构建了一种“平等的言谈情景”。虽然权力和能力等方面的客观差异会导致人与人之间事实上的不平等,但由于调解的同等结构的制度设计,既可以从组织和法律上保证可能进入调解中的被调解人之间的法律平等,也可以从组织和法律上保障进入调解中的调解人与被调解人之间的法律平等,为调解的民意沟通制度化地创造一种“平等的言谈情景”。这种民意沟通主体地位的平等,不只是与审判一样体现在当事人(包括审判中的当事人和调解中的被调解人)之间,而且有区别于审判的地方。这体现在调解人与被调解人之间,如从上述案例中法官与原、被告之间谈话的语气、内容就可以明显地看出来;甚至还体现在处于不同等级结构中的不同调解人之间,如上述案例中的法官与副院长之间,副院长不能像审判那样通过等级结构来影响法官的调解活动,这是由调解人与被调解人之间的同等组织结构所保障的。嵌入调解同等组织结构的调解主体地位平等,为调解营造一种“平等的言谈情景”提供了前提条件。

第三,调解的同等组织结构为民意沟通营造了一种“自由的言谈情景”。调解的同等组织结构决定了调解的民意沟通的内容只要经过了所有嵌入调解同等组织结构的所有主体的协商和同意,都可以进入调解中。如果说审判对纠纷有时间上的限定,必须在法定诉讼时效范围内,调解对民意沟通的内容,则没有时效方面的规定,一个过去了10年的“依法收贷案”的时效问题无人提起，甚至还包括法官。如果说审判的内容——法律争点——是法定的实际上是由法官具体确定的，进入调解的民意沟通的具体内容则是由所有嵌入调解同等组织结构的调解主体协商同意确定的，这里既可以谈论与纠纷解决有关的事情，还可以谈论与之没有直接关系的事情（如国家大事、“拉家常”）；即使是在法律看来一些不符合法律甚至违背法律但对问题的解决至关重要的一些态度、愿望和需求，也可以带入调解尤其是异向调解之中受到所有成员甚至包括法官的关注、考虑甚至“认可”，如上述案例中被告对原告的无法律依据甚至违法的“法律制裁”，也得到了法官以拘留的形式的“认可”，甚至最后达成的调解协议也可以用“制作”的方式来完成。〔1〕 总之，“这些公众集体的时间边界、社会边界和内容边界都是流动的；与决策相分离的意见的形成过程就是在一个由诸多重叠的亚文化公众集体所构成的开放的、包容的网络中进行的”〔2〕。在这个意义上，调解的同等组织结构构建的是一种“超越法律”的“自由的言谈情景”，是一种无法无天的自由，民意得到了全面而深入的释放，“依法”只是一种修辞。〔3〕

第四，调解的同等组织结构还影响了民意沟通的方式。调解的同等组织结构决定了其组织沟通方式是横向沟通和协作型互动。这种横向沟通和协作型互动，不仅体现在“调”上，要“充分说理，耐心疏导”，也表现在“解”上，“要帮助当事人自愿达成调解协议”；不仅与审判一样体现在被调解人之间，还有与审判不同的地方：体现在调解人与被调解人之间，甚至还体现在审判的等级结构所决定的处于不同等级结构中的不同调解人之间。只要嵌入调解的同等组织结构，所有参与调解的人之间的民意沟通就必须采取横向沟通和协作型互动的方式。

这种横向沟通和协作型互动的方式，既是对调解民意沟通自由的保

---

〔1〕 参见苏力：《当代中国法律中的习惯——从司法个案透视》，载《中国社会科学》2000年第3期。

〔2〕 ［德］哈贝马斯：《在事实与规范之间》，童世骏译，三联书店2003年版，第381页。

〔3〕 参见苏力：《关于能动司法与大调解》，载《中国法学》2010年第1期。

障,也是对调解民意沟通自由的限制。由于调解的同等组织所决定的所有嵌入此结构的每个人都是自由的,因此一个人的自由并不是无限制的,必须受到另一个人的自由的限制,必须以另一个人的同意为条件;或者说,必须采取横向沟通和协作型互动方式来实现,而不能单纯建立在某个人的完全自由的基础上,由某个人单方面作出决定。由此可见,尽管调解的时间边界、社会边界和内容边界不确定,但它确定时间边界、社会边界和内容边界的方式是确定的,即必须采取横向沟通和协作型互动的方式。正是调解的横向沟通和协作型互动方式,为沟通主体、沟通议题和信息的选定、进入起到了"合法化过滤器"的筛选作用。在这个意义上,调解的同等组织结构所保障的横向沟通和协作型互动,既是对其"自由的言谈情景"的保障,也是对"自由的言谈情景"的限制。这种自由与其说是一种建立在相互自由基础之上的自由,不如说是一种建立在相互自由基础上的限制。这种限制既是自由的体现,也是对自由的必要保护,调解就是"通过人们对论辩过程的普遍、平等的了解和平等、对称的参与而确保在议题之选择和最好信息最好理由之接纳这两方面的自由"。[1] 在调解中,作为调解人的法官的首要职责是保障一种"理想的言谈情景","确保民主的法律共同体用来进行自我组织的包容性的意见形成和意志形成'渠道'完好无损:'司法审查的首要任务,应该是拆除民主过程中的障碍'",[2]而不是实体权利的分配。

第五,嵌入调解同等组织结构的对自由的限制不同于审判对自由的法律限制。审判对民意沟通自由的限制是建立在法律基础上,实际上是建立在由国家垄断并最终由国家暴力保障实施的行政权力的基础上,从沟通过程的外部植入或强加的,与沟通或交往不具有构成性联系,是建立在单方面强制基础上的非构成性的外部强制,这种行政权力为法律的代言人法官尤其是处于等级结构中较高等级者所单方面所有,不为当事人

[1] [德]哈贝马斯:《在事实与规范之间》,童世骏译,三联书店2003年版,第282页。

[2] [德]哈贝马斯:《在事实与规范之间》,童世骏译,三联书店2003年版,第326页。

与法官所共享，不为当事人的能力所控制和支配，对当事人的自由有可能起不到保障作用。调解对民意沟通自由的限制是建立在"交往权力"上，"这样一种交往权力，只可能形成于未发生畸变的公共领域之中。它只能产生于未受扭曲之交往中那种未遭破坏的主体间性结构"。[1] 调解的同等组织结构所建构的就是这样的"公共领域"和"主体间性结构"。在这个意义上，调解同等组织结构既是对民意沟通自由的保障，也是对民意沟通自由的限制，是自由与限制的结合体。"这种权力，正如阿伦特所说的，是没有人能够真正'占有'的：'权力（Macht）是随着人们开始一起行动而产生的；一旦他们分散开去，它也就马上消失。'"[2]因此，建立在这种交往权力基础上的强制，是一种构成性的内部强制，与自由相伴而生、相伴而亡。这种构成性的内部强制，不仅存在于被调解人之间，也存在于调解人与被调解人之间，甚至还存在于调解人之间。正是这种交往权力，构成了对法官权力的制约，也形成了对当事人自由的保障。"从这个角度来看，对于民主的意见形成和意志形成过程来说具有构成意义的交往权利和参与权利，具有一种特殊的地位。"[3]

第六，嵌入调解同等组织结构的自由与其构成性限制结合而形成的"主体间性"和"主体间性结构"，是民意沟通成功的基础和保障。调解的同等组织结构，既为民意沟通的自由提供了保障，也为自由提供了一种与自由相伴而随的构成性限制。因此，嵌入这种组织结构中的自由不可能是追求利益最大化的工具理性的体现，只能是一种自由与其构成性限制相结合而形成的"主体间性"。在这个意义上，调解的同等组织结构也是一种"主体间性结构"。调解的主体间性结构，在规范层面，体现为《人民调解工作若干规定》第31条"促使双方当事人互谅互让"的规定，《人民调解法》第22条"人民调解员……在当事人平等协商、互谅互让基础上提

---

[1] [德]哈贝马斯：《在事实与规范之间》，童世骏译，三联书店2003年版，第181～182页。

[2] [德]哈贝马斯：《在事实与规范之间》，童世骏译，三联书店2003年版，第180页。

[3] [德]哈贝马斯：《在事实与规范之间》，童世骏译，三联书店2003年版，第326页。

出纠纷解决方案,帮助当事人自愿达成调解协议”的规定;在法律实践层面,既体现于被调解人之间的互谅互让——原告要考虑“被告会怎么想”的问题,被告也要考虑“根据(原告的)实际情况,要人家赔偿1万元偏高”的问题,而不只是考虑使各自利益最大化的问题,也表现于调解人与被调解人之间的换位思考和相互理解——中国基层法官要为老婆婆想想断绝母子关系以后是否管用的问题,理解“你(被告)的心情和一些过激行为”,当事人也要站在法官的角度理解法官的苦衷,认识到“法院拘留我也是为我好”,〔1〕而不只是法律权利保护的问题;在精神层面,表现为调解所承载的儒家“中庸理性”,即建立在人与人之间关系结构上的双向地将别人视为平等利益主体的“结构理性”,而不是单向地将别人视为实现自己利益的客体(即工具)的工具理性。

正是嵌入调解同等组织结构而形成的“主体间性”和“主体间性结构”,为调解的民意沟通取得成功提供了可能和技术保障。正如哈耶克所认为的认识到理性的有限性才是最大的理性一样,这种“主体间性”或“结构理性”以承认别人的合理利益的存在为前提而追求自身利益的最大化,或者说认识到自己利益的有限性,才是最大的理性,才是利益的最大化。因此,在这种“主体间性”指引下,“鼓励每个人采纳其他成员的视角,甚至采纳所有其他人的视角;在这样的条件下,以理性为动力而改变人们最初的立场,是可能的”。〔2〕也因此,嵌入调解“主体间性结构”的民意沟通,才是“一个理性的过程而不是一个意志的过程,一个说服的过程而不是一个权力的过程,其目标是用一种好的、正义的、不管怎么样是可以接受的方式来管理生活中那些包含着人们的社会关系和社会本性的方面”,〔3〕才是观点之间的真诚交流,证据和信息的质与量之间的交换和较量过程,“信息是否具备,信息是否有说服力和相关性,如何选择信息,信

---

〔1〕“互让”是整个交涉过程中的两个重要因素之一。参见季卫东:《调解制度的法律发展机制》,载强世功编:《调解、法制与现代性》,中国法制出版社2001年版,第1~87页。

〔2〕[德]哈贝马斯:《在事实与规范之间》,童世骏译,三联书店2003年版,第337页。

〔3〕[德]哈贝马斯:《在事实与规范之间》,童世骏译,三联书店2003年版,第336页。

息加工是否有成效"，"'是'/'否'立场之采取的唯一动力，是更好的论据的无强制的强制"，"排除理解过程内外所产生的任何强制，而只承认更好的论据的强制力量"。[1]

(三)嵌入调解同等组织结构的沟通合法性

嵌入调解同等组织结构的民意沟通，并不是调解的最终目的；调解的最终目的是让调解中形成的规则——调解协议——为有关承担者所接受和认可，获得其合法性。嵌入调解组织结构的民意沟通及其获得的合法性，既不同于立法，也有异于司法审判，其有自己独特之处：

第一，调解获得的合法性是建立在自身组织技术上。嵌入调解同等组织结构的民意得到了最广泛、最深入的释放、沟通和尊重。因此，即使处于"沙漠地带"——国家权力边缘——的"村民"的意见、愿望和要求也会受到不同程度的尊重并对纠纷的最终解决产生了实质性影响；即使在立法中非常微弱甚至被掩盖的声音(如民间习惯)，也会被带入调解之中，使所有参与者不得不"穿行于习惯与法律之间"，并对调解协议产生不同程度甚至决定性的影响；[2]调解协议必须考虑到所有涉及人的利益。[3]这样形成的法律——调解协议——及其合法性是由调解的组织技术所保障的，是"基于所有公民自由平等地(直接——引者注)参与政治和法律秩序的民主决策过程中生成"，[4]所形成的是一种基于自身组织技术而获得的技术合理性。

第二，调解的合法性是建立在自身组织技术上的沟通合法性。随着近代社会以来的不断理性化，人们认为形式理性优于实质理性；现在又随

---

[1] [德]哈贝马斯：《在事实与规范之间》，童世骏译，三联书店2003年版，第285、379、282页。

[2] 参见苏力：《当代中国法律中的习惯——从司法个案透视》，载《中国社会科学》2000年第3期。

[3] 参见[德]哈贝马斯：《在事实与规范之间》，童世骏译，三联书店2003年版，第338页。

[4] [荷]伊芙琳·T.菲特丽丝：《法律论证原理》，张其山等译，商务印书馆2005年版，第67页。

着现代社会的多元化、碎片化、去中心化和复杂化，人们又认识到形式合法性的弊端，呼唤着“迈向回应型法”。无论是实质合法性还是形式合法性，都是有关法律实体内容——权利义务分配——的合法性，都无法解决现代社会韦伯所说的实质理性与形式理性的紧张与冲突，通过实体的法律分配来获得其最低限度的合法性已不能满足现代社会的需要。因此，“在欧陆法律理论和法律实践中大行其道达两个世纪之久的笛卡尔式的逻辑—演绎思维方式已经愈来愈招致多方面的抨击；作为一种替代，论证和商谈理论在法律理论中发展起来”。〔1〕 这种沟通合法性的理论衡量标准由以前侧重于关注实体或判决的结果转移到对程序或判决过程的关注，对这种沟通过程是否在一种平等、自由、开放状态下进行的关注，甚至深入到沟通主体的社会心理层面是取向于成功即主体性还是取向于理解即主体间性的关注，用哈贝马斯的话说就是这种法律商谈或沟通是否处于一种“理想的言谈情景”——“(1)任何可言说者均可参加论辩。(2)(a)任何人均可质疑任何主张；(b)任何人均可在论辩中提出任何主张；(c)任何人均可表达其态度、愿望和需求。(3)任何言说者均不因受到论辩内或论辩外的某种强制的障碍而无法行使其在(1)和(2)中所确定的权利。”〔2〕

这种沟通合法性“一定程度上——有意地或无意地——在形式合法性与实质合法性之间搭起了一座桥梁”，〔3〕试图有效地解决两者之间的冲突与紧张；而在波斯纳看来，沟通合法性的实质就是悬置法律的实体问题，将实体问题转化为程序问题。〔4〕 但调解悬置法律的实体问题，并不

---

〔1〕 [比]马克·范·胡克：《法律的沟通之维》，孙国东译，法律出版社2008年版，第14页。

〔2〕 [荷]伊芙琳·T. 菲特丽丝：《法律论证原理》，张其山等译，商务印书馆2005年版，第61～62页。

〔3〕 [比]马克·范·胡克：《法律的沟通之维》，孙国东译，法律出版社2008年版，第260页。

〔4〕 参见[美]理查德·A. 波斯纳：《道德和法律理论的疑问》，苏力译，中国政法大学出版社2001年版，第114～124页。

是要回避法律的实体问题,而是将实体问题交由嵌入调解同等组织结构的所有人通过充分的民意沟通而得以解决,并获得其合法性,以避免形式合法性与实质合法性之间出现紧张与冲突。在这个意义上,胡克与波斯纳对哈贝马斯的评价没有实质性的区别。调解的这种不是建立在法律实体内容上,而是建立在法律程序基础上,通过嵌入同等组织结构的民意沟通而获得的合法性,从规范的角度看,称作沟通合法性或程序合法性,从社会组织的角度看,又可以称作建立在自身组织技术上的沟通合法性。

正是由于调解的这种建立在组织技术上的沟通合法性将法律实体内容的合法性交由嵌入调解同等组织结构的所有人通过充分的民意沟通而获得,因此它能有效地适用于存在于社会多元尤其是法律多元的社会,如中国古代社会由于地域辽阔、人口众多而带来的法律多元社会,以及现代社会由于社会的日益复杂化而带来的法律多元社会。这也许就是中国社会和现代西方社会调解得到广泛运用的原因。在这个意义上,"法律的沟通进路也许在某些点上更接近于中国法律文化"。[1]

第三,调解这种建立在组织技术上的沟通合法性不同于立法建立在组织技术上的合法性。尽管从组织技术角度看,调解与立法具有相同的社会组织结构即同等结构,但由于立法面对的是不特定人及其不特定的利益,通过代议制形式而代表所有社会成员的利益,因此这种立法不一定能与具体人的具体利益有效地建立起紧密而直接的利益联系;尤其是在人口众多、地域辽阔的中国,由于"集体行动的逻辑"而导致的"搭便车"难以克服,[2]建立起这种紧密而直接的利益联系的难度更大。因此,这种通过立法而获得的合法性,不是"从它所指向的(具体——引者注)对

---

〔1〕 [比]马克·范·胡克:《法律的沟通之维》,孙国东译,法律出版社2008年版,中译本序。

〔2〕 参见[美]曼瑟尔·奥尔森:《集体行动的逻辑》,陈郁等译,格致出版社、上海三联书店、上海人民出版社2011年版,第1~79页。

象那里取得的合法性”,[1]不是一种具体的合法性,而是一种普遍的合法性。相反,调解面对的是具体人及其具体利益,能够与特定人及其特定利益形成紧密而直接的利益联系,容易形成一种利益驱动机制;在这种利益驱动机制的作用下,民意能够得到充分而有效的沟通。因此,这种通过嵌入调解同等组织结构的民意沟通而形成的解决纠纷的实体规则及其获得的沟通合法性,是从它所指向的具体对象那里获得的规则及其沟通合法性,也是一种能为参与调解的所有人所认可、接受的具体的实体规则,获得的沟通合法性是一种具体的合法性,而不是像立法那样普遍的合法性。

第四,调解这种建立在组织技术上的沟通合法性有异于大陆法系审判的合法性。大陆法系属于制定法传统,理论上,司法只是立法的延伸和运用,因此在韦伯的眼中,大陆法系的司法审判被形象地称为“自动售货机”。“因为司法的判决是同法律和法规连接在一起的,所以司法的合理性基础是现行法律的合法性。”[2]换言之,司法审判的合法性不是通过自身获得的,而是通过司法审判以外的立法事先给定的,理论上,司法的功能主要在于实现其合法律性,而不是合法性。比较而言,在同向调解中,在不违背实体法律的禁止性规定的前提下,参与调解的所有人通过民意沟通,可以形成解决纠纷的实体规则及其合法性。这时,与大陆法系的审判对合法律性的要求相比,调解的合法律性要求很低,只是不违背实体法律的禁止性规定,主要追求其合法性。这种对合法性的追求,在异向调解中体现得更为突出,甚至可以突破实体法律的禁止性规定,单纯追求其合法性,而不顾其合法律性。可见,大陆法系审判的合法性是建立在审判外部的立法基础上,要严格受其合法律性的限制,而调解的沟通合法性是建立在自身组织技术上并通过民意沟通而获得,受合法律性的限制较为松弛。

---

〔1〕［美］马修·德夫林编:《哈贝马斯、现代性与法》,高鸿钧译,清华大学出版社2008年版,第53页。

〔2〕［德］哈贝马斯:《在事实与规范之间》,童世骏译,三联书店2003年版,第296页。

第五，调解这种建立在组织技术上的沟通合法性有别于英美法系审判的合法性。如果说大陆法系在解决合法性与合法律性的紧张与冲突上，主要采取了立法与司法的社会分工的思路，即立法主要解决合法性问题，司法主要解决合法律性问题，那么，英美法系（主要是普通法）则主要采取的是合二为一的思路，将合法性与合法律性的紧张与冲突都放在司法环节加以解决，其合法性主要通过审判自身的民意沟通而获得。在这个意义上，英美法系的审判与调解在解决合法性与合法律性的紧张与冲突问题，或者说获得其合法性的方式上，都采取了在一定程度上相同的思路——通过自身而获得其合法性。但调解与英美法系的审判在获得合法性的程度，或者说合法性受合法律性的限制程度上，还是有所区别的。英美法系审判通过自身而获得的合法性，不仅要受实体法律规则即先例的禁止性规定的限制，还要受实体法律规则的非禁止性规则的约束，其合法律性——遵循先例——的要求较高，实现的是一种法律——先例——下的自由。比较而言，调解通过自身组织技术而获得的沟通合法性，只受实体法律规则禁止性规定的限制，甚至在一定情形（如异向调解）下，可以突破实体法律禁止性规定，不像英美法系审判那样要遵循先例。也许正是由于这个差异，我国调解难以像英美法系审判那样，通过遵循先例而演化出自己的法律规则系统，并走上形式化和自治化的道路，而英美法系审判正是通过对合法性的合法律性约束，演化出了自己的“在事实与规范之间”的法律规则体系，并走上了形式化和自治化的道路。

第六，调解这种建立在组织技术上的沟通合法性也区别于中国法院审判的合法性。尽管中国法院审判在规范层面模仿了大陆法系审判同等结构为主、等级结构为辅的组织结构，但由于中国法院审判的行政化程度相对较高，[1]因此法院审判的合法性对立法的依赖度更高，更难以通过审判自身而获得其合法性。例如，我国在正式制度层面不承认法官立法，

---

〔1〕 参见苏力：《经验地理解法官的思维和行为》，载［美］理查德·波斯纳：《法官如何思考》，苏力译，北京大学出版社2009年版，代译序。

而大陆法系对法官立法还是进行了一定的制度化安排。在这个意义上，中国法院的审判可以说只是单纯追求合法律性，受合法律性的限制更为严苛，通过自身而获得合法性的制度空间和制度能力更差。

总之，嵌入调解同等组织结构的民意沟通及其沟通合法性，既不同于法院审判——包括大陆法系、英美法系和中国法院审判——和立法提供的合法性，也有异于形式合法性和实质合法性，而是一种独特的建基于自身组织技术上的技术合理性。制度的命运最终决定于自身技术。正是这种技术合理性，决定了调解具有自己独特的制度价值和制度地位，也决定了调解具有自古至今强劲的制度生命力。正是这种技术合理性，决定了我国调解制度的又一次制度复兴，而不能将此归结于外部的各种各样的甚至相互矛盾冲突的意识形态因素；只有将调解的制度复兴归结于自身技术，对调解的认识建立在社会科学研究的基础上，才能避免将调解制度进行简单的意识形态化处理，包括从现代西方法治观念角度——一种意识形态——和古代儒家思想角度——另一种意识形态——甚至包括所有从文化观念角度——还是一种意识形态——对调解制度的理解。调解制度之所以能在中国社会存活如此之久，能为历代不同甚至相反的政治职能、意识形态所利用，[1]就在于其自身的技术合理性。在这个意义上，调解的真正的、全面的、根本的复兴，只能建立在技术角度研究上，不能建立在文化角度研究上。调解的“道德意识随因果联系意识的增加而减少”。[2]

---

〔1〕 参见强世功编：《调解、法制与现代性》，中国法制出版社2001年版，第88～428页。

〔2〕 [德]尼采：《曙光》，田立年译，漓江出版社2000年版，第8页。转引自苏力：《法律与文学：以中国传统戏剧为材料》，三联书店2006年版，第262页。

第八章　社会组织与法律的形成和发展

一、社会组织与法律的形成

从上述初级群体和次级群体、组织非正式结构和正式结构以及家长制或人治和科层制管理方式等三个方面的比较中可以看出，社会群体的规模、结构不同，对社会组织的社会控制形式的需求也不同。

从社会群体的种类和规模来看，法律在血缘群体、地缘群体、非正式群体和初级群体中的作用有限，而在业缘群体、正式群体和次级群体中的作用是积极的。这是由于在前四类群体中，群体的规模一般很小，群体成员通过空间上的接近和长时间的持续接触，容易形成亲密的复杂关系，其中所形成的习惯是调整群体成员行为的主要方式，任何违反习惯的行为能立即为群体成员所发现并受到惩罚，社会成员间的冲突及其解决不会形成对法这种社会控制形式的需求，不需要正式制定的任何规则和保证其实施的专门机构。而在后三种社会群体中，群体的规模一般较大，群体成员间的交往互动经常是跨地域、跨文化甚至是跨国度的；潜在的交往双方都是复数；交往互动双方很不熟悉甚至完全陌生,既无法在短期内建立起足够的信任和复杂关系,又无共同的习惯、惯例可遵循;由于语言和习惯的差异,群体成员间很可能产生误解,沟通一般十分困难;由于人员的高流动性,群体成员间的冲突更为频繁,有了错误、欺诈也难以追究责任和进行有效的惩罚。在这种情况下,成员间的工作关系、正式职位之间的关系部分地取代了原先亲密复杂的感情关系,成为群体内部占重要地位的关系;一种更高水平的社会控制形式即法律部分地取代原先的非正式控制形式,上升为群体内部的主要社会控制形式。

从组织的结构来看,一般而言,法与组织的正式结构和科层制管理方式是密切相关的。法律是确立、巩固、保证社会组织的正式结构的手段,科层制是实现正式结构要求的一种管理方式,也是实现法制自治化进而实现其理性化的社会工具;反过来,法律对破坏组织正式结构和科层制管理的现象加以规制、惩罚。对于组织的非正式结构及其家长制或人治管理方式,法律的作用并不积极,甚至受到拒斥,只有当这种非正式结构及其家长制或人治的管理方式破坏、腐蚀、影响了组织的正式结构和科层制管理时,法才对它们进行干预、限制、惩罚。之所以如此,这是由该组织内部的社会关系是复杂关系还是简单关系、是工作关系还是感情关系、是熟人社会还是陌生人社会所决定的。这个问题在本书第五章已论述过,不再赘述。

总之,从社会组织的角度来看,法律的形成是受到社会组织规模、种类、结构和管理方式的影响的,它是随着组织规模的不断扩大和组织结构的不断复杂化以及管理方式的科层制化到一定程度而形成并发展的。

二、社会组织与法律各部分内容的形成

从整体上看,法律的形成是社会组织规模扩大化和结构复杂化的结果,不仅如此,法的各部分内容的形成也受到不同性质和内容的社会组织的影响和作用。这样使法律的形成在受到社会组织的影响和作用上表现出一定程度的差异性和多样化的特征。

组织社会学和法理学的研究认为,不仅"法离不开国家,国家也离不

开法”,[1]“国家活动的所有方面都是通过它所具有的特殊的组织规范——法律形式确定下来的”,[2]而且“国家与法的产生是同一过程中的两个方面。它们的形成基于同样的经济条件,在职能上相互关联”。[3]法律的职能“如同国家一样,国家是阶级压迫的工具,但同时又是整个社会的正式代表,执行着一定的社会公共职能”,[4]法律中的权利和义务的规定“实际上是国家自身职能的某些方面的法律化”。[5] 但是,西方人类学者认为,法与国家没有直接的联系,甚至反对这种联系。例如,有的认为:“战争作为合作的动因以及消灭和征服较弱小组织的手段,在人类发展中是普遍的,不能用来解释国家的发生;生产的增加特别是在灌溉农业中,作为地方生产单位的技术,远在国家产生之前就有了。”[6]可见,他们的共同之处是认为国家是权威发展的高级阶段。换言之,只有形态成熟、职能高度分化的国家才是他们眼中的国家,而权威发展的次级阶段即形态简单、政治统治职能和社会公共职能混合,甚至有些只具有政治统治职能(如战争这样的军事活动)而社会公共职能色彩很淡薄的社会组织,或者社会公共职能色彩很浓(如灌溉农业等社会公共工程)而政治统治职能稀薄的社会组织,在他们眼中都算不上是国家。然而,持肯定说的学者认为,以上这些组织形态都属于国家的早期形态,只不过这种国家形态在人类早期由于组织规模较小、结构简单而使其职能混同或偏重于某一个方面而已。总之,他们的分歧主要集中在对国家概念的理解上。持肯定说认为国家是一个广义的概念,即在早期主要承担政治统治职能的社会组

[1] 沈宗灵主编:《法理学》,高等教育出版社 1994 年版,第 157 页。

[2] 朱景文:《现代西方法社会学》,法律出版社 1994 年版,第 130 页。

[3] 吕世伦主编:《当代西方理论法学研究》,中国人民大学出版社 1997 年版,第 20 页。

[4] 孙国华:《法学基础理论》,天津人民出版社 1988 年版,第 63 页。

[5] 吕世伦主编:《当代西方理论法学研究》,中国人民大学出版社 1997 年版,第 24 页。

[6] 中国社会科学院民族研究所、中央民族学院民族研究所编:《民族学译文集》(一),中央民族学院出版社 1987 年版,第 104 ~ 105 页。

织即政治组织和主要承担社会公共职能的社会组织即经济组织，在他们看来这也是国家的早期简单形态；持否定说认为，只有到了权威的高级发展阶段，只有形态成熟、职能高度分工的才算是国家，它是一种狭义的国家概念。

针对以上的分歧，有人对法的起源和法律的水平变迁进行了总结。其认为法的起源分为三类：一是从习惯的角度来研究，认为法是由习惯演变而来的；二是从社会结构的角度来说明，法是适应一定社会结构的需要而产生的；三是从社会冲突来说明，法是社会中一定阶级为了谋取利益，在社会中居于主导地位而使用的工具。[1] "而法律的水平变迁有三种方式：通过组成政治联盟的正式协议如国际法等；通过一个群体被另一群体征服并把以前的群体作为新的更大的政治结构的一部分而予以保留，或通过缓慢的进化程序，逐步出现为群体所接受的有约束力的法律阶层。"[2] 然而，这两种观点的共同之处就是法的形成是受社会组织的影响和作用的，而且不同性质和内容的社会组织对法的各部分的内容的形成、演化具有不同的作用和影响。

由于文化组织与政治组织、经济组织相比，出现略晚，在相当长时期依附于政治组织，在法的形成过程中作用不大，因此在此只论述承担现代国家政治统治职能和社会公共职能的早期政治组织和经济组织对法的两部分即政治统治职能的法和社会公共职能的法的形成的作用和影响。政治组织是人类为了一定的政治目标而建立的，以政治行为作为主要活动的组织。它是人类政治活动规模扩大和复杂化的产物。以后又随着这种政治组织规模的扩大和结构的复杂化，需要一定的政治规范来控制其行为，这就形成了人类对法尤其是执行政治统治职能的那部分法的需求。这种政治活动在人类早期主要表现为氏族之间的征战。

---

〔1〕 参见吕世伦主编：《当代西方理论法学研究》，中国人民大学出版社 1997 年版，第 26 页。

〔2〕 朱景文：《现代西方法社会学》，法律出版社 1994 年版，第 139 页。

经济组织是人类社会最原始、最基本和最普遍的社会组织形式，担负着为人类提供物质资料的任务。它是一种以物质资料的生产、分配、交换和消费为其主要活动的社会组织。它也是人类经济活动规模扩大和复杂化的产物。随着这种组织的规模扩大化、结构复杂化和管理方式科层制化，需要一定的经济规范来控制其行为，这样就使人类产生对执行社会公共职能，包括维护人类社会的基本生活条件、维护生产和交换的秩序、组织社会化大生产（如兴修水利、组织灌溉等）的法的需求。这种经济活动在人类早期生产力低下，征服自然的能力有限的情况下，主要表现在社会公共工程等活动中。

这种不同性质和内容的社会组织对法的各部分内容的形成的作用和影响，可以从中西方国家与法的形成的不同途径中得到论证。与西方法律公法与私法界线分明且以私法尤为发达相比，中国法律只有公法（就成文法而言），"直刑而已"，以刑为核心，围绕刑发展起来的法必定具有暴力的色彩。古代法自三代至清一概为刑律，古人言法必含有刑罚的意思在内。它只是具有暴力特征和公的性格。在这个问题上，中国与西方古代法律有共同之处，只不过西方古代法原本是"中立的权威"，凌驾于社会之上，"公"的性质只是法律的一方面，因此易为人所信仰，有可能成为至高无上的东西。而中国古代法却是"王者之政"，只具有单一的政治色彩，法只是实现社会之政治控制的一种有力手段，只具有工具性，因此中国古代法从来不带神圣的意味，难以达到至高无上的程度。这是中国古代法大不同于西方法的一点。而中国古代法中"公"的性格的另一方面，是把一切私人关系都公共化了，法律所及之处，没有纯粹的私人事务，一切都与国家有关、与社会有关、与王者有关。"社会的发展，不由它自身作主摸索而成；乃是由政治家以鸟瞰的态度裁夺。"[1]中国历史上没有能产生出诸如古罗马私法那样的法律体系，与此大有关系。值得说明的是，以上所讨论的中国古代法，实际上只是中国古代文明形成时期的法——刑，如禹

---

〔1〕 黄仁宇：《赫逊河畔谈中国历史》，三联书店 1992 年版，第 12 页。

刑、汤刑、吕刑、九刑、五刑、刑书等。可见,中国古代法主要是担负政治统治职能的那部分法即公法得到了发展,而承担社会公共职能的那部分法即私法受到抑制,几乎在成文法中成为空白,只得在民间潜滋暗长而成为习惯法。

为什么会出现这种奇异的观念和鲜明的对照呢?"讨论这个问题又涉及中国古代文明的起源,特别是古代国家的性质,以及它们所由产生的特殊程序。"[1]"据古代文献和现在考古研究,夏、商、周三代之间除了直接承继的纵向关系之外,还有不容忽视的横向联系——敌对状态乃至公开的征战则肯定是其中颇具重要性的一面。三代王朝的更替照例是通过战争手段完成的,而更重要的则是在此一过程中,国家机器渐渐地成型、强化和完备起来。自然,当时乃至更早的战争,毫无例外地都是氏族之间的征伐。这归根结底还是人与人之间关系的变更。而这正是中国古代国家的特异之处。"[2]

当然,我们在强调国家政治统治职能之时,并不是否定国家社会公共职能,也不是否定早期文明社会没有进行社会公共工程等活动。中国初期早熟的政治统一,造成"书同文、车同轨"的局面,是一种有历史地理性的组织和一种带群众性质的运动。在"中国古代国家未完成由亲缘关系向地缘关系的转变"[3]时,为了弥补其组织和技术的不足,只好在次级群体即国家中带进了初级群体即家族或氏族等的印痕,使国与家、天与人合一,压制了组织与技术的正常发展,而技术与组织的不足使压制变本加厉,"压制的一个共同根源是统治精英可以利用资源的贫乏"。[4] 可见,在中国古代,"在社会分工的程度不高、组织和制度的资源不足、自由选择的余地不大的场合下,压制的出现和扩张就很难为主观愿望所左右。在

[1] 梁治平:《寻求自然秩序中的和谐》,中国政法大学出版社1997年版,第36页。

[2] 梁治平:《寻求自然秩序中的和谐》,中国政法大学出版社1997年版,第36页。

[3] 梁治平:《寻求自然秩序中的和谐》,中国政法大学出版社1997年版,第38页。

[4] [美]诺内特、塞尔兹尼克:《转变中的法律与社会》,张志铭译,中国政法大学出版社1994年版,第5页。

这时,诉诸道德不仅不会消解压制,反而有可能强化压制,或者造成压制的变态"。[1] 这种"对异族的征伐可以变成统治,维系内部的统治也可以征伐的形式表现出来",[2]使国家对内承担的社会公共职能也政治化,没有自己发展的空间,同时也没有使其发展出一套自己的技术和制度。与恩格斯总结西方的历史经验而得出"到处都是以执行某种社会公共职能为基础,而且政治统治只有在它执行了它的这种社会职能时才能持续下去"[3]的结论相比,简直过之而无不及。在法律体系上,就是"兵之于刑,便总是一而二,二而一得",[4]公法与私法的混同不分,甚至一切私法公法化。

相比之下,西方古代国家(如希腊和罗马)则循着另一种途径——以地域原则取代亲属原则——而产生。西方古代国家得以产生的催化剂并非战争,而是社会中不同利益集团的激烈斗争。"国家是表示:这个社会陷入了不可解决的自相矛盾,分裂为不可调和的对立面而又无力摆脱这些对立面,而为了使这些对立面,这些经济利益互相冲突的阶级,不致在无谓的斗争中把自己和社会消灭,就需要有一种表面上凌驾于社会之上的力量,这种力量应当缓和冲突,把冲突保持在秩序的范围以内;这种……力量,就是国家。"[5]也就是说,西方古代国家的出现是适应一定社会结构的需要而产生的,是社会结构内部变化的产物,是建立在社会契约和获得某种全社会共同认可的方式的基础上的产物。不仅如此,而且这种国家秩序的产物不是否定、消灭社会冲突,而是要将这种社会冲突保持下来,其目的是不致在无谓的斗争中把自己和社会消灭。用古典自然法学家的话来说,就是人们把自己的一部分权力交给社会达成"社会契

---

[1] [美]诺内特、塞尔兹尼克:《转变中的法律与社会》,张志铭译,中国政法大学出版社 1994 年版,第 5 页。

[2] 梁治平:《寻求自然秩序中的和谐》,中国政法大学出版社 1997 年版,第 39 页。

[3] 《马克思恩格斯选集》(第 3 卷),人民出版社 1972 年版,第 219 页。

[4] 梁治平:《寻求自然秩序中的和谐》,中国政法大学出版社 1997 年版,第 39 页。

[5] 恩格斯:《家庭、私有制和国家的起源》,载《马克思恩格斯选集》第 4 卷,人民出版社 1972 年版,第 166 页。

约”,其目的是为他们谋福利和保护他们的生命、自由和财产,满足公众福利的要求;“公意”是建立在“众意”基础上的,是以承认“众意”(个别意志之和)为前提的,其目的不是否定而是保护或者更好地表达众意,因此使西方古代国家的产生首先表现出来的主要职能是执行社会公共事务,反映的是社会生存和发展的最基本要求和社会结构所必须具备的最低限度的功能。表现在整个法律体系上就是体现社会公共职能的私法体系极其发达。这与中国古代国家是民族之间征战的结果,国家为征战中取胜的一方所独占,为国王所独占(“普天之下,莫非王土;率土之滨,莫非王臣”、[1]国民为皇帝的子民等),它是以否定个人及其意志为前提的,家是国的延伸,二者高度同构而成为一体,社会没有其自己的空间而为国家所取代的情况是不同的。因此,使中国古代国家的出现首先表现出来的是承担政治统治的职能,反映的是统治阶级的意志、皇帝的意志,并将整个社会纳入其视野、纳入其轨道,最终将执行社会公共职能的法淹没于、窒息于执行政治统治职能的法之中,使中国古代法只能是合兵刑于一的强暴手段,是一方以暴力无条件强加于另一方的专横意志,构成了中国古代法的传统。

我们在这里强调中西方古代国家和法形成的途径和承担职能之不同的时候,并不是否定它们不存在共同之处(任何国家和法都具有政治统治的职能和社会公共事务的职能,而且“到处是以执行某种社会公共职能为基础的,而且政治统治只有在它执行了它的这种社会公共职能时才能持续下去”[2]),而只是要说明作为现代最大的次级群体(社会组织)即国家在它的文明早期形态并不像现在那样——职能全面且高度分层、分化、分工——清晰可辨。在它处于雏形时期,由于产生和形成的途径不同,它与生物界一样由于某个器官的过分发达而抑制其他器官的发育成长,从而使国家在文明的早期具有某种单一的色彩。例如,中国古代国家政治

[1] 《诗经·北山》。

[2] 《马克思恩格斯选集》(第3卷),人民出版社1972年版,第219页。

统治职能过分发达而使社会公共职能发育不全，因此在某种意义上，国家仅等同于现代的政治组织；而西方古代国家刚好与之相反，在某种意义上国家仅等同于现代的经济组织。这样就造成中西方法律的差异：中国法律是一种公法文化，“直刑而已”；而西方法律是一种私法文化。

由此可见，中西方法律内部两部分内容呈现出来的多与少、兴与衰的差别，其中一个因素是由社会组织的性质和活动内容不同而造成的。也就是说，社会组织的性质和内容也是影响法律内部各部分内容形成的重要因素，使法律的形成途径具有多样性的特征。

三、社会组织的管理方式与法律的发展

以上社会学和法学的研究表明，法律与社会组织的正式结构是相关或正相关的，与社会组织的非正式结构是不相关或负相关的。而正式结构是通过科层制的管理方式来实现的，家长制或人治的管理方式仅存在于非正式结构中。因此，家长制或人治的管理方式对法律的发展是无作用的，相反它拒斥法律的作用，阻碍法律的发展。而科层制的管理方式与法律有着紧密的关系，对法律的发展有积极的促进作用——现代世界的主要发展趋势是合理化、理性化，法律也不例外，[1]而科层制则是实现法律自治化进而实现法律理性化的社会工具，是法律发展的一种“内在动力”。[2]

在西方法社会学中，科层制与法律的互动关系首先是由德国社会学家韦伯提出的，后经过诺内特和塞尔兹尼克在《转变中的法律与社会》一书中专门的论述而得到发展。在此，笔者将主要介绍后者的观点，并附带地提及韦伯的有关论述，以把握其理论的来龙去脉。

诺内特和塞尔兹尼克从针锋相对的富勒和哈特的理论也存在一个最大公约数——政府的威慑性命令不是法的概念的核心——受到启发：“法理学论战集中于那些相互对立的法本质概念，才使以上这种重造现象相

---

〔1〕 韦伯认为法律经历了形式非理性化、实体非理性化向实体理性化、形式理性化发展的四个阶段；塞尔兹尼克则认为法律经历了压制型法和自治型法，最后向回应型法发展。

〔2〕 参见[美]诺内特、塞尔兹尼克：《转变中的法律与社会》，张志铭译，中国政法大学出版社1994年版，第23页。

形失色。因此,一种社会科学的策略可以更快捷、更清晰地认识众多的法律经验。"[1]原始法或现代法的目的是使实质正义与形式正义统合在一定的制度,即后科层制和回应型法之中。为此,诺内特和塞尔兹尼克从社会科学角度总结了历史发展的经验,建立了用以分析和判断同一社会不同法律现象的工具性框架,提出了"一种发展的模型"[2]:社会组织分为前科层制、科层制和后科层制三种类型或阶段,与之相应的法律制度也分为压制型法、自治型法和回应型法三种类型或阶段。其着重研究的是不同类型之间流动和相互渗透的可能性,对某一法律体系不持固定的看法而愿进行多元主义的分析。这是因为诺内特和塞尔兹尼克认为,"法律秩序是一种多维事物,只有把多种维度当作变项,才能对法律进行彻底的研究",[3]所以法律与道德、政治、强制的联系不作一维的分别研究,否则"是再创造一个盲人摸象的寓言"。[4] 为此,"应该考虑这些联系在什么程度上和在什么条件下发生",[5]通过经验分析抽出规定法律现象的基本变数,从这些变数与法的不同对应方面去发现法的基本形态。法律的三种类型就是在比较了法律的目的、合法性、规则、推理、自由裁量权、强制、道德、政治、对服从的期望、参与等基本变数或变项与法的不同对应关系的基础上建立的理论模型;[6]对正式组织的三种类型的研究也同样运用这种研究方法,它是在对比了组织的目的、权威、规则、决策和职业等基

[1] [美]诺内特、塞尔兹尼克:《转变中的法律与社会》,张志铭译,中国政法大学出版社1994年版,第20页。

[2] [美]诺内特、塞尔兹尼克:《转变中的法律与社会》,张志铭译,中国政法大学出版社1994年版,第21页。

[3] [美]诺内特、塞尔兹尼克:《转变中的法律与社会》,张志铭译,中国政法大学出版社1994年版,第10页。

[4] [美]诺内特、塞尔兹尼克:《转变中的法律与社会》,张志铭译,中国政法大学出版社1994年版,第10页。

[5] [美]诺内特、塞尔兹尼克:《转变中的法律与社会》,张志铭译,中国政法大学出版社1994年版,第10页。

[6] 参见[美]诺内特、塞尔兹尼克:《转变中的法律与社会》,张志铭译,中国政法大学出版社1994年版,第11页。

本变数或变项与社会组织的关系的基础上提出的与法的理论模型相适应的理论模型。

其实，作者的这两种理论模型在韦伯的理论中也可以找到其脉络。韦伯认为，社会的全面科层制化，极大地提高了人类社会活动的效率，但人类社会也为此付出了惨重的代价：世界正变得呆滞、单调，使人们不再着迷，被束缚在他们自己所建造的"铁笼"之中。科层制难以克服形式合理性和实质非理性的内在矛盾。这就需要家长制或人治的管理方式加以弥补其不足。同样，韦伯将法律分为形式非理性化、实体非理性化、实体理性化、形式理性化四类。其中前三种存在于家长制社会中，只有最后一种存在于现代社会中，两相对比，后者比前者是一个巨大的进步，但它仍难以克服形式正义与实质正义的内在矛盾。矛盾是推动事物向前发展的根本动力，这些矛盾的存在为塞尔兹尼克和诺内特提出后科层制和回应型法的理论提供了契机。后来他们的理论模型就是在综合了韦伯理论中家长制与科层制、实体理性化法律与形式理性化法律各自优点的基础上提出的。〔1〕

压制型法是作为压制型权力的法。与压制型法相适应的是前科层制，其目的是单一的，混淆了私人利益和公共责任；其权威类型属传统的、松散的权力，即权力的克里斯玛效应；其规则是无系统的；决策制定的类型是特别的，服从于个人统治的恣意和下属的无控制行为；其职业是不稳定的、非专业的，官职可供出卖或作为兼职卖给精英。〔2〕 总之，前科层制的权力是不受控制的，坚持"主权豁免"，保护权威不受挑战和批判，主权者和执法者有正当的、广泛领域的自由裁量权，反对严格规则的原则。〔3〕这样就造成压制型法的两个明显而重要特征："法律与政治紧密结合"，

---

〔1〕 诺内特、塞尔兹尼克认为，与前科层制、科层制和后科层制相对应，法律也经历了压制型法和自治型法，最后向回应型法发展。

〔2〕 参见[美]诺内特、塞尔兹尼克：《转变中的法律与社会》，张志铭译，中国政法大学出版社1994年版，第25页。

〔3〕 参见[美]诺内特、塞尔兹尼克：《转变中的法律与社会》，张志铭译，中国政法大学出版社1994年版，第43～47页。

“官方的自由裁量权蔓延”。[1] 其结果是压制型法虽然为设置秩序提供了便利的工具,但是它在求得以认同为基础的稳定方面,还远远不能胜任。因此,这一发展阶段既初始又不安定。自治型法的出现就是为了救治这种无能,[2]与此相伴随的是前科层制要为科层制所取代。

自治型法是能够使压制变得温和并保持其自身统一性的相对独立的制度,它创造了“一种法律的统治而非人的统治”。[3] 与自治型法相适应的是科层制,其目的是明晰的、固定的、公共的,由指定的管辖权加以识别;其权威的类型具有按等级细分其权能范围,通过渠道沟通和形式合理性的特征;其规则是进行了系统编纂的行为的蓝图,关注焦点是行政规则性;其决策制定是系统的、常规化的,其责任是有限的,并假设稳定的社会领域由易于分类的要素组成并服从于规则;其职业是专业的,官员是专职的,并对组织负责,没有个人的选民,不建立个人关系,任人唯贤,着重资历和任期。[4] 总之,科层制具有强烈的形式主义、法条主义的特征,它强调的重点是建立种种屏障和隔离物,以便杜绝前科层制中亲属关系的特有影响或个人影响,使行政与政治隔离,提倡严格规则原则,压缩行政自由裁量权。同时,法条主义也是自治型法的苦恼所在,对规则的关注有助于缩小法律上相关事实的范围,从而使法律思维与社会现实分离。这种普遍形式主义不利于对目的、需要和结果的注重,减弱了目的意识,最后造成形式合理性和实质合理性的紧张以致相互冲突的关系。[5] 这就为

---

〔1〕 [美]诺内特、塞尔兹尼克:《转变中的法律与社会》,张志铭译,中国政法大学出版社1994年版,第57页。

〔2〕 参见[美]诺内特、塞尔兹尼克:《转变中的法律与社会》,张志铭译,中国政法大学出版社1994年版,第58页。

〔3〕 [美]诺内特、塞尔兹尼克:《转变中的法律与社会》,张志铭译,中国政法大学出版社1994年版,第59页。

〔4〕 参见[美]诺内特、塞尔兹尼克:《转变中的法律与社会》,张志铭译,中国政法大学出版社1994年版,第25页。

〔5〕 参见[美]诺内特、塞尔兹尼克:《转变中的法律与社会》,张志铭译,中国政法大学出版社1994年版,第71~72页。

一种以目的处于支配地位的法即回应型法的出现开辟了道路，与此同时，一种摒弃了前科层制和科层制的各自缺陷而综合它们两者优点的新的组织管理方式即后科层制的出现就成为必然。回应型法是一种社会变革的法律模式，又是一种法制变革的政策模式，它赋予国家制度以自我修正的精神。因此，“制度变化的源泉得以从法律秩序之内开掘出来”，〔1〕而且只有这样，“才能在使法的变革较容易进行的同时维持法的连续性”。〔2〕

回应型法是一种回应社会各种需要和要求的法。与此相适应的后科层制，其目的是任务指向的、灵活的；其权威具有由工作组和特别工作组织参与，上下级是开放性沟通，权威扩散和实质合理性的特点；其规则从属于目的，避免对规则划定界线；其决策类型具有参与性，以问题为中心，广泛地委托代表，假定社会需要和机会是不断变动的；其职业特点是任职的多样性和短暂性，通过转订契约就职，专家有自治的专业基地。〔3〕总之，回应型法和后科层制是在克服自治型法和科层制的僵化即严格规则、原则和吸收了压制型法和前科层制优点的基础上产生的，它在合理的目的下重新扩大了官员的自由裁量权。〔4〕

---

〔1〕［美］诺内特、塞尔兹尼克：《转变中的法律与社会》，张志铭译，中国政法大学出版社1994年版，前言第7页。

〔2〕［美］诺内特、塞尔兹尼克：《转变中的法律与社会》，张志铭译，中国政法大学出版社1994年版，前言第7页。

〔3〕参见［美］诺内特、塞尔兹尼克：《转变中的法律与社会》，张志铭译，中国政法大学出版社1994年版，第25页。

〔4〕参见［美］诺内特、塞尔兹尼克：《转变中的法律与社会》，张志铭译，中国政法大学出版社1994年版，第109～112页。

第九章　社会组织与法律运行

社会组织的种类、规模、结构、管理方式、内容和性质对法的形成和发展有影响，而且法律的制定与运作即司法也受到社会组织的组织化程度即“组织性”的影响。所谓组织性，是指社会生活的组合方面，是采取集体行为的能力。它包括两个方面：组织性的量和方向。这两个方面都对法律的制定与运作产生了影响。以下将分而论之。

一、组织化程度与法律运行〔1〕

组织性的量是指组织性随时空不同而变化，是一个变量。首先，任何群体内都具有组织性，无论是一对运动选手还是一个俱乐部、家庭或国家。而且，每个群体之间的组织性还是有差异的，有些群体比其他群体更富有组织性，即使是同类群体也是如此，如军队之间、宗教组织之间等。群体组织性的量的测量标准包括行政官员的出现和数量、决策的集中性和连续性，以及采取集体行动的数量。其次，个人也存在组织性的差异。最后，群体与个人之间存在组织性的差

〔1〕 参见［美］布莱克：《法律的运作行为》，唐越、苏力译，中国政法大学出版社1994年版，第5章。

异,任何群体比一个自由人更有组织性。

法律的变化与组织性成正比,即随着一个社会的组织性的增加,法律的量也会相应地增加;反之,法律的量就会减少。这种变化在战争和社会公共工程等活动进行前后表现得尤为突出。例如,在古罗马,法律随着帝国的扩张而延伸到国内外,甚至进入罗马人传统的权力管辖范围。同样,在成吉思汗征服欧洲建立蒙古帝国的过程中,成吉思汗编纂了法典;6个世纪以后,拿破仑做了同样的事情,随着他对欧洲的征服,拿破仑法典被带到了整个欧洲。法律既然随着战争的来临而来临,也会随之而去。例如,在北美平原的印第安人中,军事组织是临时的,法律也是临时的;战争来临时产生了首领,但战争结束而和平一来,其权威也继而消失。总之,法律的量尤其是立法的量随战争而变化,因为战争暗示着组织性的增减。

法律的量也随社会公共工程的进行而增加。这是因为随着社会公共工程的开展,大量的劳动力必须相互合作,遵守纪律和服从集中领导,最终使其组织性增强。例如,历史上许多社会的组织性都曾因农业灌溉和治理洪水而增加就是如此。而且,法律的量还随组织有节奏的变化而变化。当社会组织从事集体活动时,组织性增强,法律的量也会增加;而在平时即不从事集体活动时,法律的量就会减少甚至消失。例如,在巴西北部的阿皮奈耶印第安人中,只有在农作物生长季节才有警察,他们管理庄稼的耕种、护理和收割,宣布庄稼的成熟。任何人在此之前收割,都会受到惩罚。

法律的量与组织性成正比地变化还表现在司法上。首先,从诉讼看,组织和群体比个人热衷于诉讼,而且组织性越高明,诉讼性越强。由此而来,个人的诉讼性的变化与个人的成员资格和所属组织成正比,即个人的组织性越强,所属组织越多,法律的量越多,越好诉。其次,从胜诉率看,组织对个人提起的诉讼获胜的可能性大于个人对个人的诉讼。在组织之间的诉讼,败诉方失去的越多,败诉方上诉的可能性越大,翻案的可能性越大。事实上,现代社会中许多组织的法律事务非常多,长年雇佣律师,有关组织的法律尤其是公司法,数量就越多。按组织在人口中的比例计算,有关组织的法律超过了组织所占比例。

二、组织化方向与法律运行

组织性的方向是指人们在组织地位方面的差别,即它可以从组织性高的地位出发指向组织性低的方向,也可以从组织性低的地位指向组织性高的方向。与此相联系,法律也会有组织性的方向问题。法律可以从高组织性指向低组织性,或者从低组织性指向高组织性。法律的方向与不轨行为的方向相反。例如,当一个群体伤害一个人自身时,法律的方向是从低组织性指向高组织性;而当群体指控个人时,法律的方向则是从高组织性指向低组织性。这种组织性的方向的差异也影响到法律的量的差别。它们两者的关系是:指向低组织性的法律多于指向高组织性的法律,即当其他因素不变时,一个商业或其他组织向警察指控个人的可能性要大于反方向指控的可能性,指控后,逮捕、起诉、定罪和判以重刑的可能性也更大。与此相似,群体起诉的可能性大于个人起诉群体的可能性,而且获胜的可能性也更大。例如,在现代美国,从高组织性指向低组织性的法律在绝对数量上要多于反方向的法律:民事诉讼中而2/3的被告是个人。在小型诉讼案件中,也是组织诉个人多于个人诉组织。如果组织诉个人败诉,它更可能上诉;如果上诉,胜诉的可能也更大。

此外,也可以将组织性的差异理解为组织性的距离。在组织性的方向一定的条件下,这种组织性的距离也可能影响到法律的量的变化:当指向低组织性时,法律的变化与组织性距离成正比;当指向高组织性时,法律的变化与组织性距离成反比。由于群体更有可能诉个人而不是相反,因此群体提起诉讼的可能性随其组织性增强而增加。相反,个人对群体提起诉讼的可能性随群体的组织性增强而减少。因此,当其他因素包括受害者和违法者的组织性不变时,法律的变化与违法者的组织性成反比,与受害者的组织性成正比。

三、中国法院的组织结构与司法审判

由于中国法院中的审判系统表现出来的是一种由等级结构因素与同等结构因素混合而形成的“棱镜型组织”结构,因此这两种组织结构因素必然会对进入这个组织结构的人的行为产生影响,进而对审判甚至整个法律产生深刻而重大的影响。当然,这里的人,不仅包括长期工作、生活在这种组织结构中的法律人,如法官、经常与法院打交道的律师等,还包括偶尔或临时进入这个组织结构中的各种法律人或社会人,如当事人及与当事人有关的证人、亲戚、邻居和朋友等。

(一)正式制度安排的审判系统的同等结构的影响

如上所述,在审判系统的同等结构中,组织沟通必然是一种横向的沟通,组织的互动必然是一种协作型的互动。

首先,这种横向沟通和协作型互动表现在"审"上,就是为审理案件而组成的合议庭及其成员法官与当事人及其各自的代理人、律师、证人等之间。这是一种同等结构,嵌入这种组织结构中的人及其行为必然是一种水平指向的。因此,决定案件胜负的关键在于争议双方与合议庭及其成员法官在审判过程中的横向的法律沟通及互动的密度、频度、强度、深度;在主要用证据说话的审判规则作用下,在某种意义上其就是决定于争议双方的证据量的多少和证据力的大小。因此,在这种利益驱动机制的作用下,争议双方会调动一切力量去搜集有利于自己的证据,提供有利于自己的、质量最高的信息量。我们所追求的审判活动中的集中性、直接性和言辞性以及对抗式的诉讼模式,以及使所有与案件有关的证据展示和审判过程是一个公正客观化的过程,审判的公开性等目标,在这种审判组织结构中几乎都可以看到。这不只是争议双方愿意做的事情,也是合议庭及其成员乐于做的事情,更是法律所希望看到的情形。因此,在这种组织结构中,所有人的行为基本上与法律所设定的行为模式一致。

其次,这种横向沟通和协作型互动还表现在事实与法律的"判"上。由于提供的信息量、信息密度、频度、强度、深度的增大、增强,相对集中,因此在既要追求公正又要追求效率的约束下,法官在"判"上独享审判权的难度相应地增大。这必然会导致法院内部在"判"上出现分工与协作。这种分工与协作最典型的就是陪审团的引入,其专门承担事实方面的"判",而法律方面的"判"由法官专门承担。另外,它还会导致初审法院与上诉法院之间,在事实"审"和法律"审"上的一种相对分工。在组成合议庭的法官之间,由于是一种横向沟通和协作型互动,法官各自的意见会得到自由而充分的表达,对案件的事实和法律看法也会得到应有的尊重;即使是少数派的意见,也是如此。同时,为了争夺对案件判决的主导权和法律成就感的需要,法官之间也会进行细致、深入的争论,以便影响、说服或者反驳自己的同行。因此,在这种组织结构中,能够充分发挥合议庭的集体智慧,事实问题和法律问题越争越明,尽可能避免对案件的误判,有利于共识的形成和判决的客观、公正、公开。

再次,信息量增大和相对集中,"审"与"判"合二为一的可能性更大。由于信息量大和相对集中,只有参与了"审"的法官才有发言权,才能作出适当的"判";而没有参与"审"的法官,无法干预,也不便于干预;至少为"审"与"判"的分离设置了一些技术上的客观的困难。

另外,这种横向沟通和协作型互动还集中而突出地表现在这种判决活动的书面呈现即法官对判决书的写作上。在一定意义上,判决书是对整个案件审判过程的书面呈现,客观上与整个案件的实际审判过程具有紧密的联系,也受法官的主观愿望的影响。在审理阶段,由于当事人对抗得激烈,进行了深入的争论,各自的代理人特别是律师也从法律上进行了细致、全面和极可能深入的论证,在事实和法律方面提供了大量的信息;在判决阶段,法官之间、法官与陪审团之间,由于进行了全面、细致而深入的争论,因此法官不仅愿意写好判决书,为写好判决书夯实了基础,也能够写好判决书,以便增强其不论是对当事人及其代理人,特别是律师,还是对持有少数派意见法官甚至其他社会大众的说服力。因此,法官在有关法律的分析与适用上会进行细致而深入的阐释。

最后,还必须谈谈嵌入这种组织结构的法律人及其相关的社会人甚至整个社会人对整体法律的看法和影响。对于嵌入这种组织结构的法律人来说,案件从审到判都是一种客观化地展示证据与根据证据和相应法律作出判决的过程,在横向沟通和协作型互动的审判过程中,法官体认到了法律的作用,感受到了自己工作的神圣和意义,从而也会激发他们强烈地提高自己法律素质的要求;律师也有类似的感受和愿望;而当事人从中也会感到法官和法律的公正,为自愿履行判决夯实了基础,也相应地提高了司法的效率。同时,他们还会油然升起一种对法律的敬意,自然而然产生一种对法律的信仰。当这些嵌入这种组织结构的法律人,将这种对法律的感受和看法向他们周围的人不断地传播时,也会引导这些社会人逐渐形成一种对法律的情感,感受到法律、司法确实是一种社会正义之源。因此,在这种审判结构中的审判具有更大的社会包容性和整合性,同时也就具有了一种社会扩张性,相应地提高了司法和法律的公正性、公开性;尽管由于保证审判的公正性而相对延长了审判的时间,有可能降低了审判的效率,但其公正性使整个司法系统和法律体系甚至整个社会的效率得到了大大的提高。

(二)非正式制度形成的审判系统的同等结构的影响

如上所述,在等级结构组织中,组织沟通是一种纵向沟通,包括自上而下的纵向沟通和自下而上的纵向沟通两种,组织互动也是一种服从型互动。

首先,这种纵向沟通和服从型互动表现在"审"上。例如,在为审理案件而组成的合议庭及其成员法官与当事人及其各自的代理人、证人等之间,尽管有正式制度安排的同等结构而带来的横向沟通和协作型互动的因素,但由于等级结构因素而带来的纵向沟通和服从型互动的因素的进入,他们的行为指向更可能是垂直性和非对等性,而不是水平性和对等性的;往往是审理的法官处于主导地位,而当事人及其代理人和其他参与人处于一种被主导甚至被支配的地位。此外必将大大减弱当事人及其代理人对证据等信息的关注,也会大大减弱法官对来自横向渠道(如当事人那里)所获得的证据等信息的关注,反而会更加关注来自纵向渠道所发出的信息,特别是那种自上而下的信息(如上级的指示、暗示),从而降低他们之间横向的信息交流的量、频度、强度和深度,减弱了证据和法律对案件处理结果的影响。在这种组织结构中,法官的审理必然是纠问式的、职权主义的,而不可能出现像判例法系那样对抗式的和当事人主义的,也不可能完全而充分地公开。

其次,这种纵向沟通和服从型互动,更重要的是还表现在“判”上。如果说同等结构的“判”主要在审理案件的法官身上,那么,在以等级结构为主、同等结构为辅的组织结构中,案件的判决,除了由审理案件的法官决定,更主要的是在由等级结构所决定的纵向沟通和服从型互动过程中形成和完成的,即通过一种自下而上的层层汇报和自上而下的层层审批的多重博弈来形成和完成,案件的判决权最终由等级结构中不同等级的法官来分享;而且往往是处于等级结构中较高等级的法官比较低等级的法官有更大的影响力和决定权。例如,我国法院中的带“长”的法官的影响力往往大于不带“长”的法官,案件判决权的大小往往与行政职务的高低呈正相关,因此就出现了一种被学者研究发现的法院内部的行政管理,即外部等级结构,混进了法院的审判系统中,并将这种正式制度所安排的同等结构植入一种非正式制度安排的等级结构中,从而使法院的审判系统表现出一种以等级结构为主、同等结构为辅的组织结构。当事人及其代理人,特别是经常与法院打交道的律师,看到这种情形后,在利益驱动下,对法官的关注胜于对案件事实及其作为支撑的证据的关注,对处于等级结构中较高等级法官的关注胜于对较低等级法官的关注。

再次,这种纵向沟通和服从型互动,还表现在“审”与“判”的分离上。在同等结构中,信息交流的量、频度、强度和深度较大,使“审”与“判”的分离存在一种技术的困难,但由于等级结构的加入,在“审”上,信息交流的量、频度、强度和深度远远低于同等结构,其为“审”与“判”的分离提供了技术上的方便和更大的可能性;再加上等级结构的巨大影响,“审”与“判”更可能会出现一种相对分离的状态。

另外,这种纵向沟通和服从型互动,还集中而突出地表现在这种判决活动的书面表现即法官判决书的写作上。客观上,在审理阶段,纵向沟通和服从型互动的过程中当事人及其代理人,特别是律师发表的意见的积极性受到了抑制;在审判阶段,较低等级的法官的意见更容易受到抑制,主审法官的意见更容易得到其他非主审法官的“协调性认可”和附和。[1]因此，事实问题和法律问题不可能得到像同等结构中那样进行充分的争论和深入的探讨，为法官最后写作判决书增加了客观的困难。[2]更重要的是，在主观上，法官更有可能会尽量写得简短和模糊些，而不愿意将判决书写得长一些、细致些、充分些。这是因为在等级结构中，一方面，“审”与“判”发生了一定程度的分离；另一方面，判决权不仅有可能在法院内部不同等级的法官之间分享，而且有可能在法院外部更大的社会人文空间中受到更高等级的行政官员和上级法院的法官的影响，而这些正是正式法律制度所不允许的，甚至是严重的违法。[3]

最后，还必须谈谈嵌入这种组织结构的法律人及其相关的社会人甚至整个社会人对整体法律的看法和影响。对于嵌入这种组织结构的法律人来说，法官群体认识到了权力大于法律，行政权威高于法律权威，传统型权威大于法理型权威；身处于其中的律师与法官感同身受，有类似的看法和体会；当事人对此也会有切身的感受；他们也会自觉或不自觉地将这种感受传递给社会上的社会人。在这种结构中，法官和律师不会像同等结构中那样，更加注意自己法律素养的提高，相反会去进行各种各样的社会关系的建立，积累自己的“社会资本”，以备后用。而当事人和其他社会人看见这种情形后，会更加远离法律，藐视法律，失去对法律的最基本的信任。正如培根所说：“一次不公的（司法）判断比多次不平的举动为祸尤烈。因为这些不平的举动不过弄脏了水流，而不公的判断则把水源败坏了。”

[1] 参见苏力：《送法下乡：中国基层司法制度研究》，中国政法大学出版社2000年版，第80～81页。

[2] 参见苏力：《道路通向城市：转型中国的法治》，法律出版社2004年版，第208页。

[3] 参见苏力：《道路通向城市：转型中国的法治》，法律出版社2004年版，第200页注释10、第215页。

第三分编　微观法社会学

第十章　案件的社会结构与法*

一、从宏观法社会学到微观法社会学

整体而言，微观法社会学的个人主义进路也存在一些共同的缺陷。例如，它过分强调实用色彩，过分顾及法律知识的一致性和法律实践的需要，其理论色彩不浓或者说相对于宏观法社会学的整体主义进路而言理论水平不高，缺乏对现实的批评；它强调对司法实践进行纵向上的深度描述，使其视野和横向上的广度相对于宏观法社会学的整体主义进路而言较为狭窄；等等。当然，它已经认识到这些缺陷，目前有注意吸取宏观法社会学的整体主义进路长处的趋势。例如，在美国，微观法社会学的个人主义进路在近半个世纪的经验研究的基础上，也开始注重其理论的提

---

* 参见[美]唐纳德·布莱克、韩旭：《论诉讼社会学》，载《外国法译评》1998 年第 1 期；韩旭：《司法社会学导论》，载《外国法译评》1996 年第 2 期。

炼和上升,并逐渐发展出自己的宏观理论来配合其经验研究,以弥补自己理论上相对于宏观法社会学的整体主义进路而言的不足。例如,美国当代学者布莱克从人的行为出发,从社会宏观构成角度第一次系统地提出了“法的运作机制的理论结构”——分层、形态、文化、组织、社会控制等社会生活的五个方面对法律运行的影响,[1]并力图将这种从微观的角度建构起来的宏观的“法律运行”理论运用于微观的“法律运行”理论——“案例社会学”[2]——之中,使其理论既具有微观法社会学的个人主义进路注重实用的特色,又具有宏观法社会学的整体主义进路注重宏观理论建构的特征。

二、案件社会学研究概况

(一)现实主义法学的研究

法社会学的很多研究集中于一个长期以来让律师们颇为着迷的课题:判例。这里着重论述的将只是法社会学领域的一个部分——微观法社会学,它独具某些实践的和法理学上的特殊含义。案件社会学也许与宏观法社会学不同,后者更广泛地研究法律原则和制度。法社会学的古典时期——在研究法的效力问题之前——在很大程度上是宏观社会学方法,如梅因的《古代法》、杜尔克姆的《劳动分工》、韦伯的《论经济与社会中的法律》等,而且这种传统仍有许多继承者,尤其是在受到马克思影响的学者(如“法律的批判运动”的支持者)当中。早期的研究方法似乎还导致该领域中一种流行的观念:法律如何表达文化的价值和公众意见?它与经济利益有何联系?这类问题对于每一位研究法律的社会科学家来说似乎都是显而易见和重要的,而且确实如此,但只有案件社会学是一个全新的领域。

尽管作为一种研究和理论的自觉领域的案件社会学是最近的事,但

---

[1] See Black Donald, *The Behavior of Law*, New York: Academic Press, 1976.

[2] See Black Donald, *Sociological Justice*, New York: Oxford University Press, 1989 introduction.

它的起源却可以追溯到更早期的学术成果。这包括最引人注目的法律现实主义运动,这个运动始于19世纪和20世纪之交的美国法学家当中,并延续了几十年,如霍姆斯的《法律的道路》、庞德的《书本中的法和行动中的法》、弗兰克的《初审法院》等属于这个时期的作品。法律现实主义的中心思想是,法律原则——规则和原理——本身不足以准确地预测和解释案件是怎样判决的。典型的情况是,法官和陪审团按照他们个人的信仰和感情作出判决,只是事后才在成文法的条款中为其判决的正当性寻找理由。因此,法律现实主义有这样一句著名的谚语:与其说司法判决经常取决于先例,还不如说取决于法官早饭吃了什么(称为"法律的消化理论")。尽管法律现实主义者没有进行多少研究,但他们向司法判决的传统观念提出了挑战,并且迈出了第一步,现代社会学家们将追随其后。

(二)现代社会学家的研究

这方面研究的第二个进步是,已经逐渐积累了大量反映日常实际生活中如何审理案件的事实。对案件审理活动首次进行直接观察,是由一位人类学家格鲁克曼,他的研究范围不仅包括世界各地的原始部落和农业社会,还包括现代社会,尤其是美国。对现代美国社会的许多研究与刑事司法有关,包括警察工作、公诉人和律师之间的辩诉交易以及法庭的自由裁量权。民事和行政案件的审理也受到重视。研究的课题包括政府住房计划所涉及的居民和富裕的城郊居民寻求法律保护的条件,在小城市里人身伤害案件的处理,在大城市里杀人案的处理,城市居民和牛场场主如何向其邻居发泄不满,以及对顾客投诉超级市场的处理。在其他国家和地区,研究集中于不同种类的课题,如英国、荷兰、法国的警察工作,瑞典渔村和巴伐利亚、土耳其及黎巴嫩争议的解决,古巴的普通法庭,日本的刑事和民事审判。历史研究也迅速开展起来,如研究罗马的共和国时期、墨西哥的阿兹台克人、14世纪的威尼斯、16~17世纪的西班牙、清政府时期的中国、早期英格兰以及殖民地时期和独立后美国的法律生活。简言之,有关世界各国和各个时期案件审理方面的知识正日趋丰富。现在我们可以证实法律现实主义者们经常提到的那个观点:一般来讲,只靠法律原则不能恰如其分地预测和解释案件是如何处理的。

上述研究表明,从法律上看相同的案件——涉及同样的问题并为同样的证据所证实——经常受到不同的处理。人们也许找警察或律师,也许不找;如果找,一项检举或诉讼也许有结果,也许没有;一些被告败诉而另一些却胜诉;对一个案件的判决或民事补救措施与对另一个案件的不同,一些败诉的当事人上诉而另一些则没有等。换言之,法是可变的,它因案件而异、因情况而不同,它是相对的。

三、案件的法律结构与案件的社会结构

(一)案件的法律结构及其局限

所谓案件的法律结构,是指根据当时的法律规定所体现出的参与案件的所有人的法律特征。也就是说,参与案件的所有人的社会特征,如果没有相应的法律规定,就不会对案件的处理结果造成影响,即它不是案件的法律结构的构成因素;反之,它就会对案件的处理结果造成影响,就是案件的法律结构的构成因素之一。从另一个角度来看,并不是参与案件的所有人的所有社会特征都纳入了案件的法律结构的视野,只有当法律有相应的规定时,它才是案件的法律结构的构成因素之一。因此,案件的法律结构不可避免地存在其局限性:处理案件只考量法律认定的因素,而不是所有的影响案件处理结果的社会因素,具有封闭性;只是对法律认定的问题进行判决,而不是对所有涉及案件的问题进行处理,使法律的效果与社会的效果并不一致,有时甚至出现两者冲突的情形。

案件的法律结构在不同的诉讼中,有不同的表现。在民事诉讼中,是由原告方、被告方和法官的法律特征构成的;在刑事诉讼中,是由控告方、被告方和法官的法律特征构成的;在行政诉讼中,是由原告方、被告方(行政机关)和法官的法律特征构成的。

(二)案件的社会结构及其意义

除法律特征——法律原则如何应用于事实——之外,每个案件还有其社会特征:谁控告谁?谁处理这个案件?还有谁卷入了这个案件?每个案件至少有两方当事人(一是原告或受害人,二是被告),可能还包括一

方或双方的支持者(如律师和友好的证人),以及一个第三方(如法官或陪审团)。每个人处于何种社会地位?他们的社会差别有多大?双方的律师有哪些社会特征?他们彼此认识吗?如果认识,关系亲密吗?法官代表国家还是地方政府?法官的种族、文化传统、社会背景和经济地位如何?判案前法官是否认识当事人?谁是陪审员?所有这些参与案件的人的社会特征构成了案件的社会结构。每个案件都有这样一个复杂的社会地位和社会关系的结构,大量研究表明,这种结构对于理解同类案件在法律适用上的差别至关重要,即案件的社会结构可以预示并解释该案的处理结果。与案件的法律结构相比,案件的社会结构具有开放性,它除考虑案件的法律因素外,还把影响案件的其他社会因素纳入其结构内。因此,案件的处理更符合客观实际,具有科学性,因为它要处理的不只是法律问题,还包括其他非法律问题,并把这些问题作为一个整体来进行解决,取得的社会效果更佳。

(三)案件的法律结构与案件的社会结构之区别

美国布莱克教授认为,传统概念法学和新兴的法社会学研究法律现象的区别归结于两种模式:法的社会学模式和法学模式。将这两种研究法律现象的模式应用于案件研究上,就表现为案件的法律结构模式与案件的社会结构模式。它们的区别具体表现在以下6个方面(可归纳如表10-1所示):

表10-1　案件的法律结构与案件的社会结构之区别(法律的两种模式)

种类	焦点	过程	范围	视角	意图	目标
法律结构	法律条文	逻辑	普适的	参与者	实践	做出决定
社会结构	社会结构	行为	可变的	观察者	科学	提供解释

资料来源:[美]唐·布莱克:《社会学视野中的司法:中英文对照》,郭星华等译,法律出版社2002年版,第17页。

1. 焦点。案件的法律结构模式中,焦点集中在案件的法律特征上,参与者对案件的影响最终是由法律规定决定的，对一项判决的解释通常有赖于预估既定事实的一条或多条规则。相比之下，案件的社会结构模式的焦点集中在案件参与人的社会特征上，即谁卷入了案件、是一些什么样的人，它解释了案件将如何处理。规则提供法律语言，而案件的社会结构模式提供了表达这种语言的文法。在案件的法律结构模式中，案件参与人的社会特征与判决完全无关(除非他在规则中被提到)，每个案件都被放在社会真空中加以分析。如果当事人的社会特征影响了案件的处理，则这是不适当的和违法的(除非规则本身提及这些特征)。

2. 过程。案件的法律结构模式把法看作一个逻辑过程，每起案件的事实都是根据适用的规则确认的，逻辑决定判决结果。案件的社会结构模式认为法不是逻辑推理的结果，而是人们的实际行为，仅此而已。

3. 范围。案件的法律结构模式假设在所有的案件中法是不变的，法是成文的、普遍的。它以相同的方式适用于所有案件，相同的情节导致相同的判决。案件的社会结构模式假定法是可变的，它在各个案件中因当事人的社会特征不同而改变。所有不变和普遍的是那些预测和解释判决的原则，而这些原则是社会学的。

4. 视角。案件的法律结构模式从参与者的角度出发，律师和法官依据规则在逻辑上就如何适用于案件事实来建构或推导判决，认为案件的社会结构、案件当事人的社会特征与判决无关。案件的社会结构模式是从观察者的角度出发，它注重当事人的社会特征，而忽略律师和法官强调的东西。但并非认为规则完全无关紧要，只是认为社会特征才是法的核心，在处理案件时非常重要。

5. 意图。案件的法律结构模式是实践的，与案件应当如何处理有关。案件的社会结构模式是科学的，与案件实际上如何处理有关。

6. 目标。案件的法律结构模式用于作出判决，案件的社会结构模式用于作出解释。

四、影响案件处理结果的社会结构性因素

影响案件处理结果的社会结构性因素包括参与案件审理的双方当事

人、作为当事人支持者的代表的双方的律师,以及参与案件审理的第三方(如法官)。他们各自对案件审理的影响如图 10－1 所示:

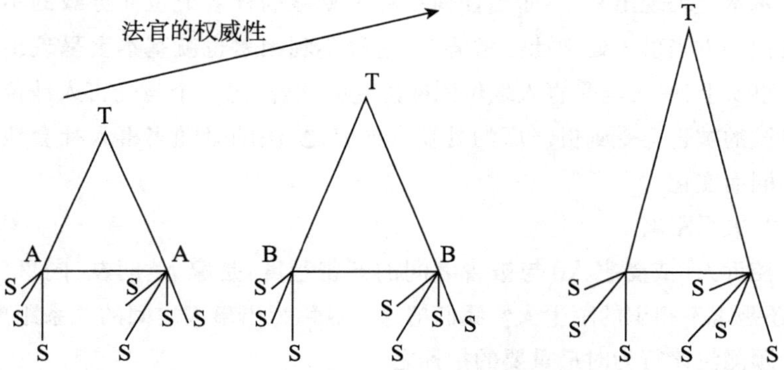

注:T 代表第三方(权威性),A、B 代表双方当事人,S 代表支持者,边的长度代表关系距离的大小。

图 10－1　案件的社会结构与法(第三方权威性)之间的关系

(一)当事人的影响

1. 社会地位

谁控告谁?控诉行为本身的社会结构可能是预测案件如何处理的重要的因素。例如,当事人处于何种社会地位?衡量社会地位的标准很多,如财产、文化程度、受人尊敬的程度、与社会相容的程度以及习俗。尽管每一种社会地位都是影响法律行为的一个因素,但为了研究的需要,我们可以把它们当作一个整体来看待。从这种一般意义上讲,人们长期以来普遍认为社会地位是导致法律生活差别的一个原因——这种差别通常被称为歧视——尽管其他观察家对这一点持有不同意见。例如,一些人指出,在美国法庭上,如果被告是穷人和黑人,则会比富人和白人受到更严厉的处罚,而另一些人则坚持认为实际情况并非如此。但是,法社会学认为,这两种流行观点都是错误的。

从许多社会和历史时期中获得的大量证据表明,仅从被告的社会地位本身我们很少甚至根本无法知道案件将被如何处理。我们必须同时了解各方当事人同他人的社会地位关系。当任何一种因优越的社会地位而产生的有利因素使一方当事人占有压倒对方的社会优势时,这种有利因素就基本上表现出来了,而当任何一种因卑微的社会地位而导致的不利因素使一方当事人处于社会劣势时,这种不利因素也就基本上呈现出来了。事实上,一个与受害人地位同样优越的被告,比一个与受害人地位同样卑微的被告会受到更严厉的处罚。换言之,法的量随当事人社会地位的不同而变化。

2. 关系距离

控诉人(或受害人)与被告之间的亲密程度:是家人、朋友、同事、邻居,还是素不相识的陌生人?我们把这一点称为当事人之间的关系距离。它是预测法律行为时最重要的指标之一。

人们的关系越亲密,法律越少介入他们的生活。同样的纠纷如果发生在诸如亲戚或老朋友之间,比发生在偶然相识的人或陌生人之间,较少诉诸法律。例如,从法律上讲,在诸如用棍棒殴打之类的"攻击事件"中,如果受害人与攻击者关系亲密,则很少报警。即使报了警,警察也较少将之作为刑事案件处理或逮捕被告。即使逮捕了被告,检察官也较少正式起诉;即使向法庭起诉,也较少作出有罪判决和判处监禁。认罪——法律的自我适用——遵循同样的规则:侵害其亲密朋友的人较少同当局合作和认罪。关系亲密的人们倾向于避免使用法律手段。作为例外,打算离婚的夫妇经常诉诸法律,但这个例外也只发生在夫妻关系是经政府确认而未经政府批准不得解除的情况下。在没有国家参与的场合,人们简单地解除婚姻关系,而不必诉诸法律,这种情况在很多部落社会和现代社会中那些未婚同居的人当中均可见到。

关系距离原理适用于杀人、强奸、盗窃和其他刑事案件的处理。例如,在20世纪70年代的美国,那些被控杀害陌生人的人与被控杀害亲戚、朋友或熟人的人相比,更有可能被判死刑。这个原理也适用于民事案件:有长期商务联系的人即使违约,人们也较少起诉,在朋友或邻居之间,与在陌生人之间相比,较少因过失侵权而起诉。在一家人之间提起违约或过失侵权诉讼几乎是不可想象的,而且在一些案件中从法律上讲也是不可能的。这种模式在各个社会和各个历史时期反复出现。如果我们知道其他情节都相同的两个案件当事人之间的关系距离,我们就能够预测其中哪个案件可能招致更多的法(正式的控诉、检察官或原告胜诉、对被告处以更严厉的处罚等)。我们虽然无法确切地预料案件的处理结果,但我们的预测能力大大提高了。总之,法的量与关系距离成正比。

3. 其他因素

影响法律变化的社会因素绝非只有当事人的社会地位和他们之间的亲密程度,相关的因素还有当事人之间的文化距离、相互依赖的程度、他们是个人还是社会组织、替代法律的其他社会控制手段的可利用程度以及其他变量。

但在这里我们应当注意,只有在当事人的社会特征为人所知时,这些特征对预测案件的处理结果才有意义。例如,申诉人和被告的社会地位只有在法官或陪审团了解的情况下,才会在法庭上影响案件的处理结果。因此,有关当事人信息的数量本身就成为一个重要因素:这种信息越多,案件在处理结果上的差异可能就越大。

(二)律师的影响

案件的社会结构的决定因素,不仅限于谁控告谁,而且包括谁支持谁和由谁作为第三方出面解决争议。支持者们,诸如律师、证人以及利害关系人公开维护一方当事人,与当事人的情况一样,他们的社会特征对案件有同样的影响。不过,其影响大小取决于每一类支持者参与案件的程度。例如,由于律师在诉讼程序中作用较大,他们的社会特征较之证人对案件的影响就更大一些。但是,当我们估算每一方当事人胜诉的机会时,必须对所有支持者的社会特征通盘加以考虑。为此,我们来考察一下律师对案件的影响。

1. 社会地位

和当事人一样,律师的社会地位也可能或高或低。其中一些更富有,更符合传统观念或者与社会更相容,更受人尊敬,等等。这些特征对法律的影响又取决于当事人的社会特征。尽管对于任何一个卷入案件的人来讲,由律师出庭陈情都会增加胜诉的机会,但社会地位较低的人与社会地位较高的人相比,相应地受益会少一些,因为后者本身具有优势。

2. 关系距离

律师还会改变案件的社会关系结构。他们的作用取决于谁是当事人——他们之间的亲密程度——以及律师相互间的关系。即使双方当事人完全陌生,但他们的律师可能已经在以前的案件或在其他场合中相识。即使双方律师最初并不相识,但在案件的处理过程中,仅仅通过相互交换案件的有关情况,就足以使他们不可避免地逐渐亲密起来。而且仅仅因为他们都是律师,他们之间就会产生一种共鸣。一般来说,当冲突爆发时,律师们倾向于缩小陌生人及其他彼此相异的人们之间的社会差距。这样一来就减弱了彼此间存在社会差距的人们最大限度地诉诸法律的趋势,从而增加了协商解决的可能性。

然而,在当事人关系亲密的情况下,律师的作用可能正好相反。律师的介入,在家庭成员之间(如夫妻之间)、同一社会组织的成员之间(如同事之间),或者在具有长期合作关系的商业伙伴之间(如供应商与长期客户之间),往往扩大了双方的社会差距,这本身就增加了诉讼的可能性。律师的干预,还可能从根本上破坏了当事人基于相互间的亲密关系解决冲突,而不诉诸法律的可能性。例如,一旦有律师介入,丈夫或者妻子就可能丧失了感化对方的机会,管理人员失去影响其下属的能力,这也就增加了诉讼的可能性。律师甚至可能使关系亲密的当事人之间的冲突逐步升级。简言之,律师在许多案件中减少了诉讼的可能性,而在另一些案件中其作用则正好相反。

(三)第三方的影响

尽管社会学研究更多地集中于双方当事人,而不是第三方(或支持者),但是由谁来处理案件也同样影响着案件的处理结果。诸如法官和陪审员等第三方的行为随其权威而变化。有权威的法官和陪审员更可能判决某一方当事人胜诉,而不愿搞折中,使每一方都互有胜负。他们更加墨守法规——更可能不计后果地适用法律条文——而且更具有惩罚性和强制性。

1.社会地位

权威性的高低随第三方的社会特征而变化。例如,有人认为,第三方的权威性与其社会地位的相对高低成正比。第三方的社会地位较之当事人及其支持者越高,他的行为可能就越具有权威性。

陪审员的社会地位经常低于法官,而更接近于被告,所以他们的权威性似乎略逊于法官。事实上,陪审团倾向于避免作出某一方完全胜诉或败诉的判决,而支持折中方案,而且较少墨守法条。因此,许多律师认为他们是“不可捉摸的”和“不称职的”。他们比法官还宽容,而陪审员当中地位较低者较之地位较高者更缺少权威性。

社会地位较高的陪审员不仅具有更大的权威性,而且在陪审团辩论时积极发言,对辩论具有相称的影响力。这意味着如果陪审团的决定未受其中社会地位较高的陪审员的左右,会因此而更缺乏权威性。但是,不要忘记,权威性并非绝对源于社会地位,同时还取决于第三方的社会地位与当事人的社会地位的相对关系。

2.关系距离

第三方的行为还随其社会关系结构的改变而不同,由于亲密关系可以滋生对某一方的偏见,因此案件的每一方通常都会因与第三方有亲戚关系或其他亲密关系而受益。但这种情况很少发生。无论如何,只要有这种亲密关系,法官、陪审员以及其他充当第三方的人通常都会自行回避;如果他们不回避,另一方当事人通常会提出异议。因此,第三方倾向于在双方当事人之间保持同等的亲密程度。但这种回避制度只适用于关系极为亲密的场合,比如是一家人、朋友或者有商业和职业上的联系。双方当事人其他形式的不平等是很常见的,如一方当事人是外地人而另一方是本地人,或者一方的律师与法官很熟而另一方则不熟。

与法官和陪审员不同,办案的警官如与某一方当事人关系密切,并不会招致另一方的异议。因此,警察工作表明,当第三方与当事人之间的社会差距被随意滥用时会发生什么。例如,当一个公民控告一个警官有罪时,通常会发现,其他警官从一开始就站在他们这位同事这一边,甚至难得有人装出公正无私的样子。

不过,大多数第三方保持了双方当事人等距离的社会关系。第三方通常是站在亲密程度的等腰三角形顶点。这个三角形的面积预示案件将如何处理:第三方的权威性与第三方和当事人的关系距离成正比。第三方与当事人的关系越疏远——表示亲密程度的三角形顶点就越高——案件处理结果的权威性可能就越大。由于这个原因,在各个社会中,情节相同的案件会随着第三方和当事人之间社会差距的大小而得到不同的结果。例如,在原始部落社会中,因充当第三方的人与每个人都相识,其判决的权威性远远低于现代社会,因为在现代社会中第三方与当事人通常完全是陌生人。图 10 - 1 描绘了这个模式。因此,与案件所有当事人都完全陌生的法官,比在小城镇里与当事人相识的法官,可能更墨守成规,判案更明确。与当事人关系亲密的法官和陪审员经常地发现每一方当事人的优点,从而寻求折中的判决。因此,关系距离对案件具有和第三方社会地位同样的影响力。文化差异,诸如不同种族、职业、性别之间以及每代人之间的差别也都是如此。法官或陪审团排除社会因素的干扰越彻底,其判决就越明确。

第十一章　人的社会化与法

一、从人的社会化到法律社会化

(一)人的社会化和法律社会化的含义

社会学界对个人社会化的含义有不同的理解。例如,弗洛姆认为,社会化是诱导社会的成员去做那些要想使社会正常延续就必须做的事,是使社会和文化得以延续的手段。[1] 安德烈耶娃认为,社会化是一个过程的两个方面:一方面是个体通过加入社会环境、社会关系系统地途径掌握社会经验的过程;另一方面是个体对社会关系系统的积极再现的过程。[2] 柯尼格认为,"所谓社会化是一种过程,个人由此成为他所出身的那个社会恪尽职责的一分子,即他的一举一动符合于该社会的民俗民德"。[3] 学者罗斯等认为,"社会化即学习社会与文化的信仰价值、规范与社

---

〔1〕 参见黄育馥:《人与社会——社会化问题在美国》,辽宁人民出版社1986年版,第5页。

〔2〕 参见全国13所高等院校《社会心理学》编写组编:《社会心理学》,南开大学出版社1995年版,第44页。

〔3〕 陈奎熹:《教育社会学》,台北,三民书局股份有限公司1998年版,第46页。

会角色的过程”。[1] 荷顿和韩特认为，“社会化为个人将其团体规范内在化的过程，经由这个过程乃有自我的出现，以区别于个人的独特性”。[2] 另有一些人认为，个人社会化是使文化代代相传的过程。[3] 总之，个人社会化包括两个方面：一是个体通过与社会的交互作用，被动地适应并吸收社会的文化，成为一名合格的社会成员的过程；二是个体主动地对社会的不断选择与适应的过程。它们是个人社会化的一个过程的两个方面，是对立而统一的。个人社会化就是个体通过与社会的交互作用，被动学习社会的文化和主动对社会文化的选择和调适的统一过程，实质是由一个“生物人”变成一个合格的“社会人”的过程。

人们在个人社会化理论的基础上发展了法律社会化的理论。[4] 作为个人在法律方面的社会化即法律社会化就是个体通过与社会的交互作用，被动学习社会法律文化和主动对社会法律文化的选择和调适的统一过程，实质是由一个“生物人”变成一个合格的“法律人”的过程。这里的法律文化正如广义的社会文化一样，包括三个层面：法律文化的外层即物质层（如法律机构、法律设施等）、法律文化的中间层即心物结合层（如法律制度、法律理论等），以及法律文化的里层即心理层（如法律价值观、法律心理、法律情感、民族法律精神等）。

“法律社会化”与“法律的社会化”是两个不同的概念。前者指的是个人在法律方面的社会化，是人的整个社会化的一个方面，是在人的社会化理论基础上发展而来的，是一个社会学的概念；后者指的是“法以社会为本位的趋势”“私法的公法化”等，也就是使制定于自由资本主义时期的以个人为本位的法律适应垄断资本主义的以社会为本位的形势，是一

---

〔1〕 白秀雄等：《现代社会学》，台北，五南图书出版股份有限公司 1978 年版，第 101 页。

〔2〕 白秀雄等：《现代社会学》，台北，五南图书出版股份有限公司 1978 年版，第 101 页。

〔3〕 参见周运清主编：《社会学概论》，军事谊文出版社 1995 年版，第 78 页。

〔4〕 参见[英]罗杰·科特威尔：《法律社会学导论》，潘大松等译，华夏出版社 1989 年版，第 165 页。

个法学概念。[1]

（二）法律社会化的分类

1. 基本法律社会化和继续法律社会化。个体的法律社会化是一个持续终身的过程。根据人的发展周期和各个发展阶段的特点，法律社会化可分为基本法律社会化和继续法律社会化。基本法律社会化指个体在早期的法律社会化，主要是让个体学习生活知识、语言，培养认识能力，发展道德与价值判断的标准，掌握一般的法律行为规范，建立法律感情，形成法律意识。其是从“生物人”向“法律人”的转化，也称为一级法律社会化。基本法律社会化的完成，并不意味着个体法律社会化的结束，还要进行继续法律社会化。继续法律社会化是人在成年以后的法律社会化，被称为二级法律社会化。这是现代社会科学技术的飞速发展、法律知识的不断更新、教育范围有限等因素造成的。

2. 理想法律社会化和再法律社会化。理想法律社会化是完全按照社会需要和遵循固定程序对个人进行正常法律教化的过程。其主要作用是使人能够适应日常社会法律生活的要求，维持个人与社会的正常关系与生活秩序。但实际情况并非完全如此。由于个人和社会方面的各种原因，一些人可能难以实现理想法律社会化。例如，有的人没有获得正常的受教育的机会，有些人虽然有受教育的机会，却因环境影响而未能获得基本的知识和本领，还有一些人虽然有一技之长却不懂行为规范和不具备正常角色能力，另有一些人的行为还可能背离社会占统治地位的法律价值准则，走上犯罪的道路等，诸如此类的现象都是理想法律社会化失调的结果，因而需要再法律社会化。再法律社会化也称重新法律社会化，它是使个人改变以前的法律知识结构、法律价值准则和行为规范，建立起新的为社会所承认、接纳的法律知识结构、法律价值准则和行为规范的过程。再法律社会化有两种基本类型：一是主动的再法律社会化，即自觉的法律

---

〔1〕 参见张文显：《二十世纪西方法哲学思潮研究》，法律出版社1996年版，第114页。

改造；二是被动的再法律社会化，即强制性的法律改造。

3. 预期法律社会化和发展法律社会化。预期法律社会化是指一个人为适应未来法律角色需要而进行的法律知识准备过程。它一般是个体在学校里进行的法律社会化，为进入社会做各种法律准备。发展法律社会化是继续法律社会化的特殊表现，是一种以发展为目标的主动学习与调适过程。当个体的法律生活环境或所担任的社会法律角色发生急剧的变化时，为了适应这种新的情况，个体的生活习惯、法律行为准则、法律价值观念等需要作出重大的调整，进行新的法律学习。例如，迁居异国他乡生活，在法律方面就需要学习他国的法律知识，了解当地的法律运作习惯等。

4. 法律工作者的法律社会化和一般公民的法律社会化。在基本的法律社会化完成后，随着社会分工的发展，社会对社会中每个公民的法律期待是不同的，要求达到的法律社会化的水平高低也不同。根据法律社会化主体的不同，法律社会化可分为：(1)法律工作者的法律社会化。作为社会的法律工作者尤其是立法者和执法者，社会除要求他们实现基本的法律社会化外，还对他们在法律社会化方面提出更高的要求，即法律职业的专门化。这种法律社会化的程度较高，主要是在继续法律社会化、预期法律社会化、发展法律社会化、再法律社会化阶段完成的。它直接决定了法律工作者尤其是立法者、执法者的法律素质。(2)一般公民的法律社会化。这是一个人作为社会的公民在法律方面的社会化。这种社会化随国家的法制水平而不同，在法制水平较高的国家，对公民的法律社会化要求较高而在法制水平较低的国家，对公民的法律社会化要求较低。这种法律社会化决定了公民的法律素质。

5. 正向法律社会化和反向法律社会化。作为社会的公民，他们不仅要完成各自的法律社会化，他们的法律社会化还是相互影响的。个人的法律社会化是一个双向教化、双向学习的过程，根据他们教化的方向不同，法律社会化可分为：(1)正向法律社会化，即父母对子女、老师对学生、上代对下代的法律教化和法律文化传递过程。这种法律社会化在传统社会占据绝对统治地位。随着社会的发展节奏加快,在现代社会这种法律社会化的地位开始下降。(2)反向法律社会化,即年青一代将法律知识、文化传递给前辈的过程。这种法律社会化在传统社会少见,但在现代社会随着知识总量的增多,知识更新的频率加快,社会分工越来越细,这种法律社会化的地位正在提高。

(三)法律社会化的机制

人们为什么遵守社会规范?人们为什么会主动对社会法律文化进行选择和调适?法律为什么能影响人们的行为?社会学研究认为,人的社会化的动力主要来自外部的强制和人类自然的生理根基,因此形成两大理论流派:

1.行为主义理论

行为主义是研究可观察得到的人或动物的行为。鲁特尔认为,行为可能性是期待和增强的函数,[1]这种外在的增强分为连续增强和间歇增强,负增强(如惩罚)和正增强(如酬赏)。[2]行为主义者主要强调了这种外在增强值对行为可能性的影响,认为所有行为皆是经学习而获得,他们主要研究学习行为的过程以及刺激学习的动机。人们之所以采取与社会风俗、习惯一致的行为,是因为当人们违反它时就会造成惩罚(如孤立、排斥、嘲笑等),遵守它时就会得到酬赏(如接纳你、尊重你、给你面子等)。人们之所以采取与风俗、习惯一致的行为而不愿遵守国家法律,是因为违反风俗、习惯的负增强值比违反国家法律的负增强值要大。“在社区中,人们担忧的真正制裁往往来自社会习惯法的持续而全面制裁,即被排除在职业、朋友、团体、家庭关系之外,而不是法律的短暂而局部的制裁。”[3]

---

[1] See J. B. Rotter, *Social Learning and Clinical Psychology*, New York: Prentice-Hall, 1954, p. 108.

[2] See C. B. Ferster & B. F. Skinner, *Schedules of Reinforcement*, New York: Appleton-cenrnty-Crofts, 1957. 转引自陈奎熹:《教育社会学》,台北,三民书局股份有限公司1998年版,第51页。

[3] 王涌:《社会法学与当代中国法的理念与实践——一个初步的检讨和构想》,载《中外法学》1996年第1期。

尤其是在我国的法律不入之地的乡土社会,处于国家法律权力的末梢,人们与法律打交道的机会极少,人们很少有机会感受到法律的存在,而风俗习惯的存在和惩罚是无时不有、无处不在(包括人们心理上)。[1]

2.发展成长理论

它把研究的重点放在一个人生命过程中的不同阶段的成长或发展经验上。发展理论者相信,虽然外来的因素和学习经验很重要,但主要是由生理因素决定的。最为典型的是弗洛伊德的观点。他把人的心理结构分为本我、自我和超我三个部分。本我是最原始的本能欲求,为人所本有,其行为表现均在于满足生物本能的冲动。其奉行唯乐原则,往往同外部社会发生冲突。自我则是后天发展的,它根源于本我,取诸外而为己用。其行为表现则能顾及外界要求,控制本我的冲动,奉行的是有节制地满足本我需要的现实原则。超我则不同,它是把外部世界人们的价值选择、道德倾向和行为准则内化而形成的心理部分。它反映社会对个人本我这种生物本能、生命冲动和生活欲望的约束,以理性和良知的形成支配自我、指导自我,实现对本我的压抑。但人的心理结构的三个组成部分既有矛盾的一面,又有协调一致的一面,这种协调一致主要是通过自我来实现的。当超我在压抑本我的同时,奉行现实原则的自我将可能把压抑到无意识之中的本我的心理能量通过一种迂回的、社会可接受的以及不与代表社会规范、行为准则的超我冲突的方式引发出来,使本我的需要得到满足。因此,那些社会性较强的需要是有其先天的自然根基的,是人的本我能量以另一种可为社会所接受的形式表现出来的宣泄和释放。当社会规范(包括社会的风俗习惯)最终与人的生存需要相一致时,这种规范就易于内化,易于与人的生存需要相连接而成为人的心理结构中深层潜意识中的信仰需要。反之,这种社会规范就不易内化,不宜与人的生存需要相

[1] 参见苏力:《法治及其本土资源》,中国政法大学出版社1996年版,第41~73页;苏力:《送法下乡:中国基层司法制度研究》,中国政法大学出版社2000年版,第27~53、238~263页。

连接,不易成为人的心理结构中的深层需要。作为社会规范的风俗习惯能够进入人的行为和心理,与人难解难分并流传至今,就是因为它的存在是有其先天的自然根基的,是与人的生存需要一致的,易于与人的生存需要相连接而成为人的心理结构中深层潜意识中的信仰需要。当然,这种与人的生存需要最终相背离的社会规范(包含风俗习惯)也不是绝对不可以内化的。但这有两个代价:一是长期的灌输,严格的社会控制和对人行为的有力监视;二是当这种与生存需要不一致的社会规范最终内化之后,必然以压抑人的生物本能和生命原始冲动为代价,使有血有肉的独立的人变成一种失去自我、失去生命冲动的模式化的社会工具,即异化了。但这种情况是社会的一种极端状况,不是社会的常态,对于在民间自然而然形成的社会风俗习惯是不可能出现的。

(四)法律社会化的结果

1. 对个人的结果

根据个人法律社会化的程度不同,法律社会化对于个人而言,表现为三种状况:

(1)法律知识的获得。在文明社会中,法律是调整社会关系,维护社会秩序的重要工具。随着社会文明的不断发展,建立法治国家、法治社会已成为世界的共识,法律将更加被提升为社会经济、政治等关系的主要调整手段。因此,个人能否获得必要的法律知识,就成了他能否适应社会,能否成为一个社会所期待或接受的社会成员的必要条件。在一个法盲的国度里,是不可能建成一个现代化的法治国家和法治社会。建立发达的社会主义市场经济和与之相适应的民主政治,是我国向现代化迈进的必经之路。市场经济和民主政治要求市场主体间的平等自主和意思自治,而这种平等自主和意思自治必须建基于法律之上,要求所有的市场主体和政治活动主体无一例外地遵从法律规范。否则,社会主义市场经济和民主政治难以建立,在这种情况下,一个社会所期待和接受的公民人格中,必然要包括法律知识在内。

(2)法律规范的内化。公民获得法律知识只是建立公民法律人格、培养法律角色的开始,还要进一步使法律知识内化、转化为自己的行为模式。因为只有在社会大多数成员能够守法的情况下,社会才能正常地持续存在,否则社会将面临危机。不过,每个社会成员守法的动机是不同的:有些人是出于避免惩罚的目的,如避免罚金;有些人是为了得到社会的报偿,如获得名誉等;还有一些人是迫于社会群体的舆论压力;等等。但这些守法行为都是由某种外在原因导致的,这些外因一旦消失,守法行为也随之消失,"边缘人"的犯罪就是如此。法律社会化的功能不仅在于使社会成员的公开场合的行为服从法律,还在于他能够使法律知识、法律规范内化于人们心中的法律信仰、法律情感,把法律义务提升为一种道德义务。最终使守法不再仅是一种手段,而是个人生活方式中的一部分;个人的守法行为不再是出于对某种外在因素的考虑,而是出于一种对法律的信仰、感情和良知。

(3)法律角色意识的培养。从动态上考察社会,社会就是由各种角色所结成的立体网络。在实际生活中,不同的人担任着不同的角色,同一个人也往往担任多种角色。例如,一个人在家中是丈夫和父亲,在单位是企业的经理,在社会中则是兼职教授等。社会要存续下去,必须保证那些必不可少的且有明确规定的角色成为规定性角色或正式角色,它们所包含的那些特殊的权利和义务大多都需要由法律来加以具体或原则性地规定。因此,法律社会化的重要功能之一,就是要尽力使每个人对自己担任的角色有自觉的意识。具体而言,就是促进人们的角色认知、学习与了解和特定角色相适应的特定权利和义务;在此基础上促进人们的角色自觉,通过情感和道德因素把角色的规范植根于个人的内心深处。这样,当个人的实际行为符合社会的期望和角色规范时,他就会因此实现人格的尊严而骄傲,反之则会感到内疚而有负罪感。

2. 对社会的结果

对于社会而言,法律社会化就是实现人类社会法律文化的转移,包括法律文化的纵向转移和横向转移:

(1)纵向转移:传统法律文化的继承和创新。法律文化的积累与传递，是法律文化系统纵向运行的基本形式之一，也是法律文化运行的一条基本规律。每一代人都是在前人所积累起来的法律文化的成就的基础上，汲取原有法律文化的积极成果，同时总结自己新的认识和新的实践经验，创造出新的法律文化成果，然后再把这些成果传递下来。人类社会的法律文化就是这样一代一代地积累起来并传递下来的。这种法律文化的积累和传递实际上就是传统法律文化的继承和创新的过程。

法律文化的积累和传递并不是一个简单的机械的传递过程，而是在现实的生产和生活的基础上，依据社会发展的需要对其进行加工改造、创造新的法律文化的过程。这是因为任何社会都不是静止不变的，任何类型的法律文化都必须通过自身的发展变化来满足社会发展的需要。当然，由于社会变迁的节奏不同，法律文化的变化频率也不同。例如，在早期的农业社会，由于社会变化缓慢，在近距离小跨度内几乎觉察不到法律文化的变化。但当将之放在远距离、大跨度进行观察时，法律文化也在缓慢地发生变异，如我国秦汉时期的法律文化与隋唐或明清时期的法律文化是有区别的。而在工业化开始之后的现代社会，由于社会变迁的加快，法律文化的发展是显而易见的，如资本主义的法律文化由个人本位向社会本位的变化等。

如果法律文化的继承主要是通过基本法律社会化、预期法律社会化和正向法律社会化的被动地接受法律文化的方式完成的，法律文化的创新就主要是通过发展法律社会化的主动地加工改造传统法律文化、创造新的法律文化的方式来实现的。对于任何社会来说，如果它只片面强调基本法律社会化、预期法律社会化，不注重发展法律社会化的工作，即只强调法律文化的继承而不注重传统法律文化的创新，就会使法律文化、法律制度趋于僵化并失去适应社会发展的活力。当法律制度与社会需要之间的距离拉得过大时，社会变迁的成本大大提高，甚至发生一场疾风暴雨式的流血革命。相反，如果注重发展法律社会化的工作，这样就为新的法律观念、规范、技术的产生和传播提供了社会基础，法律制度的渐进式变革就可能使社会变迁的成本大大降低。例如，法、英两国从传统社会向现代社会转型所走的不同道路——社会革命和社会改良——似乎证明了这一点。

(2)横向转移:外来法律文化的渗透和移植。外来法律文化的渗透与融合是法律文化在横向上的运动形式,它是法律文化系统运行的另一基本形式。法律文化不仅能世代相传,而且能在不同的社会、不同的民族之间传播、渗透与融合。法律文化的传播、渗透与融合是在一种法律文化与外来法律文化的接触中产生并实现的。接触的方式很多,如贸易、旅游、战争、移民等。特别是随着现代科学技术的发展,法律社会化的途径更为多样化、现代化,这使法律文化的传播、渗透和融合更为便捷。因此,法律社会化的实施既是本国法律文化的继承和创新的过程,又是外来法律文化的传播、渗透和融合的过程,在法律制度方面,主要表现为法律移植和本土化的过程。

任何一个国家和民族都不可能长久地孤立于世界各国和各民族之外,它必然要与其他国家和民族进行交往,也就必然要接触外来法律文化。特别是由于社会发展和法律发展的不平衡性和互补性,法律文化的接触更为广泛、更为频繁,这样本国法律文化与外来法律文化的传播和渗透必然会发生。不仅如此,法律文化还具有共享性,法律文化中的优秀成果是人类共同的财富,如资源配置、市场调节等经济性法律规范,权力制衡、议会代表制等政治性法律规范等,都是人类认识的成果和人类文明的成果,具有超越时空的长久而普遍的科学性、真理性和实践价值。正是在这一共识上,现代国家都在法律制度上注重法律的相互借鉴和移植,丰富法律社会化的内容。这主要包括三种情况:一是经济、文化和政治处于相同或者基本相同发展阶段和发展水平的国家相互吸收对方的法律,如20世纪以来,以判例法和习惯法为主的英美法系与以成文法为主的大陆法系之间相互借鉴、移植对方的立法技术、法律概念等优秀成果。二是落后国家或后发展国家直接采纳先进国家或发达国家的法律,如日本古代对盛唐法律制度的全盘吸收、近代明治维新对西方法律制度的引进和采用、许多发展中国家战后大量引进接受西方国家的法律制度。三是现代区域性法律统一运动和世界性法律运动，这是法律移植的最高形式，如欧盟法律体系是在比较采纳和整合欧盟各国法律制度以及国际法和国际惯例的基础上形成的，可以说是一种法律的合成。[1]

法律是一种地方性的知识，法律文化具有本土性的特征，因此在外来法律文化的移植过程中，移出国的法律不一定适应移入国的国情社情，往往会出现"南橘北枳、水土不服"的法律现象。例如，"破产法"本身面临"破产"等。在这种情况下，人们在法律社会化的过程中就要进行调适，即根据自己的国情，对外来法律文化加以改造和利用，也就是使外来法律文化本土化的过程和两种法律文化融合的过程。

这种法律文化的融合过程，并不是对这种外来法律文化的全盘接受，也不是将外来法律文化"吃掉"或称"同化"掉，而只是部分地接受这种法律文化的影响，并将这种影响糅进本民族的法律文化系统之中，成为本民族法律文化的有机组成部分。因此，法律文化的融合是外来法律文化的本土化和本国法律文化的现代化两个同时进行的过程。当然，这两种法律文化的融合并不是一帆风顺的，有些会出现法律文化之间的矛盾与对抗。这是由于不同国家、社会的法律文化往往会在价值观、行为规范、风俗习惯等方面存在很大的差异甚至对立。这些法律文化在相互接触和融合的过程中，就必然会产生法律文化的撞击，甚至发生法律文化冲突。这种法律文化的冲突在社会由封闭走向开放、由传统社会走向现代社会的社会转型期以及由计划经济走向市场经济的经济转轨期表现得尤为激烈，引起社会的改革甚至国家之间的战争，如我国近百年来的法律变革过程中的冲突、融合就是明证。总之，法律融合的过程就是两种法律文化既斗争又联合，既对立又统一的过程。

(五)法律社会化的主要途径

法律社会化具有建立法律人格与传承和创新法律文化的两大功能，但这些功能并不是自然而然形成的，而是通过一定的法律社会化途径和

---

〔1〕 参见张文显:《论立法中的法律移植》,载《法学》1996 年第 1 期。

载体——社会群体和社会组织——并以各种方式——直接的或间接的、或隐或现的、专业的或大众化的——以及人们在一定的社会群体和社会组织中的互动来实现的。其主要包括家庭、学校、同辈群体和大众传播媒介等社会群体和社会组织。

1. 家庭

家庭是个人社会化的起点,也是一个极为重要的法律社会化的途径。它对儿童人格(包括法律人格)的塑造起着极为重要的作用。虽然很多家庭对法律问题并不很感兴趣,父母的法律知识也有限,但是他们对法律制度的基本态度却通过有意无意的言行(如对法官、检察官的认识、评价等)对儿童的法律认知、情感和评价产生决定性的影响。很多调查表明,儿童在重大政治、法律问题上的态度与父母有着高度的一致性。很多心理学家也认为,早期的家庭教育是影响人格形成的最关键因素。一个人的基本价值观、道德意识是在早期与家庭成员的互动过程中形成的,儿童从父母对自己的要求和行为所作出的反应中得到了适应社会生活的最初经验,父母也通过鼓励、赞许以及拒绝、批评、惩罚等方式,使儿童渐渐把某规范模型和行为模式内化。这种早期的基本社会化虽然很少包括有关具体法律规范的学习和教育,但它对儿童日后的社会行为的影响极大。

可见,家庭在个人的社会化尤其是基本的社会化(包括基本法律社会化)过程中具有特殊的地位。其原因在于:第一,童年期是人一生社会化(包括法律社会化)的关键时期。儿童时期的智力水平、个性特征、社会品质的形成和发展对后来的社会化(包括法律社会化)有着举足轻重的影响。第二,儿童时期在生理和心理上对家庭的依赖是人一生中最强烈的时期,家庭成员状况深刻影响儿童个体的行为模式。尤其是人在基本的法律社会化过程中,父母的法律素质及相互关系的状态、兄弟姐妹的数量和构成情况、家庭法律生活的水平和类型等是个体法律行为的第一参照系,反映了当时社会的法律价值观和特殊群体的法律行为方式。第三,家庭是社会结构中的一个基本单位,各种社会关系通过家庭这个中介反射到儿童身上,同时个人也通过家庭获得一定的社会地位。一个家庭总会因种族、阶级、社区位置等多种原因处于特定的社会地位，从而在很大程度上影响了个人在社会法律生活中的起点和特殊位置，包括接受什么法律文化和建立何种社会群体。例如，大量的少年犯罪统计表明，破裂家庭、单亲家庭、处于法律文化边缘地区和亚文化地区的家庭，其犯罪率高出一般家庭的事实证明了家庭在个人法律社会化中的重要地位。

2. 学校

学校是有计划、有组织、有目的地向人们传授知识、技能、价值标准和社会规范的专门机构。它是法律社会化的又一重要途径。特别是随着社会分工的发达、社会职业化的发展、传统社会向现代社会的转型，其重要性不断上升。一般而言，在传统的农业社会中，法律社会化最具决定性的工作是在家庭中完成的。儿童的绝大部分时间都生活在一个宗法大家庭或家族中，家庭不仅是传授社会规范、道德观念的主要场所，还是学习职业技能、了解职业角色的主要场所。在现代社会中，由于社会分工的发达和社会职业化的发展，原来承担多种职能的扩大式的家庭为现在的职能相对集中的核心家庭所取代，妇女从家庭中解脱出来等原因，家庭原来承担的部分社会化职能如技能培训、知识传授等教育职能从中分离出来，由一些专门的机构——学校、幼儿园——所取代，成为最重要的法律社会化途径。学校通过教材、教学、教师人格、学生的各种组织及学校组织的各种活动等对学生的社会化发生影响。与家庭相比，学校尤其是法律院校中进行的法律社会化工作有不同之处，主要表现在：首先，学校通过有关课程的设置，开始向学生正式进行法律教育。学生的法律知识以及他们对法律规范、法律机构的态度在学校教育中开始系统化和趋于成型。不仅那些直接讲授法律知识的课程，就连有关历史、哲学、政治、宗教、伦理等社会科学的课程，也对此大有裨益。其次，学校教育使个人首次加入了一个有组织的社会团体，在这一团体中，个人将接触到各级权威性的决策模式，了解集体生活的规范，学会如何处理社会关系以及体验团体的归属感。这些经验对于他在以后的法律关系中如何行动有很大的影响。

3. 同辈群体

群体对个人法律社会化的影响,从儿时开始,直至终身。其中,同辈群体对个人法律社会化的影响尤为深刻。同辈群体是由年龄相近并具有同等社会地位或职业的人自发组成的非正式组织,一般以年龄、性别、职业、志趣等为构成条件,是一种特殊的群体。其特殊性在于:第一,在宽松的条件下进行充分的法律社会化。同辈群体可以突破"禁忌",在相互信赖和随意中进行充分的法律社会化。在同辈群体中,法律社会化的过程限制和陈规最少,选择余地最大。第二,在无意中法律社会化。在同辈群体中,法律社会化的过程常常不是经过认真规划、反复思考和有目的有计划进行的,而是在不知不觉中进行的。第三,同辈群体是按自己的兴趣进行法律社会化。同辈群体是按自己的年龄、性别、志趣、文化特征等条件建立起来的同伴或朋友关系,他们的法律社会化过程有鲜明的性别、年龄、兴趣、文化特征。例如,不同年龄层的同辈群体有不同的法律社会化内容、方式和过程,不同性别的同辈群体也有不同的法律社会化内容、方式和过程。

由于同辈群体在法律社会化过程中有上述特殊性,对于个人而言就有可能出现不同的结果,形成三种人格类型:在原始的和传统的社会中,文化的一致性和社会结构的稳定性较高,人们对传统所提供的行为标准有普遍的共识,社会就常常产生出一种外在导向的人格;在规则迅速变迁的某些近代社会(如19世纪的美国),外在的规则不能发挥稳定而持久的指导作用,故人们需用个人内在的价值与信仰来指导自己的行为,内在导向的人格较为普遍;在现代社会中,同辈群体成为最重要的社会化机构,其成员往往缺乏一种强烈内化的价值与规范,而同辈群体的期望与规则成了指导行为的标准,这就形成了他人导向的人格。[1] 可见,不同同辈群体对人们尤其是青少年的观念、态度和行为产生的影响是不同的,良好的同辈群体对个人法律社会化是很有必要的。

---

〔1〕 参见谢高桥:《社会学》,台北,巨流图书公司1982年版,第278页。

4. 大众传播媒介工具

在当代社会,大众传播媒介工具是一个不容忽视的法律社会化的重要手段,主要包括书籍、杂志、报纸等文字传播工具和电视、电影、广播、录像、电传等电子化传播工具。在传统社会,个人法律社会化必须经人与人的面对面的直接交往,包括语言和行为。即使在报纸、杂志、书籍等文字传播工具产生之后,交往也还要以语言、文字能力为前提。在一定条件下,成人社会还可以控制儿童的知识接受范围,文化人可控制非文化人的接受范围。

电子传播媒介是大众传媒技术发展的重要产物,通常是指运用电子技术、电子设备及其产品进行信息传播的媒介,包括电视、电影、广播、电脑等。随着科技的不断发展和网络的日益普及,电子媒介将文字、图片、视频等信息传递给受众;尤其是随着网络技术的发展、移动通信技术的进步以及智能手机的普及应用,人类步入一个全新的自媒体时代。

自媒体正如其名,是属于自我的媒体,以网络数字技术为基础,通过电脑、手机等终端,自主生产、传播各类信息。自媒体也叫“公共媒体”或“私人媒体”,其传播内容带有很强的个性化色彩。目前,在中国比较常见的自媒体平台包括微博、微信、各类短视频平台、直播网站等。随着自媒体的迅速发展,当今社会日益兴起的抖音、快手、今日头条、西瓜视频等已经成为时下的自媒体新宠。自媒体具有以下几个方面的特点:一是丰富性。自媒体涵盖的信息包罗万象。其平台信息来源的广泛性决定了信息本身的丰富性。自媒体的传播主体涉及各个阶层、领域,为用户提供了多元化的信息,大众可以随时关注、获取、分享自己感兴趣的信息。二是平民性。自媒体平台申请和注册门槛低,来自各行各业的用户从信息的接受者变成了信息的制造者。他们结合自己的文化背景、专业领域和自身经历,通过文字、图片、声音、图像等多种形式实时进行个性化内容发布。自媒体最大限度地彰显出了平民的力量,成为大众展现自我、张扬个性的重要平台。三是互动性。自媒体构建了多元化舆论平台,使大众随时随地参与讨论、进入互动对话空间成为可能。用户通过自媒体既可以转发评论他人的信息,也可以自主发布信息,打破了原有的由点及面、自上而下的传播方式,信息传播由单向传播向多向辐射转变。四是自由性。自媒体作为一种平等化和自由度更高的媒介,具有传统媒介无法替代的个性化和自由化特点。传播主体可根据自身爱好、特点、需求自主发表观点,分享个人体验。在自媒体场域中,个体能够感受和体会到更多的平等感、归属感和自由度,自媒体成为人们日常生活的重要组成部分。

由于电子网络媒体(尤其是自媒体)具有上述传统媒体所不具有的特征,为网络时代法律社会化带来了全方位的变革,主要体现在:一是法律社会化场域的开放性。在传统的社会条件下,由于时空阻隔和社会障碍,法律社会化只能在相对狭窄的血缘、地缘、业缘的范围内展开,环境和场所十分有限。即便是在大众传媒高度发达的时代,仍然受到地理位置、政治经济、意识形态、科技水平、文化差异等多重因素的影响。互联网的出现,彻底打破了人的生存发展的时空界限,世界变为"地球村",法律社会化场域得到了无限拓展。不仅如此,互联网还向所有人敞开了大门,网络的海量信息和超便捷的传输功能大大拓展了人的知识面、信息面,扩大了社会交往的渠道和范围。借助网络的这一优势,人们得以丰富知识阅历,拓展交往范围,参与社会实践,实现法律社会化由封闭到开放的转变。二是法律社会化路径的自主性、多元性。传统社会条件下,法律社会化一般遵从着家庭、学校、单位、社会团体这一主流模式,同时受到大众传媒、亲朋好友等分支要素的影响,路径比较单一,人的主体性发挥受限。相较而言,互联网的虚拟性和去中心化的特质屏蔽了现实社会中权力、地位、职业、利益等因素的介入,消解了权威力量对法律社会化过程的强势掌控,为个体本身提供了更多的自主权和选择权。人们在法律社会化进程中被动化的局面得到扭转,能够自由选择自己的关注内容、交往范围、参与组织、活动方式等,实现自我规划、自我教育,获得个性化、多元化的社会化路径和成长轨迹,实现法律社会化由模式化向人性化的转变。三是交互性——法律社会化程度的提升。传统意义上的法律社会化不仅路径单一,而且表现出为一种缺乏及时有效的反馈互动机制的垂直约束力,个人与组织、个人与个人之间难以实现信息的双向沟通交流，法律社会化节奏迟缓、动力不足，效果往往浮于表层，难以持续深入。互联网的出现，为个体提供了信息交换、情感交流、精神交往的广阔平台，各种意志的冲突、观点的碰撞、矛盾的凸显为法律社会化进程注入了无穷的活力。随着移动互联网、智能手机等新型互联网形态的发展普及，人们随时随地都可以在线入网、自由发声，个人单位时间内与外部世界的互动频率明显提高，法律社会化步伐显著加快，实现了法律社会化由单向到双向的转变。

二、人的社会化与法律

在人的社会化与法律之间的关系上，美国社会学家布雷德姆尔认为，"法律对社会化系统的贡献是：通过在案件的判决中发扬和运用公正观念，从而维护、加强基本的社会价值观念。反过来，法律也依赖于公民的社会化，从而使他们普遍接受法律并愿意依靠法律的力量"。[1] 但是，在公民的社会化是怎样使公民普遍接受法律并愿意依靠法律的力量的问题上，从笔者掌握的资料来看，布雷德姆尔是否进行了具体的展开还不得而知，但这个问题并不重要，重要的是他为我们研究法律与习惯的关系提供了一个好的线索、好的切入点。

社会学的研究认为，人的社会化的内容包括外显的行为模式（如风俗习惯等）和内隐的行为模式（如价值、信仰等）。而民俗学的研究认为，人的社会化就是人的习俗化。这种习俗包括三个方面：使用工具获取产品的生产习惯、社会生活的习惯和语言交流的习惯。正是这三个方面构成了人类婴儿出生于此的既定的习惯模型。婴儿的出生之时就是人的习俗化、社会化的开始之时，个人从此融入了充满人类社会的习俗体系，难解难分。人的社会化是一个持续终身的过程，人的习俗化也是一个持续终身的过程。[2] 另外，人的社会化也是一个价值内化的过程，只不过存在

---

〔1〕［英］罗杰·科特威尔：《法律社会学导论》，潘大松等译，华夏出版社1989年版，第102页。

〔2〕参见乌丙安：《民俗学原理》，辽宁教育出版社2001年版，第32～133页。

于民间社会的价值观念是依据习俗来界定，通过习俗来表达。[1] 人类社会的风俗、习惯正是通过人的社会化、习俗化而流转下来的，离开了所有个人的负载，习俗则毫无意义。[2]

然而，人的社会化、习俗化又是如何使他们普遍地接受法律并愿意依靠法律的力量的呢？除非法律的发展主要是社会习惯的演进，所有的法律都是习惯，[3] 在这种情况下，人的社会化、习俗化在某种意义上就是人在法律方面的社会化即法律社会化。人的社会化、习俗化越成功，法律社会化就越成功，而法律社会化的成功进行就会促进人们普遍地接受法律并愿意依靠法律的力量，最终使法律内化为人们的信仰需要。相反，当法律与习惯断裂、不一致甚至冲突时，人的社会化、习俗化就与法律社会化出现断裂和冲突，即当人的社会化、习俗化越成功的时候，人们离法律的距离越远，就会阻止、破坏人们对法律的信赖、遵守和适用，法律就难以内化成为人们的信仰需要。中西方法律和法学的发展史恰好从正反两个方面验证了这一点。

首先，让我们来看看西方的情形。从西方法律的源头《十二铜表法》甚至更早的《汉谟拉比法典》到古罗马法典再到法国民法典、德国民法典以及瑞士民法典，它们无不是或多或少地对已存在的习惯的采录、归纳、提炼或对历史上存在的习惯的承接或通过开放性条款对未来的习惯加以吸纳。至于说非官方的编辑成册的习惯法更是林林总总，如法兰西的《诺曼底古习惯法》(1200 年)、《诺曼底大习惯法典》(1225 年)、《波瓦西习惯集》(1283 年)、《法兰西主要习惯法或查理六世的习惯法》(13 世纪)、《商法典》(1673 年)、《海上法典》(1681 年)，德意志的《萨克森法鉴》(1230 年)、《德意志人之法鉴》(1250 年)，英格兰的《论英国法律和习惯》(亨利

[1] 参见赵旭东：《乡土社会的“正义观”》，载王铭铭、王斯福主编：《乡土社会的秩序、公正与权威》，中国政法大学出版社 1997 年版，第 563 ~ 607 页。

[2] 参见乌丙安：《民俗学原理》，辽宁教育出版社 2001 年版，第 32 页以下。

[3] 参见刘全德主编：《西方法律思想史》，中国政法大学出版社 1996 年版，第 113 页。

二世)、布莱克顿的《英格兰的法律与习惯》(亨利三世)等。[1] 而英美法系,通过遵循先例的原则运用司法判决的方式保证了对习惯的最有效、最广泛的吸纳。[2] 以致布律尔认为,"习惯法在暗中制定新的法律,它是法律规则的生命力,它的运用范围是无限的。它并非法律各种渊源的一种,可以毫不夸张地说,它是法律的唯一渊源"。[3]

那些源于西方社会的原生状态的弥散的非形式理性化的习惯之所以能成为西方形式理性化的法律渊源,一个重要的原因是西方历代的法学家、法律家非常重视对习惯法的研究。从西方法律思想的源头亚里士多德到英格兰的柯克、布莱克斯东,再到古典自然法学派的著名人物孟德斯鸠、卢梭和历史法学派的萨维尼、梅因、卡特,再到社会法学派的埃利希、狄骥、韦伯,再到当代的萨姆纳、卡多佐、恩格斯、霍贝尔、哈耶克等,他们无不论述习惯法的重要,论述制定法对习惯法的吸纳和尊重。总之,"在西方,官僚法(制定法——引者注)与习惯法没有进行短路式的结合,两者之间通过程序、法解释学技术以及职业法律家等的媒介作用而统一成为有机的整体",[4]"法律、习惯和惯例属于同一个连续统一体,即它们之间的演变难以察觉"。[5]

其次,中国历史上没有像西方那样对习惯法进行系统的整理和研究,缺少对习惯法研究的学术累积。[6] 这种"自动"产生的不大可能自动达

---

〔1〕 由嵘主编:《外国法制史》,北京大学出版社 1992 年版,第 143 ~ 154 页。

〔2〕 参见[日]千叶正士:《法律多元:从日本法律文化迈向一般理论》,强世功等译,中国政法大学出版社 1997 年版,第 115 页以下。

〔3〕 [法]亨利·莱维·布律尔:《法律社会学》,许钧译,上海人民出版社 1987 年版,第 39 页。

〔4〕 [美]昂格尔:《现代社会中的法律》,吴玉章、周汉华译,中国政法大学出版社 1994 年版,代译序第 5 页。

〔5〕 [德]马克斯·韦伯等:《论经济与社会中的法律》,张乃根译,中国大百科全书出版社 1998 年版,第 20 页。

〔6〕 参见前南京国民政府司法行政部编:《民事习惯调查报告录》(上、下册),中国政法大学出版社 2000 年版,第 15 页;梁治平:《清代习惯法:社会与国家》,中国政法大学出版社 1996 年版,第 134 页。

到较高程度的形式理性化的民间社会秩序,必须通过诉讼程序、法解释学技术和职业法律家阶层等媒介才能达到形式理性化,这些在中国的社会历史上正是我们所缺乏的。中国的国家制定法与习惯法在客观实际上尽管有分工配合,甚至在长期演进和互动过程中彼此渗透,[1]但是,由于国家关心习惯法是出于对国家制定法的实施的关心,并非这些习惯的内在机理,它们并不是被从其内部予以注意、观察和探究,而主要被从外部加以统摄,使习惯法与制定法这两种不同的知识传统之间缺少一种内在和有机的联结,因此在此基础之上形成的习惯法与制定法之间的"分工",实具有"断裂"性质。[2] 而且,在我国目前的法治建设中,两者的冲突、断裂可以说是史无前例的。[3]

因此,布律尔的有关人的社会化与"法律的普遍接受并愿意依靠法律的力量"的关系的结论只是对西方国家法律演化历史的理论总结,只符合法律是内生于社会的国家的事实,只适用于法律与习惯融为一体的情况。相反,在我国,由于法律与习惯的断裂、不一致甚至冲突,他的这个结论并不适用于我国的情形。也就是说,在我国,人的社会化并不必然支持、促进人们对法律的信赖、遵守和适用;相反,人的社会化的成功进行在一定程度上会阻止、破坏人们对法律的信赖、遵守和适用,这种情况在我国的农村社会及偏远地区表现得尤为突出。可想而知,在我国,国家制定法的实施面临着多大的来自人的社会化而带来的习惯、习俗的巨大阻力。人的社会化是一

---

〔1〕 参见梁治平:《清代习惯法:社会与国家》,中国政法大学出版社 1996 年版,第 129 页。

〔2〕 参见梁治平:《清代习惯法:社会与国家》,中国政法大学出版社 1996 年版,第 139 ~ 140 页。

〔3〕 在目前的西方社会,随着法律形式化、自治化的发展,法律与社会也出现了某种程度的断裂和脱节。但西方存在的法律日益脱离民众生活和民俗民德的问题与我国目前存在的法律脱离习俗习惯的问题是两个根本性质不同的问题。前者是西方历时性出现的问题,即它是西方法律形式化、自治化后出现的一个后现代性的问题;后者是一个共时性的问题,即它是在我国正在进行的法律形式化、自治化的过程中或之前出现的问题,是我国法律现代化中又要顾及法律后现代化的一个问题。因此,在这个意义上,我国的制定法和习惯法的冲突、断裂是史无前例的。

个生物人能被社会成员接纳所进行的必经“工序”，是从出生的那天开始并伴随终身、持续终身的事情，是时时刻刻、无处不有并按自己特有的逻辑发展的过程。而且，人与人之间的社会化是相互影响、相互渗透、相互传递、相互验证、相互加强的，只要他们生活的社区“老根是不常动的”，[1]只要他们有相同或相似的社会经济环境、职业生涯、生活经历、传统文化、自然环境，不论他们是男是女、是老是少、是识字的还是目不识丁的，他们都会以相同的内容、相同的方式，在不同的时间和地域完成各自的社会化，最终达到相同的社会化结果——分享共同的社会规则、社会风俗习惯，形成共同的语言表达习惯、共同的思维习惯、共同的道德信仰、共同的生活目标和追求，最终形成一个同质的共同体即习惯共同体。

三、人的社会化与法律运行过程

一切社会现象都是社会行为的结果，对社会现象的解释都必须建立在对社会行为的理解基础上，法律或法律运行作为一种规则性的社会行为，也是如此。[2] 因此，法律运行过程实质是人的行为的过程，由处于法律运行过程中的法律运行主体的行为逐步向前推进的过程。因此，加深对法律运行过程中法律运行主体的研究和理解，特别是对其行为的意义和动机的理解，是我们能否科学地研究法律运行过程的关键。我们是否能细致地观摩、细心地体认法律运行中的主体——人，并同情地理解和移情地思考法律运行中人的行为的意义，都直接影响我们对法律运行过程的认识和理解。社会学中的人的社会化理论以及在此基础上发展起来的法律社会化理论，有助于我们对法律运行过程中的“社会人”或“法律人”的理解。因为这个理论告诉我们，现实社会中的人是从人出生开始进行不断社会化的结果，是在长期的历史发展过程中逐步形成的，从而使我们对现实中的人（社会人和法律人）的理解能够放在历史发展中进行，达到

---

〔1〕 费孝通：《乡土中国　生育制度》，北京大学出版社 1998 年版，第 8 页。

〔2〕 参见［德］马克斯·韦伯：《经济与社会》，林荣远译，商务印书馆 1997 年版，第 54～68 页；［英］F. A. 冯·哈耶克：《个人主义与经济秩序》，邓正来译，三联书店 2003 年版，第 1～51 页。

对法律运行中的人(既是社会人又是法律人)的理解能够实现历史与逻辑的统一。另外,由于“社会人”与“法律人”的可相互转换性和共通性,我们可以在法律运行的内部和法律运行的外部、人的社会化和人的法律社会化之间进行自由的切换,从而也保障了法律运行中狭义的法律承担者(法律人)的法律行动与广义的法律承担者(社会中的人)的法律行动一定程度的一致性,[1]也相应地保证其法律行为和法律运行的有效性与正当性。因为法律运行的有效与正当与否,不是由“法律人”单独保证的,而是由社会中所有的人共同保证承担的。[2] 可见,从社会学中人的社会化理论的角度来研究法律运行过程特别是对法律运行过程中法律运行主体的理解,也许是一条有效的途径。人的社会化与法律运行过程如图 11－1 所示。

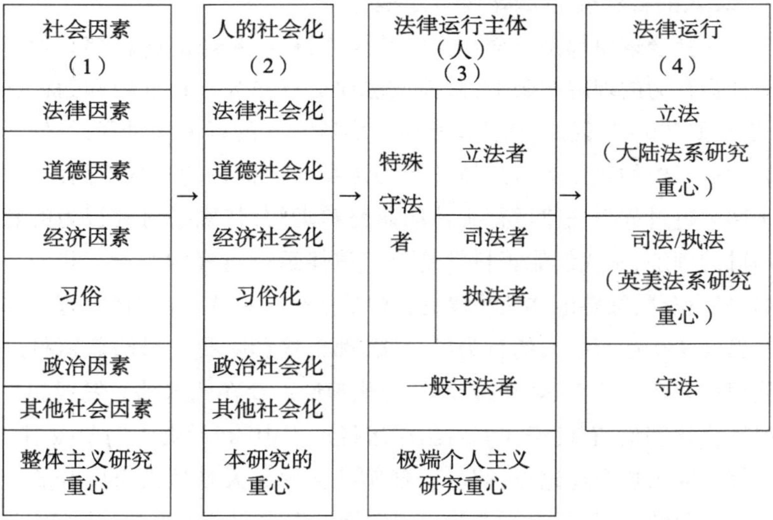

图 11－1　人的社会化与法律运行过程

---

〔1〕 从某种意义上说,社会中的人进行法律的社会行动的时候,他就应该算是一个法律的承担者。

〔2〕 参见林端:《儒家伦理与法律文化:社会学观点的探索》,中国政法大学出版社 2002 年版,第 55 页。

法律运行过程本身也适合我们从这个角度来理解。我们研究的这种行为,不是单纯的个人行为,而是一种社会行为,一种与行为者或行为者们的主观意向息息相关,根据行为者所认为的行为的意向,它关联着别人的举止,并在行为的过程中以此为取向的行为,并且不排除外部社会因素的影响。[1] 因此,对法律运行的理解和研究必须放在人与人互动的整个社会环境中来进行,研究社会因素(含法律因素)怎样通过影响人达到对法律运行的影响;否则,就不是法社会学的研究。由于社会因素丰富而又复杂,因此适宜借鉴整体主义的研究方法,以使我们对社会因素的把握更全面、更清晰,也具有一定的开放性。但只是停留在对社会因素的宏观把握上是远远不够的。静止地看,社会因素与法律运行并不必然发生关系,也不会自动地进入法律运行的内部并对其发生影响,只有当社会因素影响了人或为人所接受并转化到人的体内,从而影响人的行为的时候,社会因素才影响了法律运行的方向、过程、进程和最后的结果。这又要求我们从微观的层面来审视、研究法律运行过程,使宏观层面的把握和微观层面的透视得到了紧密结合。可见,法律运行主体——人——是沟通宏观与微观的桥梁,既是法律得以正常运行的真正主体,又是一切社会关系的总和。

法律运行主体在社会环境的影响面前,并不是消极被动的。在某种程度上,在一定的条件下,他总是会修改法律运行的最终结果。无论是法律因素还是其他社会因素,都必须经过法律运行主体的"过滤作用"、"修正作用"[2]和"化合作用"[3],才能对法律运行产生影响。同时,这个"化合物"生产的过程也不是法律因素与其他社会因素简单相加的过程,而是

---

〔1〕 参见[德]马克斯·韦伯:《经济与社会》,林荣远译,商务印书馆1997年版,第54~68页;[英]F. A. 冯·哈耶克:《个人主义与经济秩序》,邓正来译,三联书店2003年版,第1~51页。

〔2〕 朱景文:《现代西方法社会学》,法律出版社1994年版,第219~226页。

〔3〕 [美]本杰明·卡多佐:《司法过程的性质》,苏力译,商务印书馆1998年版,第2页。

一个"化学反应"的过程,是产生新物质的过程。这就是庞德总结的"创造性立法和创造性司法"的过程,即"耶林曾用化学法理学(juristic chemistry)这一极富启发性的称谓去称呼创造性法理科学。这就是说,创造性法理科学乃是一种对那些经过挑选的法律因素进行组合以创制出某些新的复合物的科学。但是,创造性法律科学却往往走得更远,经常从外界吸纳新的因素,并用类比的方法发展这些新因素或者将这些新因素与现有的法律因素相结合以创制出更新颖的复合物。这些新的复合物一般来讲并不是某种渐次展现的结果,而是人们努力规定某一具体案件的结果——这种努力导致人们适用一种具体的解决方法,而在此之后,其他人则着手进行尝试性的概括,直至人们在最后构设出一种更具包容性的秩序"。[1] 不管法律因素与其他社会因素,它们并不必然地、自动地发生互动,也并不必然地对法律运行的最终结果产生作用,只有当"法官并非安坐在法官席上,而是插手了这一酿制[2]"的时候,只有当这些"成分"影响了法官并通过法官——尤其是法官的大脑——这个"导管"进而被法官投入法院的锅炉中,它才发生作用,才能对法律运行的最终结果产生影响。

社会因素和法律因素通过法律运行主体——人——这个"管道"进入并被人认同、接受而影响法律运行主体的行为(包含法律行为),进而影响法律运行过程。那么,这些法律因素和社会因素又是怎样被法律运行主体认同、接受并转化到其体内即"肉体化"的呢?

首先,看看社会因素。任何人首先是作为一个生物人而存在,为了成为一个被社会承认、接纳的合格的社会成员,必须成为一个合格的社会人。这个从"生物人"向"社会人"转化的过程,就是社会学所称的人的社会化的过程,是个体与社会互动过程中个体被动学习社会的文化和主动

---

[1] [美]罗斯科·庞德:《法律史解释》,邓正来译,中国法制出版社2002年版,第200~201页。

[2] [美]本杰明·卡多佐:《司法过程的性质》,苏力译,商务印书馆1998年版,第2页。

对社会文化的选择和调适的统一过程。[1] 这些社会因素作为社会文化的重要组成部分,就是通过人的社会化过程来影响人或为人所接受并转化到人的体内即“肉体化”。习惯上,人们将这些社会因素理念化地分为政治因素、道德因素、经济因素、习惯等方面。因此,政治因素影响人或为人所接受并转化到人的体内的过程,就是人的政治社会化的过程;[2] 道德因素影响人或为人所接受并转化到人的体内的过程,就是人的道德社会化的过程;[3] 经济因素影响人或为人所接受并转化到人的体内的过程,就是人的经济社会化的过程;[4] 习俗惯例因素影响人或为人所接受并转化到人的体内的过程,就是人的习俗化的过程。[5]

其次,看看法律因素。与人们以前对人的社会化的认识——人在社会文化面前只是被动地吸纳、吞食社会文化——一样,人们在法律面前只是而且只能是被动地吸纳、执行国家法律规则和法律文化。这种情况在法律领域更为突出,因为与其他领域不同的是,它有日益强大的国家强制力作保障。因此,在国家主义法律运行观色彩浓重的时期和国家更是如此,这种情况即使是有自由主义传统的英美也不例外。人在法律面前也不是消极被动的,即使是身处法律运行过程中的法律运行主体也不例外,甚至还包括大陆法系设计作为法律运行机器的法官,他们也都有一个“过滤”和“修正”的过程,至少有一个“法律解释”的过程,有一个“自由裁量”的问题,改用社会学的话说,他们也有一个选择和调适法律的过程,尽管

---

〔1〕 See David A. Goslin: *Handbook of Socialization Theory and Research*, Rand Mc. Nally & Company, 1969, p. 213 – 262.

〔2〕 参见洪伟:《论政治社会化》,载《浙江大学学报》1995 年第 1 期。

〔3〕 参见陈秉璋、陈信木:《道德社会学》,台北,桂冠图书股份有限公司 1988 年版,第 113 ~ 140 页。

〔4〕 See Peter Lunt & Adrian Furnham, *Economical Socialization*, Edward Elgar Publishing Limited, 1996.

〔5〕 参见乌丙安:《民俗学原理》,辽宁教育出版社 2001 年版,第 72 ~ 125 页。

这个选择和调适的空间相对而言较狭小。[1] 因此,这种法律因素影响人或为人所接受并转化到人的体内的过程,也是一个法律运行主体与法律互动的过程,也是一个法律社会化的过程。[2]

四、人的社会化与立法

(一)人的社会化与立法的研究概览

1. 韦伯的研究

任何立法都是由一定的立法者来完成的。因此,任何影响法律的因素要达到对立法的影响,就必须通过立法的人即立法者这个渠道输入,这样立法文件必然要受到法律人的影响。对这个问题进行过研究的人物首推德国著名社会学家韦伯。韦伯是在论述经济与法律的关系的过程中来论述这个问题的。他认为,法律对经济有影响,反过来,经济对法律也有影响,但经济条件不会自动地产生新的法律形式,它们只是提供了某种法律技术能够得以传播的实际机会。因此,法学教育研究人员、律师、立法者等法律职业者对法律发展起的作用更大。形式理性化的法律特别是成文法的产生就是如此。例如,普通法与大陆法区别的根源就在于,前者是由从事实际法律活动的律师通过学徒式的训练而形成的经验式的判例法,后者则是从事研究的法学家通过对古罗马法的研究而创

---

〔1〕 参见 Black Donald, *The Behavior of Law*, New York: Academic Press, 1976, p. 11 – 121; Black Donald, *Sociological Justice*, New York: Oxford University Press, 1989 introduction;[美]罗斯科·庞德:《法律史解释》,邓正来译,中国法制出版社2002年版,第1~31页;[美]本杰明·卡多佐:《司法过程的性质》,苏力译,商务印书馆1998年版,第1~29页;张洪涛:《社会学视野中的法律与习惯》,载谢晖、陈金钊主持:《民间法》第2卷,山东人民出版社2003年版,第6~72页;苏力:《送法下乡:中国基层司法制度研究》,中国政法大学出版社2000年版,第38~263页;苏力:《制度是如何形成的》,中山大学出版社1999年版,第83~99页;赵旭东:《权力与公正:乡土社会的纠纷解决与权威多元》,天津古籍出版社2003年版,第291~325页;杨柳:《模糊的法律产品》,载《北大法律评论》第2卷第1辑,法律出版社1999年版,第208~225页。

〔2〕 参见 Ellen S., Cohn Susan O. & White: *Legal Socialization——A Study of Norms and Rule*, Springer-Verlag New York Inc, 1990;张洪涛:《社会学视野中的法律与习惯》,载谢晖、陈金钊主持:《民间法》第2卷,山东人民出版社2003年版,第56~72页;[英]罗杰·科特威尔:《法律社会学导论》,潘大松等译,华夏出版社1989年版,第165页。

造出的成文法。[1]

2. 大木雅夫的研究

沿着韦伯的研究路径，大木雅夫对这个问题进行了具体的论述。“最能典型地代表法国法与德国法之样式的，莫过于其法典，尤其是各自的民法典，即《法国民法典》和《德国民法典》。决定这两部法典之样式的，虽然有多种客观性的要素，但如果从主观的角度来看，则无疑直接取决于它们的起草者。”[2]

他在比较研究了大学教授、法官、律师等法律职业者对《法国民法典》的影响后认为，律师对它的影响最大。法国民法典编纂委员会的四位成员都曾长期从事律师职业，他们大都是出身于法律世家或者是出身于与重要的法律人有密切交往的名门资产阶级家庭。在思想倾向上，“编纂委员们绝非革命的马前卒，他们是一些具备稳健中庸之品德、经验丰富，并且在被任命时平均年龄已达60岁高龄的法律实务家”。[3] 因此，其民法典的主要来源为罗马法和习惯法，[4]而罗马法也主要是各个历史时期的习惯法或习惯法的总结，[5]只不过不是法国人当时的习惯，是罗马人的历史上的习惯，这种习惯是经过法国的立法者的专门学习而获得的，即通过法律社会化而获得的。“因此，尽管它被誉为市民革命的一座纪念碑，其实质内容却使人感到仿佛是旧法的再现，除了成文法与习惯法的妥协之外，对它不能寄予更大的期望。按照达维德的说法，法兰西旧法‘比英国法更忠于传统，比德意志法更日耳曼化’。”[6]

但是，《法国民法典》中的用语和文体的确是革命的杰作，是以言简意赅的典雅文体创作的，这应归功于起草者们的素质。所谓律师，即擅长言

[1] 参见王晨光：《韦伯的法律社会学思想》，载《中外法学》1992年第3期。
[2] [日]大木雅夫：《比较法》，范愉译，法律出版社1999年版，第266页。
[3] [日]大木雅夫：《比较法》，范愉译，法律出版社1999年版，第270页。
[4] 参见由嵘主编：《外国法制史》，北京大学出版社1992年版，第271页。
[5] 参见由嵘主编：《外国法制史》，北京大学出版社1989年版，第49页。
[6] [日]大木雅夫：《比较法》，范愉译，法律出版社1999年版，第270页。

辞或言论之人。在法国,律师培养是由律师培训中心负责的。律师不单要掌握原理性思维,还要接受修辞学式的明快的表达方式的彻底训练,律师培训中心将研修讨论的重点置于雄辩术的训练。而且,法国律师的法庭陈述自古以来有雄辩之传统。因此,《法国民法典》最终显现出律师的品性。"如果说法国民法典是体系服从使用,那么《德国民法典》则是使用服从体系。"〔1〕

"《德国民法典》的编纂是历经两次反复,通过参与人数较多的、典型的委员会活动而进行的。"〔2〕"在委员会中占半数以上的,在第一委员会中是法官,第二委员会则是高级法官;归根结底,法典编纂都是在实务家统率下进行的。"〔3〕然而,《德国民法典》采取了理论性、体系性的样式,"在这个意义上,应该说它并非实践之产物,而是典型的理论之作"。〔4〕若想解释为什么实务家所统率的委员会却编纂出一部理论性的法典这一矛盾,最关键的是必须在与此有关的大学教授的性质和作用中寻求答案。

"在英国,法官贵族通常对法学家的著作和判例批评不屑一顾,但大陆各国的法学教授们却通过授课和著作,不仅对学生而且对律师和法官都产生了影响。即使是在教授们的地位未必很高的法国,教授的影响也能波及行政法院的评定官。由于评定官负责制定法律案,或监督法律案的制定,所以,这种情况表明,教授对于立法所产生的影响是绝不可低估的。"〔5〕除此之外,在德国还有特殊的历史原因。尤其值得一提的是案卷送阅的惯例。这是法院在受理诉讼之后对案件难以自行作出判决的场合,将案卷送至距离最近的大学法学院,请求教授对其进行鉴定的制度。"这种由法学院作鉴定的惯例,从 16 世纪到 17 世纪得到了广泛的普及。当时的法院不论是下级法院或上级法院,尚不可能配备足够的有学识的

---

〔1〕 由嵘主编:《外国法制史》,北京大学出版社 1992 年版,第 286 页。
〔2〕 [日]大木雅夫:《比较法》,范愉译,法律出版社 1999 年版,第 271 页。
〔3〕 [日]大木雅夫:《比较法》,范愉译,法律出版社 1999 年版,第 271 页。
〔4〕 [日]大木雅夫:《比较法》,范愉译,法律出版社 1999 年版,第 271 页。
〔5〕 [日]大木雅夫:《比较法》,范愉译,法律出版社 1999 年版,第 302 页。

法学家;而在帝国,教会、各邦诸侯和各城市之间的对立和斗争长期持续的情况下,不能不承认大学作为各种势力之间权力斗争的协调机关所具有的某种普遍性的权威。这样,大学教授就渴望从政治权力下获得一定程度的独立,而且他们是以集体的形式承担鉴定责任。对教授们而言,用拉丁文撰写的鉴定,较之使用德文更容易,而法院往往就原封不动地宣判。这就形成了教授团的鉴定本身具有约束力的惯例。于是教授就直接站在教导法官的位置之上。"[1]

19 世纪之后期,围绕着制定民法典的论战就是在罗马法学派(又称潘德克顿学派)和德国法学派之间进行的。在 1881 年第一委员会成立时,普赫塔的《潘德克顿教科书》(1883 年)已经出版,这时是潘德克顿法学的鼎盛时期。"作为这一学派之基础的是所谓科学的实证主义,即认为,如果以科学的命题或概念所包含的假定性、逻辑性判断对具体的事件进行逻辑操作,就可以解决任何案件。"[2]由于这一学派在论战中占据上风,《德国民法典》从体系、内容到形式受其巨大影响,因此"德国民法典不能不成为忠实反映所有潘德克顿法学之特征的作品——诸如以严谨的抽象概念体现的唯理主义,为不谙拉丁文的民众所无法理解的法律德语以及复杂的参引技术等"。[3] 而致力于建构潘德克顿法学的中坚无一例外地都是教授,所以最终德国法不可避免地被打上了教授法的烙印,并因此决定了一般立法,乃至《德国民法典》的独特样式。这种情况,与以律师为代表的经验丰富的实务家所制定的《法国民法典》形成了鲜明的对照。[4]

大木雅夫的比较研究表明,由于法国、德国民法典的立法者的法律社会化的内容不同,他们的民法典表现出不同的风格和特色。至于说立法者的习俗化对法律的影响是否有或者不是很明显,那么古代法律文件就

---

[1] [日]大木雅夫:《比较法》,范愉译,法律出版社 1999 年版,第 303 页。
[2] [日]大木雅夫:《比较法》,范愉译,法律出版社 1999 年版,第 272 页。
[3] [日]大木雅夫:《比较法》,范愉译,法律出版社 1999 年版,第 272 页。
[4] [日]大木雅夫:《比较法》,范愉译,法律出版社 1999 年版,第 272 ~ 273 页。

是其典型反映。从目前法制史的研究来看,古代的法律文化无不是对习惯法的收集或其主要渊源为习惯法,从巴比伦第一皇朝的《汉谟拉比法典》到罗马的《十二铜表法》,再到罗马的集大成者《查士丁尼法典》,从古埃及法到俄罗斯的《罗斯真理》无不是如此。[1]

(二)立法者的法律社会化与立法

立法者的法律社会化包括两个含义:立法者作为社会的一分子,作为一个普通的人,面临一个社会化、习俗化的问题;立法者又不同于一般的人,他除了要完成社会化、习俗化的任务,还要进行法律社会化,即法律的职业化、专门化,通俗地说就是要有法律素养。

由于立法者是立法的直接参与人,社会一般对他们的法律期望值高,法律社会化程度要求很高,即不仅要进行预期法律社会化,而且要进行发展法律社会化、再法律社会化。有时这个过程并不只进行一次,而要反复进行多次才能完成。这是因为他们法律社会化程度的高低、法律素质的高低对立法活动具有如下重要影响:

1. 具有较高程度的法律社会化和良好的法律素质的立法者能够进行科学的立法预测。其主要表现在:首先,高水平的法律社会化和高素质的立法者具备丰富的科学知识、敏锐的观察能力,能洞察社会发展变化的规律,了解现实社会政治、经济、文化等方面的客观情况,有能力进行科学立法预测。其次,高水平的法律社会化和高法律素质的立法者具有高尚的法律道德,因而具有强烈的使命感和责任感,他们在发现法律之不完善的时候,会真诚地提出自己的建议,为立法预测打下基础。随着社会生活的日益复杂化,当今世界各国在立法之初,都要进行立法预测工作。我国过去长期忽视立法预测工作,强调从既有的现实出发立法,结果造成社会问题出现时才仓促立法,导致立法滞后。现阶段我国立法工作的指导思想

---

〔1〕 参见由嵘、胡大展主编:《外国法制史》,北京大学出版社 1989 年版,第 20~68 页;由嵘等主编:《外国法制史》,北京大学出版社 1992 年版,第 24~83 页;冯卓慧主编:《外国法律制度史教程》,陕西师范大学出版社 1990 年版,第 1~70 页。

发生了变化，重视立法预测工作。在我国由计划经济向中国特色社会主义市场经济转变过程中，立法任务异常繁重。因此，只有提高立法者的法律社会化水平和法律素质，进行科学的立法预测，才能有计划、有步骤地做好立法工作。

2. 立法者的法律社会化水平和良好的法律素质是制定高质量法律规范的必要保证。立法者的法律社会化水平越高，就会获得丰富的法律知识，培养良好的能力素质和人格精神，这些对立法的质量会产生直接或间接的影响。其主要表现在：首先，具有丰富的法律知识的立法者，能够科学地配置法律资源，根据社会条件许可和社会关系协调的需要，以制定法的方式来确认个体拥有资源的种类和数量，使社会个体需要享受的利益转化为他们的合法权益。其次，具有良好法律社会化水平和法律素质的立法者，有强烈的社会责任感和公平正义观念，能从法律科学的规律出发制定法律规范。目前，我国立法者应当进一步解放思想，坚决摒弃那些被社会发展证明是过时的、不切实际的理论，勇于借鉴发达国家的立法经验。只有如此，才能符合现代社会立法的发展趋势。如果立法者自身没有自由、自主意识，没有对待法律的科学态度，所立之法就可能成为某种特殊强制下的产物。最后，具有较高水平的法律社会化和法律素质的立法者具有高水平的立法技术，能制定出内在逻辑性强，文字表达明确的法律规范。目前，在我国的法律规范中，逻辑混乱、语义不确切的所在多有。如 1993 年《宪法》把“国营经济”“国营企业”改为“国有经济”“国有企业”，但对 1988 年《宪法》中规定的“私营经济”一词没有改为“私有经济”，这必然造成概念分类上的逻辑错误，概念划分的标准不统一，因此在实践中极易造成混乱。

（三）普通公民的法律社会化与立法

由于法律规范作用对象是每个公民，因此，在应然上，他们有权要求立法机构公开立法技术状况并介入立法活动；在实然上，“一个法律究竟能发挥多大的作用，其效果如何，不以立法者的意志为转移，当它偏离规定的事物自身的法则时，必然受到种种因素不同形式的抵制”。[1] 也就是说，如果一部法律规范是在公民不知晓的过程中制定的，而且这种制定脱离了公民整体的法律社会化水平，甚至与公民的法律文化（如习惯）相冲突，那么政府就要投入极大的成本使公民遵守之，这种负面作用往往是政府无法预见的。西方国家各阶层的公民、党派、利益集团一般都介入立法活动，影响法的制定。在我国，随着中国特色社会主义法治体系建设和公民法律社会化水平的提高，公民介入立法过程的活动必将逐步增加。立法过程一般分为立法准备阶段、由法案到法的阶段、立法的完善阶段。[2] 普通公民更多介入的是立法的准备阶段和完善阶段，而在由法案到法的阶段，一般都由立法机构行使权力。随着科学技术水平的不断提高，普通公民可能会有更多的机会介入这一立法阶段。但需要强调说明的是，尽管公民在理论上有权并有必要介入立法过程，但公民法律社会化程度和法律素质的高低是其能否介入、在多大程度上介入以及介入后产生的客观效果的决定因素。其具体表现在以下方面：

首先，具有较高法律社会化水平和良好法律素质的公民能够对立法准备活动产生重要影响。立法准备活动是指提出法案前所进行的有关立法工作，是为正式立法提供、创造条件的活动。从理论上讲，公民的法律社会化程度和法律素质并不是公民具有影响立法准备活动权利的前提，但在现实生活中，法律社会化程度和法律素质是公民能否有效和在多大程度上影响立法准备活动的条件。具有较高程度的法律社会化和良好法律素质的公民，能够通过学术探讨或直接向立法机构提出立法建议等方式影响政府立法机构的立法目标和立法指导思想的确定，对立法准备活动可以起到较大的影响作用。

其次，具有较高程度的法律社会化水平和法律素质的公民能够对法律规范的完美起到积极的作用。普通公民可以运用多种方式表达对法律

---

〔1〕 朱景文：《现代西方法社会学》，法律出版社1994年版，第227页。

〔2〕 参见周旺生：《立法论》，北京大学出版社1994年版，第133页。

规范的看法。第一,从积极方面来看,公民可以通过大众传媒宣传、理论研究、提出建议等方式表达对法律规范的态度,各种态度、建议反馈到立法机构以后,就为其解释、补充、修改、废止某些法律规范提供了重要信息。要做到这点,既需要有高水平的法律社会化和法律素质的公民,还需要有良好的法制环境。第二,从消极方面来看,公民可以通过运用"非暴力反抗"这种形式来促使法律规范发生改变,使其趋于完善。所谓非暴力反抗就是一种公开的、非暴力的、政治性的、对抗法律的行为,其目的是使国家的法律和政策发生某种改变。在一个基本制度正义的社会,如果发生了对正义的严重侵犯,公民就有非暴力反抗的权利。但这种权利的行使必须具备三个条件:一是非暴力反抗的对象只能是实质的和明显的不正义,如对财产权的剥夺和对自由平等的侵犯等;二是假定对政治多数的正常呼吁已真诚地做过了,但没有取得效果;三是参与非暴力反抗的范围要有所限制,即不能导致对宪法和法律尊重的破坏,因而不能产生对所有人都不幸的结果。[1]

这种非暴力反抗的形式对法律规范的完善是有积极意义的。首先,任何法律都是一种凝固的非正义,社会可能存在明显不正义的规范。原因在于:立法机构内的失误;立法机构屈从其他政府机构的压力而立法;随着社会生活的变化,某些社会制度的改革,使原有的法律规范显现不正义。其次,公民对明显不正义的法律并不一定能够在法律允许的范围内加以解决,尤其是在民主政治不发达,公民没有正当的渠道向立法机构表达自己意愿的情况下更是如此。因此,非暴力反抗就成为公民促使明显不正义的法律规范改变并趋于完善的最后手段。无论其结果如何,最终都会使立法机构在工作中时刻注意保护公民的利益,提高立法的可接受性。但要做到这一点,一个重要的前提条件就是公民要有较高程度的法律社会化和良好的法律素质。只有具备这一条件,公民才有能力在理智、

---

〔1〕 参见[美]约翰·罗尔斯:《正义论》(修订版),何怀宏等译,中国社会科学出版社2009年版,第291～296页。

秩序的基础上运用这一手段,并取得较好的社会效果。否则,非暴力反抗这一良好的改善法律规范的手段就会被滥用甚至会被某些不良分子利用而走向反动。

五、人的社会化与司法:案例研究

首先,我们来看一看一个在江汉平原某个县级市的法院里发生的一起案件:某村一位妇女 Q 的丈夫 M 长年在城里打工,在同村的另一位男子 W 的引诱下,妇女 Q 同 W 发生了历时一年多的两性关系(Q 称是先强奸后通奸),其丈夫回来得知此事后非常愤怒,声称自己"没有脸在这个村子里活下去了",多次打骂 W,并威胁 W 及其家人特别是其儿子的生命安全。村民委员会首先出面调解,W 表示愿意向 M 支付 7000 元作为"精神和名誉损害赔偿",但要求 M 保证私了之后不再威胁自己和两个儿子的安全。M 拒绝了这一出价,继续纠缠并威胁 W。W 感到自己和孩子的人身安全都受到了威胁,为寻求保护,将此事反映给本村书记,书记建议他向当地人民法院提起诉讼,要求被告 M 停止对 W 的人身威胁和财产侵害。面对 W 的起诉,M 异常愤怒,在没有任何可以站得住脚的法律依据的情形下,M 提出反诉,认为原告的行为对自己造成了更大的"精神和名誉损失",要求法院据此判决原告赔偿自己 1 万元。面对这种非常微妙的案情,法院先是对此案进行了调解。双方终于达成和解协议:(1)W 赔偿 M"精神和名誉损害"费 8000 元;(2)M 停止威胁、骚扰 W 及其家人,此后,双方均不得挑起事端;(3)本案诉讼费 600 元,W 承担 400 元,M 承担 200 元。[1]

单纯从法律的角度看,这是一个非常奇怪的案件,是一个"模糊的法律产品"。在现行刑法中,通奸不是犯罪,而且也没有其他法律明文规制这一行为。相反,即使是事出有因,M 本人的骚扰、威胁 W 及其家人的行为反倒是有可能受到法律处罚。但是,在这起案件中,双方当事人从来就

---

〔1〕 关于此案的详细情况,参见苏力:《送法下乡:中国基层司法制度研究》,中国政法大学出版社 2000 年版,第 7 章。

没有这样想过，这从来就不是他们行为的预期。可见，“所谓法的现代化，绝不仅仅意味着引进现代国家法制、改进立法。引进法制，改进立法只不过是应进行工作的最低限度，乃至枝节而已。我们现实中的法——法社会学所谓‘活法’（含习惯法或等同于习惯法——引者注）——的现代化，才应该是问题的核心”。〔1〕对习惯法研究的重视和吸纳与实现法制现代化乃至国家现代化并不是冲突的，把两者对立起来是错误的、有害的。相反，两者是可以有机结合起来的，而且只有两者的有机结合，才能真正实现法制的现代化；只有弄清了习惯法，我们才能对症下药。法学家和“法律制定者如果对那些会促成非正式合作的社会条件（如习惯——引者注）缺乏眼力，他们就可能造就一个法律更多但秩序更少的世界”，〔2〕就会出现“法治秩序的好处未得，而破坏礼治秩序的弊病却已先发生”。〔3〕

---

〔1〕 杜万华：《国外法社会学研究现状一瞥》，载《外国法研究》1989 年第 3 期。

〔2〕 Robert C. Ellickson, *Order without Law*, *How Neighbors Settde Disputes*, Harvard University Press, 1991, p. 1. 转引自苏力：《现代化进程中的中国法治》，载赵汀阳等：《学问中国》，江西教育出版社 1998 年版，第 175 页。

〔3〕 费孝通：《乡土中国　生育制度》，北京大学出版社 1998 年版，第 58 页。

第三编

法对社会的影响

第十二章　法律功能论*

一、功能论研究概览

"功能"(function)一词在不同的学科中有着不同的用法。在数学中,function 被译为"函数",即一个变量的值取决于另一个变量。建筑学里的功能,是一种认为房屋的形式设计应取决于用途、材料和结构等实际因素的学说,坚持设计的过程应从分析房屋功能、选择满足这些功能的最好技术手段开始。生物学上的功能概念是指生物中竞相达到同一目标的共同积极属性,或者说是机体的某个组成要素所作的贡献。在系统科学里结构与功能是一对基本范畴。任何系统都具有一定的结构,系统的结构是系统具有一定功能的内在根据。结构即系统内部各要素相互联系和作用的方式或秩序,功能是指系统与外部环境相互联系和作用过程的秩序和能力。功能概念在社会学中得到了最为广泛的应用,以致形成了功能主义社会学。在社会学中,功能不是事实产生的原因,而仅仅是事实得以存在的依据。社会事实之所以存在是由

---

* 这一章主要是在参阅付子堂所著《法律功能论》(中国政法大学出版社 1999 年版)的基础上编写而成的,在此致谢。

于它们具有某种功能。

孔德被公认为是社会学的创始人。他通过比较社会和生物有机体，创立了功能主义。但在孔德的著作中，有机体类比进行得比较粗糙，使有机体类比得以充分发展的是斯宾塞。斯宾塞将社会学与生物学相类比，提出社会是一个有机体，社会上人与人的关系就像生物体和细胞的关系一样。由此出发，开始把人或事引起的社会后果称为功能，并认为结构的分化伴随着功能的分化，每一分化的结构为整个系统“生命”的维持完成一定的功能，分化的结构和功能通过相互依赖实现整合。迪尔凯姆认为，社会是超于个人的客观实体，在强调优先分析整体时，把系统的组成部分看作完成整体基本功能、满足整体需要的必要条件。他强调社会处于“常态”和“病态”中，将社会系统概念化，因而强调了“功能需要”的观念。他的这些对功能、必要条件、需求及常态或病态进行有机体论的假设，对社会学功能学派的发展有重要的影响。

雷德克利夫—布朗和马林诺斯基都深受迪尔凯姆有机体论的影响，也大力提倡功能研究。布朗认为，社会研究的任务在于发掘安排社会关系的基本法则；而功能分析法的主要工作是描述社会制度和社会需求之间的关系，社会需求乃是社会生存的必备条件，功能是指社会制度对社会需求的贡献。功能的实现过程是指维持社会各部门之间整合性的过程。马林诺斯基主张，考察社会文化应从整体出发并着重分析各组成部分之间的关系，不仅如此，还要分析它们对个人生理上及社会生活上的需要所起的作用。他认为，功能的概念基本上是描述性的，应利用功能概念来观察分析社会文化的共同特质，并发展社会法则。他相信，经由社会制度的功能分类，可以分析社会制度的结构；而每一种风俗、概念、物质、思想、信仰都具有很重要的功能，是社会整体不可或缺的一部分。这种观念后来被称为功能主义，马林诺斯基由此成为功能学派的创始人之一。

到 20 世纪三四十年代，以马林诺斯基为代表的传统功能论受到帕森斯及其高足默顿等人的批评。帕森斯是美国结构功能主义的理论大师，其对当代社会学最大的贡献是建立了一套完整的功能系统理论。他论证了结构功能主义的系统观点，重点是促进社会系统稳定和秩序的机制。他提出，社会是一个统一的整体，需要有系统地处理行动者在社会情景中的职位和角色的关系，二者不可分割。他认为，人类社会有很多结构联合在一起发生功能，以维持整个体系总体之整合。功能是维持社会均衡的有用的适当活动，是控制体系内结构与过程之运行的条件。如果要了解任何一定的结构，就必须提示这个结构在社会中所发挥的功能，而相互关联的功能则构成一种动态的功能体系。帕森斯系统功能理论的中心是解释社会系统的整合与均衡，以整合与均衡作为社会系统运动的基础与归宿。

而默顿选择了一条"中层理论"道路，力图构建自己的一种介于抽象的综合性理论与具体的经验性命题两者之间的理论。默顿着力论述了传统功能论在观念上的一个严重的混淆，即社会成员参与某种行动模式的"主观动机"（意向、目标、目的）与此种模式的客观后果不加区分。并且，他还详细地指出了传统功能论中三项不当的设定，即功能一致性、功能普遍性和不可或缺性的设定。他把"功能"一词界定为研究者所观察到的一个行动模式或社会结构对其所属之较大社会或文化体系的客观后果。他在批判功能理论的传统假设与经验事实的抽象概括中，提出了一些富有创意与解释力的功能分析概念，如反功能、非功能与功能替代，以及显性功能与隐性功能等。默顿通过对功能主义的一些传统观点的批判，开启了功能主义的又一个新阶段。

顾德诺（1920～1981 年）通过比较与批评默顿和帕森斯的理论，提出"功能互惠"和"功能自主"两个重要概念，标志着功能论内在逻辑的一个发展。首先，功能分析预设了"功能互惠原则"，功能存在于互惠中。任一结构若与其他某些结构进行互惠之功能交换，则此一结构就可能存续；结构之间的功能交换互惠性越少，则此结构或结构之间的确定关系越不可能存续。其次，一体系要素的功能自主就是它可以脱离体系而生存的可能性。体系之要素都拥有某种程度的功能自主，它们必然期望能维持功能自主，因此社会体系各要素都希望"维持其个别的界限"。或者说，拥有某种程度的功能自主的要素,将抗拒被充分或完全整合到较大的体系之中。

当大多数社会学理论家激烈批评功能主义时,亚历山大提出了新功能主义。在多元化的学术环境中,新功能主义代表了一种"学术取向"——抛弃帕森斯分析方法中的功能需要观念,保留其中有用的部分,即社会学理论应当描述作为系统的社会中各部分之间的相互关系,文化、社会和人格体系的特色,把文化当作社会现实范畴,考察导致社会秩序整合和解体的力量,并且确认社会分化是社会变迁的核心特点。这些尽管在帕森斯建立的宏大分析系统中都已很显著,但亚历山大认为,就社会学分析而言,这些仍然是中心问题;只不过系统需求或必要条件的观点不能充分解释在这些系统中运作的社会过程;至少,功能必要条件对人们的社会行动和社会组织的运作方式设置了广泛的限制。

尼克拉斯·卢曼也是西方功能论的主要代表人物。他试图在帕森斯的系统功能论和默顿的经验功能论之间走另外一条道路,特别主张"功能结构论",以区别于帕森斯的"结构功能论"。把"结构"置于"功能"之前,就是预设结构为既定的常数,仅仅探讨维持结构所需的功能要件;而将"功能"置于"结构"之前,便是视结构本身就是问题。因此,要探究结构形成的意义和功能,即建立系统与环境之间的界限,化约复杂性。卢曼认为,系统的功能就在于如何在极度复杂变动的环境里,能够有效地求生存与发展。所有的系统都存在于复杂的环境之中,为了能够在复杂的环境中存在,特定的系统必须发展出一套降低环境复杂性的机制。这种机制就是系统的功能。系统的基本功能与重要机制不是消除环境的复杂性,而是去降低环境的复杂性,化约复杂性;而社会的一切系统降低复杂性的化约机制,无非是按时间维度、物质维度和符号维度这三个维度去执行功能的过程。

功能主义作为一种研究社会整体的理论,认为每个社会都是一个持久而稳定的结构,诸多社会要素紧密地联系在一起并构成和谐的整体;这个整体的每个要素都有一定的功能,其任务是开展一定的活动,以便能对保持现有的整体作出贡献,首先是对保持和谐的平衡状态作出贡献。功能论作为一种社会学思潮在西方已呈日薄西山之势，但其中的某些概念范畴及研究方法仍对我国法社会学的构建具有可资借鉴之处。

二、法律功能的概念与基本分类

（一）中国法学界的观点

在我国法学界，有关法理学和法社会学的教科书中，一般有对法律功能问题的论述，归纳起来有三种观点：

第一种观点认为，法律功能等同于法律作用。例如，“法的作用或功能是指法对社会发生影响的体现”。[1] 又如，“法的作用是指法对人们的行为和社会生活的影响或功能”。[2] 这种影响或功能包括规范作用和社会作用两个方面。再如，用“作用”解释功能，认为法的社会功能集中体现在法的社会作用上，实际上也没有区分法的功能和法的作用。[3]

第二种观点是有的法理学教材只讲“法的作用”，从不涉及“功能”这种提法。[4]

第三种观点是把法律功能与法律作用两个概念加以明确区分。例如，“法的作用、职能和功能，都不是相同的概念，但都是法的内在本质的表现”。[5] 法的作用就是指法对人类社会所发生的影响，它是法影响社会能力的体现。法的职能是指法的社会作用的基本方面：政治职能、经济职能、文化教育职能和社会公共职能。法的功能则是指法的自身特有的影响社会生活和社会发展的形式、方法和手段。法有五种功能：调整功能、保护功能、教育功能、指引功能和评价功能。又如，“法的功能是指法作为一种特殊的社会规范本身所固有的性能或功用。这就是说，不论法是否直接地实际地影响于社会，但法的性能或功用却是固有存在的。而

---

〔1〕 沈宗灵主编：《法学基础理论》，北京大学出版社1988年版，第37页。

〔2〕 张贵成、刘金国主编：《法理学》，中国政法大学出版社1992年版，第114页。

〔3〕 参见马新福：《法社会学导论》，吉林人民出版社1992年版，第174～191页；王子琳主编：《法律社会学》，吉林人民出版社1991年版，第64～79页。

〔4〕 参见沈宗灵主编：《法理学》，高等教育出版社1994年版，第64～78页。

〔5〕 王勇飞：《论法的职能和功能》，载《当代法学》1990年第1期。

且这些功能是基于法的属性、内部诸要素及其结构所决定的某些潜在的能力……法的作用是指法对人们的行为和社会生活的影响和实效。在一定意义上,法的作用是法的功能的外化或现实化”。[1]

(二)法律功能的概念

法律功能是指法律作为体系或部分,在一定立法目的指引下,基于其内在结构属性而与社会单位所发生的,能够通过自己的活动(运行)造成一定客观后果,并有利于实现法律价值,从而体现自身在社会中的实际特殊地位的关系。下面将分别加以具体说明。

1. 法律功能体现法—社会之间的关系

功能是一个表示事物之间关系的范畴。对法律进行功能分析,就是对法律所产生的行动后果在社会整体中所发挥的作用进行认识和评价。法律存在于社会之中,对社会整体发挥着功能。“功能概念是指属于总体活动一部分的某种活动对总体活动所作的贡献。一种活动之所以持续下来,是因为它对整体生存是必要的。”[2]法律和社会都各自又有整体与部分之别。一方面,法律并不是永远都作为一个整体抽象地发生影响,造成后果。在国内法中,我们可以就某一特定法律部门、法律制度或法律规范微观地研究其功能,它们相互之间是存在功能差异的。另一方面,功能分析理论必须要求明确地指出功能所助益的单位,法律也是如此,必须说明对于某社会单位而言,该法律体系或部分(包括法律部门、制度或规范)具有功能。可见,一般法律文献中所常讲的法律社会功能或社会作用,其实仅是法律功能的一种表现,相互之间有外延大小之别。

2. 法律功能不同于法律目的

法律是主观和客观的统一,任何法律都蕴含一定的立法宗旨,体现着统治阶级或立法者的某些动机。研究法律功能问题,尤其是衡量法律功能实现的效果时,必然离不开法律目的。“一种社会事实的功能应该永远

---

〔1〕 卢云主编:《法学基础理论》,中国政法大学出版社1994年版,第43~52页。

〔2〕 罗述勇、[美]J. 威尔逊:《功能分析介绍》,载《国外社会科学》1986年第10期。

到它与某一社会目的的关系之中去寻找。"[1]法律功能的实现也应包括法律目的的实现,因为法律目的也是法律的一部分。立法者在立法时司法者在司法时也要知道法律条文的目的是什么,他是非理性的。然而法律功能与法律目的毕竟是两个不同的范畴,法律目的即立法者的主观意向,法律功能并非指这些主观的意向,而是指可见的客观后果。区别法律功能与法律目的,正是比较法中功能分析方法的理论起因。例如,在社会主义法律与资本主义法律之间,法律规则的"政治目的"是不可比的,因为社会制度、经济基础和意识形态是根本不同的,但这些规则的"功能"即对社会发生影响的活动方面是可比的。法律功能更多地与法律后果相近。因为法律的客观后果可能同法律目的相合,也可能不一致,甚至正好走向反面。正因为有的法律后果是法律目的的直接体现,有的则与法律目的相去甚远,所以法律功能是有层次区分的。如果误以为有什么样的立法目的,就相应地肯定有什么功能,就会使法律功能的研究只停留于表面的、理想化的层次上。法律功能的研究应有利于法学批评品格的培养。

3. 法律功能不同于法律价值

法律功能指向法律价值,但同种法律价值终究是程度不同的两个范畴。从理论上讲,法律价值体现为一定主体的需要,法律功能正是要满足这种需要。事实上,法律价值的现实表现主要是通过法律的调控功能显示出来的。法律价值一旦设定,若法律满足了这种需要,我们就说履行了法律功能。正是在这个意义上,有学者称功能是一种积极性的影响。法律价值体现了一种法的取向,说明法"应该是什么"的问题;法律功能则体现了一种法的状态,说明法"是什么"的问题。相对于法律价值而言,法律功能更有动态的意味,体现于法律系统与外部环境的相互作用过程之中。同一法律价值,可以通过不同的法律功能去实现;反之,同样的法律功能也可能实现不同的法律价值。总之,有利于实现法律价值,我们才说法律

---

[1] [法]E. 迪尔凯姆:《社会学方法的准则》,狄玉明译,商务印书馆 1995 年版,第 125 页。

有功能。但是,严格来说,“功能”一词体现了某一事物通过其运行而对其他事物发生影响的客观能力,是中性的,即其本身无所谓是积极的还是消极的。只是在功能发挥的过程中,即事物影响外在环境时,才从主体(人)的角度观察分出积极影响和消极影响。[1] 因此,在理论研究中,我们不仅应关注法律的正面功能后果,还应关注法律的反功能后果或非功能后果,不能幻想任何法律都具有功能价值。只有这样,我们才能从法律功能——结构自身探寻法律变迁或发展的另一渊源,从而丰富法社会学理论体系。

从历史形态来看,不同的法律价值基础影响着不同功能结构的形成。中世纪法律在亲属关系组织的社会起作用,法律的目的似乎是在这一社会中和谐一致地维护社会现状。自由竞争式的自我主张,在中世纪里,就像在希腊城邦的社会里一样,是不可能的。而现代社会,“是一种以法为手段来组织和改革社会的新趋势,法也不再被看作单纯地解决纠纷的手段,而逐渐被公民们甚至法学家们视为可用以创造新型社会的工具”。[2] 现代法律价值观势必影响现代法律功能结构的模式。

4. 法律功能与法律结构相对应

法律功能是基于法律结构属性而与社会发生关系的状态,表明了法律对社会的一种适应性。结构的调整导致功能的差异。结构决定功能,功能关系区别于因果关系。所谓结构,“是从系统的内部描述系统的整体性质”。所谓功能,“是从系统的外部描述系统的整体性质”。[3] 法律功能的概念表明,法律在社会中具有无可替代的地位,它对于社会有存在的效用,因而不是多余的东西。法律并非寄生于社会之中,它对社会的存在和发展有所贡献,并且在这种贡献中使法律自身获得存在和发展的根据。

---

〔1〕 参见刘星:《法律是什么》,中国政法大学出版社1998年版,第37~38页。

〔2〕 [法]达维德:《当代主要法律体系》,漆竹生译,上海译文出版社1987年版,第378页。

〔3〕 王雨田主编:《控制论 信息论 系统科学与哲学》,中国人民大学出版社1986年版,第502页。

法律作为一种社会现象与社会有机体之间客观地存在相适应的地方，这种相适应的地方就是法律的功能。所以，没有法律与社会单位的关系，就无所谓法律功能的概念。法律存在于社会大结构（大系统）中，法律本身又是有结构的。法律的内在结构直接决定或影响它在社会中所处的地位即其功能状况。例如，中国传统封建社会中法结构重刑轻民的特点就决定了法律在社会中主要起“刑辅”功能；计划经济体制下与市场经济体制下法律结构的变异也影响着法律在社会中的地位由低向高地发展。目前，越来越多的人已逐步认识到法律的不可或缺性，社会秩序与法律秩序日益接近，二者的基本重合将预示着中国法治目标的最终实现。

（三）法律功能的基本分类

1. 法律的整体功能与部分功能

法律的整体功能和部分功能有两个方面含义：一方面是法律作为整体或部分具有不同的功能，另一方面是作为整体或部分的法律对社会的整体或部分的功能。

（1）法律作为整体或部分具有不同的功能

作为一般意义上的法，无疑具有某些功能，特别是在我们研究法律与道德、法律与宗教等其他社会规范或社会现象的区别时，所指的就是一般意义的法。在此意义上，道德的功能主要是通过传播社会价值观来保持价值系统完好无损，并保证系统成员思想及行为的一致性；相对而言，法律乃是社会文化现象，其整体功能主要在于发挥其对主体行为的激励功能，或如法理学教科书中一般介绍的指引、评价、预测、教育、强制等规范功能，由此使社会大系统内部各行动者或社会单位之间保持协调，促进不同社会领域的发展。以上是法律的规范功能，而法律对不同社会领域的功能则是法律的社会功能，这两类功能是就法律的整体而言的，是法律的整体功能。

就部分而言，法律又存在不同的法系、法律形式、法律体系、法律部门、法律规范、法律条文、法律要素等，这些各部分又具有不同的法律功能。例如，作为法律要素之一的法律原则，其功能在于，“法律原则的模糊性意味着法律运作中对人的因素的引入,法律的外延由此成为开放性,法律由此被看作是须由解释者补充完成的未完成作品。法律可以根据社会生活发展的需要,通过解释基本原则,把经济、政治、哲学方面的新要求补充到法律中去,以使法律追随时代的发展而与时俱进,实现法律的灵活价值"。[1] 又如,制定法和判例法作为特定的法律表现形式各自有不同的功能,实体法和程序法在法律结构中也各有其功能特殊性。

当然,法律的整体功能和部分功能是相对而言的,法律规范作为法的细胞,其功能是法的部分功能,但法律规范相对于构成要素又具有整体功能。法律功能取决于法律的内部结构,即法律系统内部各要素之间以及各要素与整体之间存在必然的结构关系。法律体系的各要素都具有自己独特的功能,同时各要素之间相互关联、相互配合,共同实现法律体系的整体功能。因此,我们必须注意把法律作为整体的功能与作为构成法律要素的功能区分开来。

(2)法律对社会的整体或部分的功能

在社会学中,一般把社会制度的功能界定为三种:社会导向功能、社会整合功能与文化传递功能。[2] 法律制度作为社会制度的一种,其对社会的功能,当然也表现为这三种情况:

①法律的社会导向功能。在社会中,每个主体都有自己的价值和利益,它们的差异使人们在行为上可能发生冲突;而社会生活又要求人们的行为协调一致,以保持一定的生活秩序。法律适应社会发展的需要,提供社会化的行为模式,使社会主体明白可以怎样做、应该怎样做和不应该怎样做,把人们的社会活动纳入一定的轨道,使人们的行为有章可循,维持社会秩序,保障人类生活的正常进行。法律的这种功能,就是法律的社会导向功能。

---

〔1〕 徐国栋:《民法基本原则解释:成文法局限性之克服》,中国政法大学出版社 1992 年版,第 354 ~ 355 页。

〔2〕 参见吴增基等主编:《现代社会学》,上海人民出版社 1997 年版,第 257 ~ 258 页。

②法律的社会整合功能。法律的社会整合功能,就是通过法律把社会主体以有序的方式结合起来,把个人结合在一起,把各个不同的小团体结合成更大的团体,使社会作为一个整体而运行。"法律揉进了社会中相互矛盾的观念,它像一座灯塔那样,使社会中本来分散的各种成分团结在其周围。"[1]从积极方面来看,法律应当使每一社会主体在社会组织和社会结构中所处的地位和角色行为、权利和义务都有所依循,使社会主体在社会组织中按角色规范行事,发挥自己的作用,并促进社会组织的提高。人们按法律规范行事,就使整个社会关系结构完整,社会活动有条不紊,整个社会机体运转灵活。从消极方面来看,法律的社会整合功能主要表现为纠偏功能。为了保持社会的正常秩序,必须追究违法者的法律责任,即干预越轨行为,纠正偏离法律要求的社会行为,从而发挥法律对社会行为的控制整合功能。

③法律的文化传递功能。法律不仅是一种社会文化现象,而且是传递社会文化的一种重要手段。人类文化的发展具有历史的连续性。通过法律进化,可以把人类过去所创造的优秀文化传统得以保存,传给下一代,从而使社会文化的发展具有历史连续性;并且,通过法律还可以使社会文化发展的实践行为有效进行,以不断创造文化,促进文化发展与社会进步。

2. 法律的显性功能与隐性功能

(1)默顿对功能的划分

显性功能和隐性功能最早是由默顿提出的一种功能划分。默顿认为,社会行动的主观动机与客观社会后果之间的关系,正可以由显性功能与隐性功能来说明。"显性功能是有助于系统地调节或适应的那些客观结果,这些调节或适应结果是系统的参与者所希求并知道的;相应地,隐

---

〔1〕 [英]罗杰·科特威尔:《法律社会学导论》,潘大松等译,华夏出版社1989年版,第120页。

性功能是那些既未被希求也未被认识到的结果。"[1]默顿特别指出,发现隐性功能是社会学知识的重大进步;而研究隐性功能恰是社会学学者最能发挥所长的领域,也是社会学学者在理论上最可能有所收获的研究领域。

(2)法律功能的显性与隐性状态

默顿的上述理论具有很强的应用性方法论意义。我们研究法律如同研究行为和社会结构一样,既要研究其显性功能,又要研究其隐性功能。法律的显性功能是指法律的客观后果合乎立法者的本来意图,或者说是由立法者有意安排出来的;法律的隐性功能则是指法律对社会的影响后果,是看不见的或是在立法者无意中所产生的,即这种后果超出了立法者的本来意图。法律隐性功能是难以预测和认识的,运用社会功能模式就有助于认识它,从而克服传统法学研究方法的局限。

(3)法律的直接功能与间接功能

法律的显性功能和隐性功能并不同于法律的直接功能和间接功能。拉兹把法律功能分为规范功能与社会功能。法律的社会功能又有直接功能与间接功能之分。其中,法律的主要直接功能为:预防和鼓励行为,为个人的各种规划提供方便,提供服务与分配财物,解决未受规范的争端;法律的次要直接功能有:提供修改法律及实施法律的各种程序。[2]

由于显性功能和隐性功能的区别在于法律的客观效果与立法目的是否一致,如果某种间接功能也在立法目的之中,为立法者所预料,或者那种间接性正是立法者所追求的,甚至被看得比直接功能还要重要,那么,这种间接功能就正好是法律的显性功能。反之,法律的隐性功能也可能

---

〔1〕 See Robert K. Merton, *Manifest and Latent Function*, in Social Thaory and Social Structure. N. Y. :Frees Press,1968,p. 74 -91,105. 转引自付子堂:《法律功能论》,中国政法大学出版社 1999 年版,第 51 页。

〔2〕 See J. Raz, *On the Function of Law*, In A. W. B. Simpson, OxFord Essays in Jurispradence,Clarendon Press,OxFord,1973,p. 298. 转引自付子堂:《法律功能论》,中国政法大学出版社 1999 年版,第 53 页。

是由法律直接导致的，因而同时也是直接功能。例如，“收审”制度的种种弊端。[1]

(4)法律显性功能与隐性功能划分的意义

法律的显性功能和隐性功能的区分，有助于我们解释某些法律现象，这些现象虽然没有达到其宣称的目的，但依然继续存在，或为人们所容忍。因此，我们就不能仅仅注意某一法律是否达到其宣称的目的，而应将视野放宽，全面考虑问题。司法者进行司法活动也不能只考虑是否达到预期目的，而应当进一步避免可能造成的消极后果，或增加产生的积极后果。法律经济分析方法把诉讼的社会成本计算进去来衡量法律效益，实际上就是把法律的显性功能和隐性功能统统纳入研究的视野范围。

法律的修正案往往最能说明研究法律隐性功能的意义。美国宪法第18条修正案是关于禁酒的规定。本意是“劝人向善”，但结果却不仅没有杜绝酒类的制售行为，反而给社会带来不必要的混乱。这种混乱直接源于这条修正案，却为立法初期所未料。多年后，终于不得不出台第21条修正案，专门废止第18条修正案，走了一段否定之否定的曲折道路。中国1979年制定的《刑事诉讼法》中本来规定，检察院有免予起诉权，其显性功能是有利于犯罪人的改造，但实践表明又有一些隐性功能，如放纵罪犯、冤枉无辜等，这就远离了立法者的出发点，有违初衷。因此，1996年3月17日公布的《刑事诉讼法》取消了有关检察机关“免诉权”的规定。[2]

3. 法律的正功能、反功能和非功能

正功能、反功能和非功能这三种功能的划分也是由默顿首次提出的。他认为，一个社会文化要素相对于某一社会文化体系而言，可能有正功能、反功能和非功能。同理，对法律功能也可以从性质上，即从法律对社会系统的整体运作所引起的效应上进行此种划分。

---

〔1〕 参见崔敏：《中国刑事诉讼法的新发展》，中国人民公安大学出版社1996年版，第84~96页。

〔2〕 参见付子堂：《法律功能论》，中国政法大学出版社1999年版，第55页。

所谓法律的正功能(或称法律的积极功能),是指该法律能够激发社会成员的积极性,法律的实现将有助于社会体系的良性运行,促进社会关系的协调、稳定,从而适应社会的需求,对社会的生存或个人的调节作出贡献。法律的反功能(或称法律的消极功能)是指法律的实现将引起社会内部关系紧张,分割社会体系内部的协调、稳定局面,降低社会系统的活力。法律的非功能是指该法律的存在对社会既无积极影响,又无消极后果,处于一种"具文"状态,因而社会成员对其无动于衷。

三、法律功能的形成机制

法律对社会的功能主要是通过行为激励和利益调控而实现的。

(一)法律的行为激励功能

1. 法律激励功能的发生机制

法律对个体行为的激励功能,就是通过法律激发个体合法行为的发生,使个体受到鼓励去做法律所要求和期望的行为,最终实现法律所设定的整个社会关系的模式系统的要求,取得预期的法律效果,形成理想的法律秩序。

行为科学认为,行为是指个体在环境的作用下有目的的活动,是人和环境交互作用的产物和表现。个体行为是个体在一定的生理、心理因素和社会文化因素的指引下,由个体需要引发足够强度的动机而自觉进行的能够产生某种影响和结果的社会活动。行为的一般过程分为五个阶段:(1)环境影响;(2)主体需要;(3)行为动机;(4)行为方式;(5)客观结果造成主体满足状况。法律功能体现于行为的每一阶段,由此可以分析法律对个体行为激励功能的具体发生机制。

在环境影响阶段,首先,法律是作为一种具有悠久历史的社会因素,营造出许多虽然有共性但互相有异、各具特色的文化圈。在不同的法律文化氛围中,人们的观念、行为都有所不同。个体都依其所生活其中的法文化圈内占优势地位的法观念,指导自己从事日常法行为或对他人的法行为作出评价。其次,在不同的法律生活领域,法律又可通过原则及政策性的方针规定从宏观上指导法律规范的运用,如"惩办与改造相结合"的方针对罪犯的激励经久不衰。总之,法律环境是影响人的行为的一个重要因素。

当环境一定,主体需要却可能并不一致。马斯洛把人的需求由低到高分为五个呈阶梯状的层次:生理需要、安全需要、爱的需要、尊重需要和自我实现需要。[1] 实际上,并非每一个体都能达到最高层次,人有境界高低之分。然而,国家的法律对于社会个体的每一层次的需要,都应设计出相应的满足模式。生理需要是每一个体赖以生存的最低需求,这些需要不能满足,人的生存就有问题,处于优先地位。法律必须对个体的生存权以及相关的劳动权、收入权等给予切实的保障,对工作时间、福利待遇等作出规定,"生存权是首要人权"。[2] 安全即免于危险、恐惧及灾难,需要职业稳定、社会保险等,退休制度、保险法是典型体现;另外,如社团法律、晋升制度、决策参与民主制度、研究发展计划等相应地能够满足三个更高层次的需要,激励不同层次的人作出符合法律的行为选择。当然,具体到特定的个人,在特定的时间,他可能更为关注五个层次中的某一个,即所谓"优势需要"。法律作为一种管理措施,应当随着人的需要结构的变化而作出相应的不同规定。

需要本身不能产生行为,动机才是人类行为的直接驱动力。仅有内在需要不一定产生动机。只有在一定的条件下,使需要的满足成为一种可能,才产生相应的动机。动机是某种需要未被满足的心理状态,它引起个体的行为、维持个体的行为并将个体行为导向某一目标的愿望或意志。产生动机是人的需要进入其头脑并转化为主观愿望的一种机制,也是需要推动行为的必经途径。人们为了满足需要会产生各种各样的动机,动机本身对于人的行为就有激励作用。法律规范可以通过抑制某些人的恶劣动机,预先对人的行为方向作出指引。

在大多数情况下,法律更为关注人的行为方式和客观结果。同一动

---

〔1〕 参见时蓉华编著:《社会心理学》,上海人民出版社1986年版,第95页。

〔2〕 国务院新闻办公室:《中国的人权状况》白皮书,1991年11月1日。

机可能会导致不同的行为方式,造成不同的客观后果。有时,良好的动机如果以非法的行为方式进行,法律对于行为人照样要予以惩罚;反之,某些个体可能动机不良,但行为方式合法,也未造成危害他人和社会的客观结果,法律同样会作出肯定性评价或者不加以干预。前者如父杀子之类的"大义灭亲";后者如各有所图的"老少婚"等。法律对人们的行为模式和法律后果加以规定,激励现实生活中的人们的实际行为,使其合乎立法者的期望。

在法律对个体行为的激励功能的发生机制中,还存在法定行为的耗费因素,即个体在行为过程中所作的各种支付,包括已有资源的付出和可选机会的丧失。为了使激励功能最大化,必须充分地降低行为各环节的耗费。因此,必须对已有的全部法律规定和即将出台的新法律规定进行"法律的经济分析",以使法律能最大限度地激励人们的行为。

2. 法律对行为的激励方式

(1)法律的外附激励功能。激励可分为外附激励和内滋激励。[1] 外附激励方式既包括赞许、奖赏等正激励,又包括压力、约束等负激励;内滋激励属于主体自身产生的发自内心的自觉精神力量,如认同感和义务感。

法律的外附激励功能最易为人所见,因此被列为首要的表现。过去,我国法学界将制裁作为唯一的法律后果,这有其片面性。后来,有学者提出法律后果有肯定性和否定性之别,从法社会学上分析,这是两种外附激励,即正激励和负激励。在有些法律(如科技法)中,正激励多一些,而在另一些法律(如刑法)中,则以负激励为主、正激励为辅。法律指引功能的发挥程度,与立法者关于外附激励的两种形式的设定有关。当立法者希望某种行为发生时,便会加大正激励的力度;反之,当立法者希望限制乃至杜绝某种行为时,便会加大负激励的强度。尽管如此,相对于内滋激励而言,外附激励效果及作用终究有限。

(2)法律的内滋激励功能。首先,认同感是内滋激励的基础。认同就

---

[1] 参见唐子畏编著:《行为科学概论》,湖南大学出版社 1986 年版,第 64 页。

是个体承认、同意群体或组织的目标，进而产生一种肯定性的情感和积极态度，甚至迸发出一种为实现某一目标的驱动力。如果没有认同感，个体与群体中的其他人没有或很少有共同的语言，更谈不上自觉自愿为之奋斗。法律体现国家意志，国家立法者把不同层次和不同种类的社会目标或国家目标载入宪法及法律法规，并且激励不同层次的人去认同。其次，义务感作为人们的一种内心要求也会对个体行为产生一种自觉的精神动力，使之心甘情愿付出一定的代价。法律义务带有国家强制性，而法律义务的实现在多数情况下依靠个体的自觉。

(3)法律的公平激励功能。公平或正义问题为哲学、法学、经济学、伦理学等几乎每一社会科学所关注。早在古希腊，亚里士多德就意识到，"公平就是比例，不公平就是违反了比例，出现了或多或少"。[1] 而现代行为科学中的公平激励理论为法律功能研究开辟了一片新视野。该理论认为，公平是平衡稳定状态，个体对所得报酬是否满意，不是看绝对值而是看相对值，每一个体把自己的报酬与贡献的比率同他人的比率作比较，比率相等则认为公平而努力工作。[2] 法律历来被视为正义的象征，中国古代就有"平之如水"之说，但在具体的立法、执法操作中，如果不能处理好上述比率，就无法形成公平关系，也就难以将法律的公平原则落到实处，当然无法发挥法律对个体行为的激励功能。我国《民法典》中规定的公平原则，《选举法》中的选举公平、比例原则，《刑法》中的罪刑相适应原则等都是公平原则的体现。当然，法律不能完全地、彻底地实现这种"对等"，但应尽可能充分地、积极地追求公平、公正。如此，方能激励个体行为，促进社会进步。

(4)法律的期望激励功能。人类行为的一个重要特点是有目的性，即有目标。目标给人以希望，激励人的生命力和创造力，从而使国家、社会充满活力。目标实际上就是一种期望。期望理论认为，激发力量 = 效价 × 期

---

〔1〕《亚里士多德全集》(第8卷)，中国人民大学出版社1992年版，第101页。

〔2〕参见刘凤瑞主编:《行为科学基础》，复旦大学出版社1991年版，第58页。

望值。[1] 效价即目标对于满足个人需要的价值越高，激发力量即推动人去追求目标的力量强度或积极性也越大。这是由于作为个体对目标行为价值评判的效价有正负之分。正的效价和大的期望对个体行为则有增力的作用；相反，负的效价和小的期望对个体行为则有减力的作用。法律设定的目标千差万别，但有时非常有吸引力的目标却无效价，激发力量就是零。我国1954年《宪法》中规定"公民有居住和迁徙的自由"，这种自由无疑是十分诱人的，然而实际上却无法满足。所以，1982年《宪法》对该项自由不再确认。可见，在设立法律目标的同时，必须对绩效及效价作出充分考虑。

（5）法律的挫折激励功能。由于人的需要可以是无限的和无条件的，而人满足其需要的能力却总是有限的和有条件的，因此人的一生中常常会遭遇到各种各样的挫折。法学家关注挫折的目的在于：一是阻碍个体不正当行为目标的实现，使有不正当行为的人蒙受必要的挫折；二是用法律调控防止或减少正当个体行为遭遇挫折，并且当挫折发生后在法律上加以补偿或救济。这两方面都会对个体行为形成激励效应。产生挫折的原因有两类，由此把挫折分为外因性挫折和内因性挫折。对于内因性挫折即由主观原因引起的挫折，如果造成对他人或社会的危害，则法律要加以追究，这也就是我们通常所说的主观过错责任法律原则。另外，法律中关于正当防卫的规定，也可以从挫折理论角度加以解释。

（二）法律的利益调控功能

利益就是人们受客观规律制约的，为了满足生存和发展而产生的，对于一定对象的各种客观需求。利益是激励人们为改造客观世界而自觉活动的客观动因，激励功能是以追求利益最大化的行为假设为前提的，因此，法律对行为的激励功能的实现最终是通过法律对利益的调控而实现

---

[1] 参见俞克纯、沈迎选编著：《激励·活力·凝聚力：行为科学的激励理论与群体行为理论》，中国经济出版社1988年版，第58页。

的。法律对利益的调控具体表现为以下三种情况：

1. 法律对利益要求的表达功能

法律适应利益调节的需要而产生，法律的变化和发展根源于利益关系的变化和发展，归根结底根源于人们利益要求的变化和发展。在这个意义上，利益规律是法律的基础，法律制度实质是一种利益制度。“社会上占统治地位的那部分人的利益，总是要把现状作为法律加以神圣化。”[1]同时，法律关系实质就是利益关系，立法过程就是利益的分配过程。法律并不创造或发明利益，只是对社会中的利益关系加以选择，对特定的利益以权利分配的形式予以承认，或者拒绝承认特定的利益应受法律保护。这种选择表现在两个方面：利益主体与利益内容。在任何法律社会中，都不能产生为社会所有成员一致同意的法律规范。把法律视为“公意”的体现，这只是一种对应然状态的理想追求。社会是由人构成的，人们相互之间构成各色各类的利益主体。“他们个人权力的基础是他们的生活条件，这些条件是作为对许多个人共同的条件而发展起来的，为了维护这些条件，他们作为统治者，与其他的个人相对立，而同时却主张这些条件对所有的人都有效。由他们的共同的利益所决定的这种意志的表现，就是法律。”[2]如前所述，利益从不同角度可作不同的分类，利益主体也因利益内容的不同而各有其归属。某一特定的人可能在政治利益上属于此一利益主体，在经济利益上又属于另一利益主体。法律对利益要求的表达并非绝对地只遵从一个标准。我们甚至可以这样说，一个特定主体可能在经济上是统治阶级的一分子，但在其他领域（如思想上）却是被统治阶级的成员。每个人都不是单向度。法律不可能对某一具体利益主体的所有利益都加以反映或都不加以反映。法律通过对权利和义务的规定既要记录下有效地得到承认和保护的利益，又要忠实记录下遭受拒绝的利益，以及某种利益所获承认的限度。利益支配着我们对于各种行为

[1] 《马克思恩格斯全集》（第25卷），人民出版社1974年版，第894页。

[2] 《马克思恩格斯全集》（第3卷），人民出版社1960年版，第378页。

所下的判断,使人们根据这些行为对于公众有利、有害或者无所谓,把它们看成道德的、罪恶的或可以容许的。法律表达利益的过程,大致包括提取主体要求并对之进行处理,直至输入权利等阶段,这同时是对利益选择的过程。称职立法者应当这样做:坚持利大于害的选择,追求容小害图大利,消除有利无害、一本万利的幻想性选择。在表达利益要求时,决不可回避利益冲突。

2. 法律对利益冲突的平衡功能

首先,就国家与法产生的根源而言,当人们之间发生了不可调和的利益冲突关系而又无力摆脱时,“为了使这些对立面,这些经济利益互相冲突的阶级,不致在无谓的斗争中把自己和社会消灭,就需要一种表面上驾于社会上的力量,这种力量应当缓和冲突,把冲突保持在‘秩序’的范围以内”,[1]于是就产生了国家和法。其次,“利益就其本性说是盲目的、无止境的、片面的。一句话,它具有不法的本能”。[2] 诉讼的前提,乃是存在利益要求相对立的各方。社会并不是均衡化的。利益源于对资源的控制,利益的大小取决于对资源控制的多少。然而,社会中的现有资源总是处于匮乏的状态,对资源控制的不同导致了利益的差别,利益差别构成了利益冲突的基本原因。但“冲突并不完全是破坏性的,它也具有建设性的社会功能”。[3] 正因为有社会利益冲突,社会存在与社会变迁才有其可能性。

法律对利益冲突的平衡功能表现为,对各种利益重要性作出估价或衡量,以及为协调利益冲突提供标准。法律无法选择确认每一主体的每一项利益,但必须对各种利益冲突加以平衡,从而不致使人类社会在无谓的利益纷争中毁灭,失去继续发展的可能。20 世纪以来西方“法律的社会化”倾向,其实就是法律对个人利益与社会利益的关系的一种平衡。应

〔1〕《马克思恩格斯选集》(第 4 卷),人民出版社 1972 年版,第 166 页。

〔2〕《马克思恩格斯全集》(第 1 卷),人民出版社 1956 年版,第 179 页。

〔3〕蔡文辉:《社会学理论》,台北,三民书局股份有限公司 1986 年版,第 128 页。

当强调的是,当私人利益与公共利益发生冲突时,也不应无条件地牺牲前者而维护后者。任何出于公共利益或长远利益的保护而对私人利益或短期利益的侵夺,都必须提供充分的理由,根据合理的标准,经过适当的程序和在必要的情况下给予相应的补偿。专利法中的强制实施许可证制度就说明了这一基本原理。

法律对利益关系的协调,对利益冲突的平衡一般是通过某些基本原则规定和制度设计体现的。比如,民法中的诚信原则就能维持民事活动当事人双方及社会三者利益的平衡。对于公益性强而利润较低的行业(如公交企业),即使在市场经济条件下也应由国家经营,从而通过国家平衡利益关系。总之,市场经济条件下的利益冲突通常需要靠法律来制衡。

3. 法律对利益格局的重整功能

人类历史上,革命或改良其实都是对利益格局的调整或重新安排。"变法"无不是改变现存利益格局,法律正是在利益格局的不断被打破和重整过程中逐步向前发展的。在政治领域,法律要对国家权力结构加以固定化;当权力结构发生变动时,往往伴随《宪法》的修改或更新。其实,任何一种权力也都是受利益支配的,并且是为实现一定的利益而服务的。权力斗争实质就是利益斗争,权力集团实际上代表了一定的利益集团。权力斗争的结果导致利益格局的重整,此时,法律便担当着利益格局的重整功能。在经济领域,每一个社会的经济关系首先是作为利益表现出来的。体制转轨要求社会利益的重新整合,市场经济体制的建立过程伴随着新的利益群体的不断涌现。利益主体的多元化是市场经济的一个重要特征。

四、法律功能的实现

(一)法律功能实现的含义

法律功能只是法律作功之能力,是一种可能性状态。法律的生命在于实现。这就需要一定的中介机制把纸上的法变为行动中的法,把可能性变为现实性,将法律与社会联为一体。因此,必须进一步研究法律功能实现的问题。

“实现”是指观念性的应然要求转化为现实性的实然存在。因此,法律的实现又称为“法律的实行”,是指法律规范的要求在社会实际生活中的体现和贯彻。法律实现(或称法律功能实现)不同于法律实施。法律实施是指使法律规范的要求在社会生活中获得贯彻的活动和过程;法律实现则是法律实施活动的静态结果,即法律通过人们的适用和遵守而产生一定的效果,使法律功能在现实社会中得到具体的发挥。法律实施以法律实现为目的,但并非所有的法律规范都必须通过实施才产生社会功能。在有些情况下,法律规范可能只具有象征性功能,其功能的实现就不一定依赖于该法律规范的被援用或实施。只要法律存在,它就满足了立法者的愿望,其显性功能就得到了实现。因为这种立法的社会目的就只在于用它作为一个象征,为立法者树立一个形象。

(二)法律功能实现的基本途径

法律是通过对人们的行为提出要求而作用于社会。在逻辑结构上,法律规范由行为模式和法律评价两部分组成。法律对人们行为的要求集中体现在行为模式有关权利和义务的规定之中,法的实现要求人们遵循法律规范设定的行为模式,人们在自己意志的支配下,按照行为模式的要求作出合法行为,正确地行使权利、履行义务,将行为模式中规定的权利和义务转化为现实生活中的权利和义务,法律的功能才能得以发挥,法律才能得到实现。法律设立的利益互补和补足的理想秩序,都是依靠人们合法行为结成和实现的。与合法行为相反,违法行为不能使法转化为现实,也不能构成法律确定的利益互补和补足关系,而只能对这种关系构成破坏。至于法律评价,由于它本身并不包含对人们行为的直接要求,而只是对人们的行为在法律上的意义作出评价和处理,因而法律评价的适用并不能直接使法律得到实现,而只是为法律的实现提供一种保障。肯定性法律评价的适用促进人们按行为模式的要求作出合法行为,否定性法律评价的适用则抑制人们违反行为模式的要求作出违法行为。

因此,只有合法行为,才能把法律规范对人们行为的要求转化为现实,合法行为乃是法律实现的基本途径。法律规范的整个系统构筑了社会秩序的基本模式,反映在模式中的社会秩序,则是立法者认为公正、必要的利益互补和补足的总和。说到底,这些关系的形成意味着统治阶级的根本利益得到实现。但是,只有合法行为才能将这些模式转化为现实,这就是合法行为的根本意义。合法行为既受主体自身因素和与主体选择特定行为直接相关的环境因素的直接制约,又受主体行为发生地社会大环境的间接制约。当然,实现不同的法律规范有不同的要求,这要视行为模式的不同状况而定。总体来说,法律在把主体行为引导到合法的轨道上时,应通过控制主体行为的变量因素而实现。同时,为了保证合法行为激励模式在社会中有效地发挥功能,法律还要设立对违法行为的惩罚模式。肯定或否定法律评价的适用,只是对人们行为选择的事后处理,虽然其本身并不直接实现法律,但它保证法律的实现,具体体现出法律对行为的鼓励或制裁。

(三)法律功能实现的微观形式

实际上,法律就是分配权利和义务;在微观结构上,法律就是有关权利和义务的规范。因此,法律的实现或法律功能的实现的微观形式就是权利的行使和义务的履行。

1. 权利的行使

在法学上,所谓权利,就是法律规范所规定的,法律关系主体所享有的作出某种行为的可能性;或者说,就是法律对法律关系主体作出的一定行为的许可和保障。由法律规定的法律关系主体所享有的作出某种行为的可能性包括三个方面,或者说,权利在结构上由三个部分组成:(1)权利主体自己实施某种行为的可能性,即积极行为的权利;(2)请求对方履行义务的可能性,即要求他人作为或不作为的权利;(3)在义务人不履行其义务时,权利人诉诸法律,要求保护的可能性,即要求保护的权利。当然,权利只是一种可能性,并不等于现实性,虽然公民对于权利可以行使,也可以不行使,但这种可能性是始终存在的。

在权利本位的意义上,法律是客观的权利,权利是主观的法律。因此,法律功能的实现就是权利的实现,或由法定权利向实然权利的转化。

而在权利的实现过程中,关键是要合理地协调个人与社会的关系。在西方法学发展史上,自由主义法学派主张个人高于社会,国家主义法学派主张社会高于个人。但有一点是无疑的,即"如果政府不认真地对待权利,那么它也不能够认真地对待法律"。[1] 法律权利是国家通过法律加以规定并体现在法律关系中的,人们在国家根本利益或社会普遍利益范围内作出选择,获得利益的一种能动手段。或者说,权利是对利益的提起和处理结果,是社会主体参与利益分配的资格。简言之,权利即主张利益的资格。权利行使是授权性法律规范的实现形式。授权性规范授予人们法律上行使一定的权利,可以作出某种行为,它的实现是通过权利人享用权利的合法行为来完成的。这种行为在性质上表现为积极的作为。

由权利的结构所决定,权利人对权利的行使有三种不同的情况:一是行为权的行使,即权利人根据法律规范的规定自行作出某种行为,无须他人采取一定的行为予以协助和配合,如所有权人依法自行占有、使用、收益和处分自己所有的财产,任何人不得妨碍;二是请求权的行使,即权利人根据法律规范的规定请求他人为一定行为或不为一定行为,以满足自己的权利要求,如债权人请求债务人履行债务;三是保护权的行使,即权利人因他人的行为而受到不法侵害,不能行使其权利时,通过诉讼或仲裁等方式要求有关部门予以保护,如所有权人要求法院判令不法占有人返还财产,债权人要求法院判令债务人履行债务等。实体权利只有通过适当的程序才能实现。程序规则的功能,就是为实体权利的实现服务。知识产权被称为"诉讼中的物权"就是指往往只有当权利被侵害,因而发生诉讼时才显现出权利的存在。

权利行使是把法律规范中规定的权利转化为现实生活的权利,以满足权利人的某种利益要求。权利人是否行使法律授予的权利,作出某种行为,是权利人的自由,由权利人自行决定。如果权利人享用权利,那么

---

[1] [美]罗纳德·德沃金:《认真对待权利》,信春鹰、吴玉章译,中国大百科全书出版社 1998 年版,第 270 页。

他会得到肯定性法律评价,法律确认权利人享用权利的行为有效,并予以保护。如果权利人放弃法律授予他的权利,拒绝作出某种行为,一般情况下,也不会因此而招致否定性法律评价。然而,必须看到,倘若一个社会中人们对法律赋予的权利纷纷放弃,则很难说这个社会中的法律得到了很好的实现。当人们能够尽情而又谨慎地行使权利时,法律也就更接近现实了。

2. 义务的履行

权利是有限度的,法律权利的限度就是法律义务。法律义务是指法律为满足社会共同生活需要和某些具体情况下的个体的正当利益需要而规定的,法律主体应当或必须作出的做或不做的行为。因此,义务的履行又分为两种情况:积极义务的履行和禁令的遵守。

积极义务的履行是命令性法律规范即规定积极作为义务的义务性法律规范的实现方式。命令性规范要求人们在法律上主动承担一定的积极义务,必须作出某种行为,它的实现是通过义务人履行积极义务的合法行为来完成的。这种行为在性质上表现为积极的作为,不可放弃。禁令的遵守是禁止性法律规范的实现形式。禁止性规范要求人们在法律上承担一定的义务,这种义务是消极的,即不得作出某种行为。它的实现是通过义务人遵守禁令的合法行为来完成的。这种行为在性质上表现为消极的不作为。

积极义务的履行和禁令的遵守是把法律规范中规定的义务转化为现实生活中的义务,以满足整个社会或他人的某种利益要求。对于义务人来说,履行积极义务,作出某种行为,或者遵守禁令,不作出某种行为,都是法律规范的强制要求。义务人依法忠实地履行积极义务或遵守禁令,那么他将得到肯定性法律评价,法律肯定其行为的有效性,并予以保护,在少数场合,还予以奖励。反之,如果义务人不依法履行积极义务或不遵守禁令,那么他将招致否定性法律评价,法律否定其行为的效力,并予以撤销或制裁。可见,法律责任的落实是法律实现的重要一步。

"权力也是一种权利",[1]但是,权力是一种特殊的权利。按照韦伯的说法,权力是强制推行自己意志的能力和可能性。[2]法律中一般把权力称为职权。有关赋予国家机关及其工作人员职权的规范,从形式上看属于授权性规范,但实际上它也同样具有义务性规范的特征,诚所谓"有权不用也该罚"。如果法律规定的权力运行机制不能落到实处,如法律上某个国家机关享有立法权或司法权,而事实上,其他国家机关或非国家机关分割了这些权力,这时,规定立法或司法权属的有关法律,便处于一种已被架空、无法实现的状态,自然发挥不出正功能。此外,有的法律规范更明确规定某种行为既是权利又是义务。这种规范同样具有授权性规范和命令性规范的双重特征。以上两类法律规范在其实质形式上具有一定的特殊性,既表现为权利的享用,又表现为积极义务的履行。如果行为人拒绝作出法律所要求的行为,将会招致否定性法律评价。

---

〔1〕[英]鲍桑葵:《关于国家的哲学理论》,江淑钧译,商务印书馆1995年版,第210页。

〔2〕参见付子堂:《法律功能论》,中国政法大学出版社1999年版,第251页。

第十三章　法律效果论

一、法律效果的概念

(一)法律效果与相关概念

1. 法律效果与法律效力。法律效果是法律作用于人们行为的结果。一部法律制定以后,并不一定有法律效果,有的法律有效果,有的法律没有效果;有的法律一时可以对人们的行为产生效果,而以后又会失去效果;有的法律对一部分地区、一部分人有效果,而对另一部分地区、另一部分人没有效果。因此,法律效力不等于法律效果,有效力的法律不一定就有效果。法律效力仅是指法律的约束力,是法律本身就存在的,而法律效果乃是法律效力得到实现或发生实效后所产生的社会影响。

2. 法律效果与法律目的。法律效果的产生过程也就是法律目的实现过程。所有的法律都有自己的目的。如果立法者在立法时不知目的是什么,我们就会说他是非理性的;如果司法者在司法时不知法律条文的目的是什么,我们也会说他是非理性的。所谓法律效果或法律功能实现效果,就是指法律为了实现其目的,通过调整社会关系所产生的实际结果而对整个社会所发生的客观影响或效应。

3. 法律效果与法律结果、法律效益、法律效率。法律结果是通过法律的实施对个别具体法律关系调整的后果,表现为某一具体的权利义务关系的设立、变更和消灭;法律效果强调,通过个别法律结果扩大到对整个社会发展的影响和作用,使社会关系的整体发生变化。或者,我们也可以将法律结果称为法律的一般效果,将法律效果称为法律的最终结果或二级法律结果。法律效果与法律效益、法律效率也是不同的。法律效益是施行法律所产生的有益的社会效果同法律的全部社会效果之比;而法律效率则指法律效益与法律成本之比,成本越小,效益越大,效率则越高。[1]

(二)法律效果的分类

1. 根据各项法律的实施实现预期法律目的的程度不同,法律效果分为三种:(1)理想法律效果,即法律有效地调整了社会关系,完全达到了预期的法律目的。这是人们在法律活动中追求的最佳目标。(2)满意法律效果,即法律的调整虽然由于现实环境和立法者认识上的限制以及法律实施中的某些失误,与法律目的存在一定的距离,但基本上实现了法律预期目的,比较有效地调整了社会关系。法律调整不可能时时做到完全准确合理,所以理想和满意法律效果应当都是适宜法律效果,或称法律的正效果。(3)不满意法律效果,即由于主观上的重大失误,在立法和法律实施中,对影响法律效果的关键因素缺乏认识或认识不足,或者由于客观实际情况的重大变化,从而使法律调整违背或基本上没有达到法律目的。不满意法律效果也称法律的负效果。

2. 按照法律作用的对象,法律效果可以分为对个案的效果、对群体的效果和对社会的效果。法律对个案的效果指对法律执行对象的直接的效果,如剥夺财产、判刑等;对群体的效果指某项法律的实施对某一特殊群体所产生的影响,如《劳动合同法》的实施对下岗职工的生活水平的影响;对社会的效果指某项法律的实施对整个社会的影响,如《妇女权益保障法》

---

〔1〕 参见郭道晖:《立法的效益与效率》,载《法学研究》1996年第2期。

对提高妇女地位,反对对妇女歧视的影响。在评价法律效果时,对个案的效果或群体效果好,并不一定对整个社会的效果好。例如产业调整和工人下岗的规定,对于“关停并转”的企业和下岗的工人来说,其效果是不好的,但对于改变我国的产业结构,促进从计划经济向市场经济的转变,其效果又是好的。因此,这三种法律效果并不总是一致甚至相互冲突。

3. 按照对作用对象的好坏,法律效果可以分为正面效果和负面效果。正面效果指对作用对象有积极影响的效果;而负面效果指对作用对象有消极影响的效果。一般来讲,一项法律既有正面效果,又有负面效果。立法者在制定法律时在可预期的范围内应该尽量扩大正面效果,缩小负面效果。设想一部法律有百利而无一害几乎是不可能的。因此,在评价法律的效果时,应进行综合的、客观的、全面的评价。

4. 按照法律的可预测性,法律效果分为预期法律效果和没有预期的法律效果。预期法律效果指与立法者的目的相一致的效果,一般指正面效果。没有预期的法律效果是指立法者没有预期到的效果,一般指负面效果。

另外,还可根据法律效果的地域范围将其分为整体法律效果和局部法律效果;根据法律效果持续的期限分为长期效果、中期效果和短期效果;根据法律效果的内容分为法律的社会效果、法律的经济效果和法律的政治效果。

二、法律效果研究的概况

(一)法律效果研究的历史概览

对法律效果的研究并不是一切时代的法学都能科学地提出来并加以科学的解释的。在古代,法具有神圣性,它是上帝的命令,君权神授,对法律效果无人敢问津。对于这种法律,唯一的就是服从。在19世纪,法官和律师从事审判和法律服务工作也从来不考虑法律效果问题,他们往往从“人们应该怎么样思想或行为”出发,来作出自己的决定。在传统法学中,法律效果研究也被忽视了。分析法学只对各种法律规则的内容进行逻辑分析;历史法学认为法律是从民族生活中自发地演变而来,会自发地起作用;自然法学、哲理法学认为抽象的正义就会使法律具有实际效力,只关心法律的正义问题。

法律效果的研究是与法律工具论的观点紧密联系在一起的。在法律工具论看来,法并不是神圣的,也不是人们无条件服从的命令。它只不过是一种工具,一种社会机器的协调工具。人们相信它能起作用,就服从它;否则,人们能够改变法律从而改变其效益。以边沁为代表的功利主义法学在这方面迈出了重要的一步。他认为,趋乐避苦既是立法的出发点,又是法律和立法的归宿和落脚点。人们服从法律是根据服从法律所带来的利益和不服从法律所造成的损失的比较来安排自己的行为的,即根据苦与乐的数学计算原理来判断、安排自己的行为,所有法律甚至包括刑法都要贯彻功利主义原则,只是他的这一假设从来没有被实践验证过。然而,以边沁为代表的功利主义法学首开的从自然法、实证法观念到法律工具论的转变是人们关于法律的思想的重大转变为法律效果研究奠定了基础。

社会法学认为,法律的生命在于它的适用和施行,因此注重对法律效果、法律的作用、法律运作的研究,注重对使立法和司法判例得以生效的条件的研究。在当代法社会学研究中,法律效果研究取得了很大的进展。它不是仅仅停留在抽象的理论层次上,而是应用到具体法律和判决的效果研究中,尤其是把自然科学的研究方法运用到法律效果的研究中,如"疫苗理论"和"过滤理论"。

法律效果的研究对法学、立法都具有重要意义。传统的立法准备工作主要是分析和研究其他立法,因而比较立法被认为是立法的最好基础。但单纯地对各种法律文本进行比较和考虑这些法律内容是否合乎抽象正义是不够的,更重要的是要研究这些法律的社会作用及其实际效果。

(二)法律效果研究的现状

1."疫苗理论"

"疫苗理论"认为,法律就像一种疫苗,它被接种到有病的社会机体上,其目的在于使社会机体恢复健康。持这种观点的包括结构功能主义法学和冲突论法学。结构功能主义法学把由政治、经济、文化、法律、家庭等各种社会制度组成的整个社会看作一个有机体,不同的社会制度执行着不同的功能,法律制度的功能在于保障各种社会制度的内在整体性,维持成员间的社会关系和感情关系。而冲突论法学也把法律制度看作维持现状的工具,不过其功能不在于维持社会机体的内在一致性,而在于创造和维持一种社会统治。虽然结构功能主义法学和冲突论法学对于法律要实现的目的有不同的理解,但是它们都把法视为实现某种目的的工具,视为维持社会健康的"疫苗"。

"疫苗理论"的提出,对于批判陈腐的自然法观念和"法律就是主权者的命令"的分析法学观点起到了重要作用。但随着对法律效果问题的深入研究,特别是当研究从一般理论的层次深入到具体法律和判例的效果时,许多学者对"疫苗理论"又提出了批判。第一,人们行为的变化往往由多种因素引起,如何证明某种行为的变化是由法律因素而非其他因素作用的结果?而且,"法律效果"这一概念本身就成问题,法律作用是整个社会过程的一个有机组成部分,法律对社会的作用首先要受到社会对法律作用的制约,因此把"法律效果"从整个社会过程对法律的影响中孤立地抽象出来是不可能的。也就是说,离开经济、政治、道德、习惯等因素,不可能孤立地谈法律效果。第二,法律效果的测量要看法律作用的结果是否能达到法律所预期的目标,但如何确定法律所预期的目标?在许多情况下,在法律的字面中或在立法的辩论中都不能发现法律的真正目的。代表不同阶级、阶层或社会集团的立法者制定某一法律的目的可能是相互矛盾的。在有些情况下,通过某一法律只是不同社会利益集团相互长期斗争的一个阶段,而并不是它们要实现的目标。因此,离开一定的社会背景,也不可能孤立地谈法律目标。

2. "过滤理论"

"过滤理论"是在批判"疫苗理论"基础上提出的,它的最大特点就是把法律效果研究放在一个更大的社会背景下,把法对社会的作用同社会对法的作用联系起来考察。这种理论认为,法律是在一定的社会环境中运作的,它必然受到该社会环境的影响,因而法律对人们行为的作用必然因社会环境的影响而得到修正。法律作用赖以存在的社会环境,经济、政治、文化通过法律执行、法律解释的机制等,就像一个“过滤器”,法律作用不是在真空中,而是通过这个“过滤器”而产生效果的。因此,法律效果研究必须注意“过滤器”的影响,注意社会环境、执法者、法律解释者和被法律作用者对法律效果的修正。

同“疫苗理论”一样,“过滤理论”也具有结构功能主义和冲突论两种观点。结构功能主义法学认为,执法者、法律解释者和被法律作用者对法律效果的修正是通过法律制度的内部结构即法律作用机制而进行的,因此它更着眼于这一修正的机制、结构方面。而冲突论法学则认为,法律作用机制本身更有利于“有产者”和“有社会资源者”,社会环境对法律效果的修正并不是中性的、无偏颇的“结构压力”的结果,而具有鲜明的价值色彩。

三、法律效果的测量

法律效果的测量是指测量法律作用的结果在多大程度上达到了法律所预期的目标。这里涉及测量法律作用的结果和确定法律所预期的目标两个方面。

(一)测量法律效果的步骤和技术

测量法律作用的结果的一般步骤包括:(1)确定某一特殊的法律规定或判决及其作用的特殊的群体作为测量的对象;(2)研究在适用该法律规定或判决前后被测量的群体行为的变化;(3)确定该行为的变化是否由该法律规定或判决所引起。这个程序的关键是第三步,是否能把人们的行为的变化解释为该法律规定实施的结果。问题的复杂性在于,人们行为的变化往往是由多种因素引起的,如何确定一种行为的变化仅仅是由法律一个因素作用的结果?这就需要运用前面“法社会学的研究方法”这一章所介绍的社会学的对比的方法。比如,一个企业某一时期劳动生产率的提高可能是刺激方式改变、机器更新、该时期工人技术素质提高、生产周期缩短、企业经营环境改善、宣传教育增多等多种因素造成的。为了确定改变方式(劳动法的规定)对劳动生产率的影响,就需要选择两个组:(1)实验组,进行改变刺激方式的实验,看劳动生产率的变化;(2)控制组,在那里其他条件,如机器、工人技术素质、生产周期、企业的市场环境、思想宣传的水平等都大体一样,只是不改变刺激方式。如果在实验之前两个组的劳动生产率相同,而在实验之后,它们的劳动生产率出现差别,在其他条件都一样的情况下,就可以判定劳动生产率的提高是改变刺激方式造成的。但这只适用于实验的环境,在大规模的社会实践中,往往很难找到这样可以把法律条件专门抽出来的环境。

(二)确定法律预期的目的

1.法律目的是衡量法律效果的基本准则

法律是存在于社会中的一个有目的的系统,从法律的主观属性来看,法律目的表明了用法律调整社会关系的预定结果,是法律效果预先的观念模型和超前反映。根据实施法律的活动所引起的结果是否与预期的法律目的相吻合,就可以评价法律效果的优劣。离开法律目的则难以对法律效果作出一致的评价。法律目的在法律实施活动中得到贯彻之后,作为法律实施活动的结果,就具有了实在化、客观化的现实对象形式,凭借这种形式,立法者们对法律效果的观念规定得到实施。但是,必须区分法社会学中的法律目的与一般法理学中所提出的自由、平等、理性等抽象的法律价值目的。法社会学中作为衡量法律效果标准的法律目的是具体的,而非抽象的,应当是在经验上可以得到检验的。"当英国的衡平法院在以'公平'、'正义'原则裁决纠纷的时候,它要实现的目标实质上是要让权利人从普通法烦琐的程序中解放出来,促进资本主义经济的发展;当信托制度作为规避法律的结果在英国被创造出来的时候,它的意义在于,它在既有的法律体系中创造了新的权利和权利主体;美国违宪审查制的产生,是要确立联邦最高法院的司法审查权和宪法的至尊地位;科斯在提出产权界定主张的时候,他所追求的是降低社会成本这一最终结果。人类法律的发展史反复地说明了,某一具体规则或原则的确立,绝不仅仅具有对个案的直接意义,而更重要的是它作为制度的功能效应。"[1]如果违背法律的目的,机械地适用法律条文,则可能导致法律功能的异化,即法律的实现走向了法律目的的对立面。理性的法治应当将目的视为法律的一部分。

2. 法律目的的确定

在有些情况下,法律的预期目标是比较好确定的,如规定交叉路口安装交通信号装置的目标在于减少这些路段的交通事故等。但是,正如上文人们批判"疫苗理论"那样,在许多情况下,法律目的是很难确定的,我们不能离开一定的社会背景,孤立地谈法律目的。例如,对18世纪英国的禁止雇用童工法的研究表明,从表面上看该法律的目标是禁止企业招收童工,让儿童上学。但实际上,隐藏在该法律后面的主要目标是减缓工业竞争,打击那些从雇佣童工中获得利益的中小企业主,使拥有雄厚资金和技术设备的大企业获得垄断地位。在争取通过该法的过程中,这一目标从来没有被提到,议会辩论的记录也没有提到这一目的。但是,大量的事实表明,打击中小企业主的利益,保证大企业的垄断,是隐藏在通过该法律时大工厂主的那些冠冕堂皇词句后面的真实动机。当然,并不是每个赞成禁止使用童工的人都怀有与大工厂主一样的目的,有的人可能出于宗教的虔诚或人道主义的动机。因此,通过该法律的动机是不一致的,它是多种利益相互斗争又相互制约的混合物。[2] 因此,研究法律目的必须注意:(1)区分法律本身的文字中所表现的目的和在这些文字背后实际要达到的目的;(2)法律实际要达到的目的在不同的群体、不同的阶层中可能是不一样的、相互矛盾的;(3)一项过去通过的法律可能用于达到适用于现实目的的其他目标,因此再追求该法律当时的目标意义已经不大了。

---

〔1〕 郑祝君:《适法者要用正确行动引导法律功能的实现——几起撤销注册商标案评析》,载《法商研究(中南政法学院学报)》1998年第6期。

〔2〕 参见朱景文:《比较法社会学的框架和方法:法制化、本土化和全球化》,中国人民大学出版社2001年版,第556~557页。

四、影响法律效果的基本因素

法律是在一定的社会环境中运作的,法律对人们行为的作用必然受到该社会环境的影响。在我们研究法律作用于人们行为的过程及其效果时,必须考虑社会环境对法律作用的影响。法律效果,实际上是法律与其赖以存在的社会环境交互作用的结果。社会环境对法律效果的影响可以有不同的方向。有时社会环境可以促进法律预期目的的实现,有时也可能阻碍法律目的的实现,关键在于立法者所确定的法律目的是否符合客观实际,是否充分考虑到它赖以存在的社会环境,达到立法者目的的法律手段是否健全。在有的情况下,当法律预期目的不符合客观实际时,通过"过滤器"的作用,法律目的得到修正,其效果符合客观实际的要求;在有的情况下则相反,由于有"过滤器"的环节,法律目标得到修正,法律作用的结果不是更符合实际,而是与客观实际背道而驰。影响法律作用的社会环境包括不同的社会因素,如政治、经济、文化等。学者们研究问题所侧重的方面不同,因而会形成不同的学派,如结构功能主义侧重于社会结构对法律作用的影响,人类学观点侧重于社会文化、习惯对法律作用的影响,冲突论侧重于统治者的政策对法律作用的影响。这些社会因素对法律效果的影响,最终是通过人这个中介环节而实现的。在法律整个运行过程中,影响法律效果的人主要包括立法者、法律解释者〔1〕、法律执行者以及法律作用者。下面分别加以说明。

(一)立法者的影响

人们在研究法律效果时,往往是指法律的实施、执行,而把立法作为预设的前提不加以考虑,这是一种静止的观点,是不符合实际情况的。其实,每一项具体法律功能的实现即法律效果的形成是立法、司法、执法和守法等多个环节共同作用的结果,立法影响司法、执法和守法,反过来,司法、执法和守法又影响法律的制定,它们之间形成一种良性互动的关系,这是一种发展的观点,也是一种科学的观点。因此,法律效果的形成不仅

〔1〕 在这里,其专指法官和律师,不同于一般所说的法律解释、立法解释和司法解释。

取决于法律功能限定完成后，如何从执行程序、组织等方面来安排这些功能以及实现功能的步骤，而且取决于法律自身功能的限定。换言之，法律效果的形成不仅取决于司法、执法和守法，而且取决于立法，并及时地协调好它们之间的关系。可见，立法者本身的素质、立法者对客观事物的认识能力、立法者对法律功能及其实现机制的设计等因素直接限定着法律效果的状况。当法律规定与社会实际情况一致时，法律实施的阻力就较小，就不会为人们所规避，法律的目的就容易实现，法律效果就比较理想；当法律的要求高于社会实际情况时，法律在实施中的阻力就较大，就更可能出现法律规避的现象，法律的目的就会大打折扣，法律效果就不理想；当法律的要求低于社会实际情况时，这种法律不是推动社会的发展，而是阻碍社会的发展，尽管这种法律的法律效果较好，但它的社会效果相反较差，这就是一种负法律效果。

其实，立法者对法律效果的影响，主要是通过对立法者的影响进而影响法律效果。有关立法者对立法的影响，在本书第七章有具体而详细的论述，不再赘述。

（二）法律解释者的影响

美国最高法院关于禁止在公立学校进行宗教祈祷的判决曾经在不同地区、不同学校有不同的反应——直接反抗、冷漠、表面服从而暗中仍然举行宗教祈祷活动等。对于这种现象，法律效果的“疫苗理论”曾经指出法院判决具有不平衡的效果（法律效果的不平衡性），但没有指出造成这种不平衡的原因，即决定着不同学校作出不同反应的条件是什么，在什么条件下学校服从或拒绝法院判决。而法律效果的“过滤理论”则深入到造成法律效果不平衡的原因的分析中，认为律师和法官作为法律的解释者，他们的行为和态度也是形成法律效果的重要因素之一。

1. 律师的“过滤”作用

关于最高法院这一判决的效果的一项研究报告表明，当最高法院判决生效后，在一所学校曾对此有激烈的争论：学校董事会的成员受到很大的压力抵抗最高法院的决定，如果他们投票赞成最高法院取消祈祷的决定,他们的工作就会有危险;而有些人希望搞一种非宗教性的祈祷活动,作为一种妥协。但是,学校董事会的律师在使学校服从法院决定方面起了关键作用。这位律师非常赞成法院的禁令,在禁令发布前他已为董事会成员准备了好几个月,禁令发布后他劝阻他们放弃各种抵制行为。同时,他转移赞成祈祷的市民对学校董事会成员的责难,帮助他们辩解:"他们的手被捆住!他们也无能为力。"如果没有律师的帮助,学校董事会可能要花费许多年的时间反对判决并为改变它而进行诉讼。因此,这位律师,作为法律的解释者,使学校董事会服从了判决,尽管当时社会上有着强烈的抵制判决的潮流。[1] 相反,在另外一些学校,如印第安纳校区,由于缺少一名赞成禁令的律师,学校董事会只能保持现状,"允许"教师个人在"自愿的基础上"指导在教室的祈祷。[2]

上述研究表明,学校董事会中律师的存在以及他们抵制或赞成法院判决的倾向,是造成法院判决有不同效果、形成"法律效果不平衡性"的一个决定性条件。

2. 法官的"过滤"作用

律师不是影响法律效果唯一的法律解释者,法官在这一过程中也起着重要的"过滤"作用。首先对这个问题进行研究的是社会学家韦伯。他认为现代合理的统治类型乃是法理型,是法律与规则的统治。由于规则的中心地位,对这些规则加以解释和适用的人即法律专家也就担负了一种核心的功能。在韦伯所称的法律专家中,法官当然是其中重要的组成部分。法院成了解释和界定法律规则并把这种规则适用于社会生活之中的中心机构,成为德沃金的"法律的帝国的首都,法官是帝国的王侯"。[3] 他们的价值倾向、行为方式等对于法律的任务——"通过司法实现社会正

[1] 参见朱景文:《现代西方法社会学》,法律出版社1994年版,第221~222页。

[2] 参见朱景文:《现代西方法社会学》,法律出版社1994年版,第222页。

[3] [美]R. 德沃金:《法律帝国》,李常青译,中国大百科全书出版社1996年版,第361页。

义"[1]——的完成至关重要。正是在这个意义,罗尔斯才说"不正义的行为之一就是法官及其他有权者没有运用恰当的规则或者不能正确地解释规则"。[2] 没有运用或不能正确解释,这样的法官所进行的司法就可能对民权的保障产生负面影响,甚至本来就应当为民权提供保护的司法反过来侵害民权,因为不公正的立法固然是一种弊害,但是在未经最终适用于具体个案的处理之前,那弊害还只是潜在的,或者只是表现在一种符号意义上的;而一个以追求社会正义为存在基础的合理的司法官僚阶层却可以将立法上的弊害降至可能的最低限度。相反的情况当然也是不言而喻的:良好的立法由于不公正的适用而造成压迫和暴虐,如我们的民谚所说,"歪嘴和尚念坏了经"。[3] 因此,法官的"过滤"作用对法律效果具有举足轻重的影响。

法官对法律效果的"过滤"作用在两大法系中的作用是不同的。在普通法系法官造法,法官有较大的自由裁量权,因此对法律效果有较大的过滤作用;而在大陆法系法官的作用则有限得多,他们只有较小的自由裁量权,法律像一个"无缝的网",对各种情况都有清楚、明确的要求和详细的规定。但是,两大法系即使是大陆法系的法律从来也没有达到"无缝的网"那样的理想境界,仍然存在大量的非法律的外部环境对法官的判决起作用,对法律效果起"过滤"作用。这主要有以下几个原因:

首先,由于法律或上级法院的判决本身在内容或文字上的含糊、多义、相互矛盾,从而使法官有对法律作出不同解释的可能性。我国学者徐国栋先生认为造成法律模糊性的原因有三个:第一,作为法律载体的语言本身存在局限性;第二,客体运动的连续性和它们之间类属性态的不明晰性,使立法者难以做到以精确化的语词界定它们截然的性状和类属边界,而不得不求诸模糊语言,对模糊客体以模糊的语言形式把握之;第三,由

---

[1] 夏勇主编:《走向权利的时代》,中国政法大学出版社1995年版,第209页。

[2] [美]罗尔斯:《正义论》,何怀宏等译,中国社会科学出版社1988年版,第225页。

[3] 参见夏勇主编:《走向权利的时代》,中国政法大学出版社1995年版,第211~212页。

于立法技术的失误，立法者之用语与其本意不合，可能造成立法意图与法律文字表现的背离，由此产生法律的模糊甚至错误。[1] 法律的含糊不清必然导致根据法律精神决案，那么“法律的精神可能会取决于一个法官的逻辑推理是否良好，对法律的领会如何；取决于他感情的冲动；取决于被告人的软弱程度；取决于法官与被侵害者间的关系；取决于一切足以使事物的面目在人们波动的心中改变的、细微的因素。所以，我们可以看到，公民的命运经常因法庭的更换而变化。不幸者的生活和自由成了荒谬推理的牺牲品，或者成了某个法官情绪冲动的牺牲品。因为法官把从自己头脑中一系列混杂概念中得出的谬误结论奉为合法的解释。我们还可以看到，相同的罪行在同一法庭上，由于时间不同而受到不同的惩罚。原因是人们得到的不是持久稳定的而是飘忽不定的法律解释”。[2] 尽管贝卡里亚是从法律的模糊性的弊害的角度来谈法官对法律的解释，但这同时也说明：无论人们的态度如何，法律的模糊性是客观存在的，是不可避免的；只要存在法律的模糊性，就会有法官对法律的解释，也会存在法官作为法律解释者的“过滤”作用，同时也会对法律效果产生影响。

其次，除立法方面的原因外，还与法院审判案件的承受能力相关。弗里德曼曾经把法院的工作比作一种服务工业。像任何其他商业一样，法院服务的价格由供给和需求所决定。供给即法院在任何时候能够提供多少服务，它的工作人员的规模，它所拥有的资源，它在调整对服务需求的起伏中的灵活性；需求则指有多少人指望法院帮助解决他们的问题。法院所建立的规则总是具有双重功能：一是它们明显的目的，即它们计划要实现的作用；二是当对法院服务的需求扩大、抑制或减少时的作用。当对法院服务的需求突然增加时，法院不可能迅速作出反应，因为没有额外的法官、法院书记员和法庭的储备。因此，当法官制定了一条新的规则扩大

---

〔1〕 参见徐国栋：《民法基本原则解释：成文法局限性之克服》，中国政法大学出版社1992年版，第141～142页。

〔2〕 [意]贝卡里亚：《论犯罪与刑罚》，黄风译，中国大百科全书出版社1993年版，第13页。

权利或使社会中某些人承担义务时,该规则的一个重要的效果就是它将引起法院服务需求的增加,甚至引起诉讼爆炸。如果法院受理由新规则的改变而引起的所有可能的案件,法院将被案件阻塞,以至任何人都不可能活到看见他们诉讼的结果。这样,就必须对要求法院解决的案件加以某种控制。高额的法律耗费(价格)是使法院工作负担保持在合理范围内的一种方法。法院在作出判决时,有时会作出保守的决定,这往往不是因为它们与"法律"最符合,而是不这样做就会造成案件潮水般地涌来,从而使法院无法控制。[1] 面对这种情况,法院采取了不同的对策:有的法院无视新的法律规定,继续按照原有的规定办案;有的法院则采取简化办案程序办法,迅速办案;有的法院为了简化办案程序,实际上已经转变为像行政执法机构那样的办事机构,根本不进行法庭辩论,只是盖上法院的橡皮图章结案了事。所有这些情况都使法律的原有规定被修正。

另外,美国现实主义法学早在20世纪30年代就已注意到:法律不过是法院、法官或其他官员处理案件的行为或对这种行为的预测,现实主义者贬低以至否认法律规则的作用。法官判决实际上受到各种社会因素、心理因素的影响,正式的法律、判例只起很小的作用。[2] 美国现实主义法学虽然是一个比较激进的学派,但也有其合理之处,许多研究表明,法官判决实际上受到他们生活和工作的社会环境的影响。例如,一项对美国艾奥瓦州法官的研究报告表明,在那些居民对于犯罪公开表现出强烈不满的县,法官们给予更加严厉的科刑。法官判决还受到自己以前经历的影响,那些过去在司法选举中被击败的法官所给予的科刑也更严厉。总之,法官并不是"法律的奴仆"。即使在一个倡导司法公正的社会中,法官也绝非像处理理想类型里所设计的现代官僚集团那般纯粹,这个集团能否公正地适用法律要受到多种因素的制约。例如,它是不是一种构成合理的集团,它的社会化倾向与程度,它所居于其中的社会的历史文化传

---

〔1〕 参见朱景文:《现代西方法社会学》,法律出版社1994年版,第225页。

〔2〕 参见沈宗灵:《现代西方法理学》,北京大学出版社1992年版,第309页以下。

统,它与政治之间的关系等因素以及所有这些因素相互作用的过程与结果等,都通过法官的“过滤”作用进而影响法律效果的形成。

最后,当代西方法社会学的结构功能主义理论和冲突理论关于法官和律师对法律效果的“过滤”作用有不同的解释。结构功能主义理论认为,法律效果通过法律制度内部的结构,即解释和执行法律的机制而得到修正。法院的内部组织特征决定了它们在修正法律效果方面所起的作用。冲突理论虽然也同意对法律效果的修正确实发生在这些制度内部,但是他们指出“过滤”过程的受益者往往是“有产者”“有资源者”,而不是“无产者”“无资源者”。他们认为,简化法律程序有利于房产主、商人、大公司,他们利用律师,很少发现他们出现在法律争端中。[1] 因此,对于冲突理论来说,简化法律程序从而过滤法律效果,并不是不受个人影响的、无偏颇的“结构压力”的结果,它们的效果也不是公正的。相反,它们有利于有钱、有权的人,因为恰恰是那些寻求保持和加强他们的权力并有资源这样做的人,通过法律解释的制度而施加压力,才产生了诸如“简化法律程序”之类的办法。

(三)法律执行者的影响

在“人的社会化与法”一章中,笔者曾经谈到“法律不能改变习惯”的问题,如果法律的规定不符合人们的习惯,通过执法者的作用,法律的预期目的会被修正,拉回到人们习惯的轨道上。有的学者指出,当法律的规定特别严厉时,它们的执行情况就可能不如较温和的法律那样好。例如,英国在 18 世纪对于有长期犯罪记录的人,包括一些小偷,都处以死刑。在这样严厉的刑法面前,其结果是对这些犯罪的公诉大幅度下降。这种下降的趋势直到对他们的死刑被废除为止。又如,印度的所得税法一向以严苛著称其结果是大量违反税法的现象存在,国家税务官员甚至也参与违法。再如,美国一项关于违反交通规则情况的研究报告表明,对于违法的司机突然加重惩罚的结果,往往是执法者使其执法活动以他们理想

〔1〕 参见朱景文:《现代西方法社会学》,法律出版社 1994 年版,第 226 页。

中的"好"交通规则为依据而不论"书本上的法"是怎么规定的。这项研究成果实际上和关于康涅狄格州降低高速公路的车速的规定经警察执行而得到修正的情况完全一样。当然,也存在相反的情况,即法律规定的处罚比较温和,而经执法者的"过滤",其结果变得比较严厉。例如,1972 年美国科罗拉多州废除了反对同性恋的法律,但是当地的警察却像以前一样继续对同性恋者提起诉讼。有的学者据此认为,同性恋的非犯罪化太突然,使警察和许多公民的观点难于接受。[1]

(四)法律作用者的影响

法律作用的对象即被某一特殊法律所作用的"目标人口",他们也影响着法律的实施效果。一部法律究竟能发挥多大的作用,其效果如何,并不以立法者的意志为转移。当法律偏离它所规定事物的自身法则时,必然受到种种因素或不同形式的抵制。在"人的社会化与法"这一章,笔者详细地论述了这个问题,概括起来包括立法和司法两个方面。在立法方面,法律作用者对法律效果的影响是通过对立法和立法者的影响间接地达到对法律效果的影响的,主要有两种方式:积极的和消极的。在司法方面,通过对一个司法案例的研究,展示了法律效果是怎样受到法律作用者的影响的。该案例研究表明,正是由于法律作用者的影响,法律的安排与最后的结果出现了偏差。

---

〔1〕 参见朱景文:《现代西方法社会学》,法律出版社 1994 年版,第 219 ~221 页。

主要参考文献

一、著作类

1. [美]昂格尔:《现代社会中的法律》,吴玉章、周汉华译,中国政法大学出版社1994年版。

2. [意]贝卡里亚:《论犯罪与刑罚》,黄风译,中国大百科全书出版社1993年版。

3. [美]本杰明·卡多佐:《司法过程的性质》,苏力译,商务印书馆1998年版。

4. [美]波斯纳:《法理学问题》,苏力译,中国政法大学出版社1994年版。

5. [美]伯尔曼:《法律与革命——西方法律传统的形成》,中国大百科全书出版社1993年版。

6. [美]伯尔曼:《法律与宗教》,梁治平译,三联书店1991年版。

7. [美]E.博登海默:《法理学——法哲学及其方法》,邓正来、姬敬武译,华夏出版社1987年版。

8. [美]布莱克:《法律的运作行为》,唐越、苏力译,中国政法大学出版社1994年版。

9. [苏]C.C.阿列克谢耶夫:《法的一般理论》(下册),黄良平、丁文琪译,法律出版社1991年版。

10. 陈光、赵大千:《法律社会学专论》,知识产权出版社 2019 年版。

11.［法］达维德：《当代主要法律体系》，漆竹生译，上海译文出版社 1987 年版。

12.［日］大木雅夫：《比较法》，范愉译，法律出版社 1999 年版。

13. 费孝通：《乡土中国　生育制度》，北京大学出版社 1998 年版。

14.［英］弗里德利希·冯·哈耶克：《法律、立法与自由》，邓正来等译，中国大百科全书出版社 2000 年版。

15. 付子堂：《法律功能论》，中国政法大学出版社 1999 年版。

16. 何珊君：《法社会学》，北京大学出版社 2013 年版。

17.［美］亨利·莱维·布律尔：《法律社会学》，许均译，上海人民出版社 1987 年版。

18. 黄家亮、郭星华主编：《法社会学教程》（第 3 版），中国人民大学出版社 2021 年版。

19. 黄仁宇：《赫逊河畔谈中国历史》，三联书店 1992 年版。

20.［美］科塞：《社会冲突的功能》，孙立平等译，华夏出版社 1989 年版。

21. 李楯编：《法律社会学》，中国政法大学出版社 1999 年版。

22. 李瑜青主编：《法律社会学教程》，华东理工大学出版社 2009 年版。

23.［美］理查德·A. 波斯纳：《法律的经济分析》，蒋兆康译，中国大百科全书出版社 1997 年版。

24. 梁治平：《清代习惯法：社会与国家》，中国政法大学出版社 1996 年版。

25. 梁治平：《寻求自然秩序中的和谐》，中国政法大学出版社 1997 年版。

26. 刘全德主编：《西方法律思想史》，中国政法大学出版社 1996 年版。

27. 刘祖云等：《组织社会学》，中国审计出版社、中国社会出版社

2002 年版。

28. [法]卢梭:《社会契约论》,何兆武译,商务印书馆 1980 年版。

29. 陆益龙:《转型中国的纠纷与秩序——法社会学的经验研究》,中国人民大学出版社 2015 年版。

30. [美]罗尔斯:《正义论》,何怀宏等译,中国社会科学出版社 1988 年版。

31. [英]罗杰·科特威尔:《法律社会学导论》,潘大松等译,华夏出版社 1989 年版。

32. [美]罗斯科·庞德:《普通法的精神》,唐前宏等译,法律出版社 2001 年版。

33. 吕世伦主编:《当代西方理论法学研究》,中国人民大学出版社 1997 年版。

34. 吕世伦主编:《西方法律思潮源流论》,中国人民公安大学出版社 1993 年版。

35. [德]马克斯·韦伯:《论经济与社会中的法律》,张乃根译,中国大百科全书出版社 1998 年版。

36. [德]马克斯·韦伯:《儒教与道教》,洪天富译,江苏人民出版社 1997 年版。

37. [德]马克斯·韦伯:《新教伦理与资本主义精神》,于晓等译,三联书店 1987 年版。

38.《马克思恩格斯选集》(第 2 卷),人民出版社 1972 年版。

39. 马新福:《法社会学导论》,吉林人民出版社 1992 年版。

40. 马新福:《法社会学原理》,吉林大学出版社 1999 年版。

41. [美]迈克尔·D. 贝勒斯:《法律的原则——一个规范的分析》,张文显等译,中国大百科全书出版社 1996 年版。

42. [英]梅因:《古代法》,沈景一译,商务印书馆 1959 年版。

43. [法]孟德斯鸠:《论法的精神》,张雁深译,商务印书馆 1963 年版。

44. [美]诺内特、塞尔兹尼克:《转变中的法律与社会》,张志铭译,中国政法大学出版社 1994 年版。

45. [美]庞德:《通过法律的社会控制:法律的任务》,沈宗灵、董世忠译,商务印书馆 1984 年版。

46. [日]千叶正士:《法律多元——从日本法律文化迈向一般理论》,强世功等译,中国政法大学出版社 1997 年版。

47. [美]乔纳森 · H. 特纳:《社会学理论的结构》,邱泽奇等译,华夏出版社 2001 年版。

48. [美]R. 德沃金:《法律帝国》,李常青译,中国大百科全书出版社 1996 年版。

49. [英]S. F. C. 密尔松:《普通法的历史基础》,李显冬等译,中国大百科全书出版社 1999 年版。

50. 沈宗灵:《现代西方法理学》,北京大学出版社 1992 年版。

51. 沈宗灵主编:《法理学》,高等教育出版社 1994 年版。

52. 沈宗灵主编:《法学基础理论》,北京大学出版社 1988 年版。

53. 苏力:《法治及其本土资源》,中国政法大学出版社 1996 年版。

54. 苏力:《送法下乡:中国基层司法制度研究》,中国政法大学出版社 2000 年版。

55. 苏梅凤等编著:《法律社会学》,武汉出版社 1990 年版。

56. 谭全万主编:《法律社会学》,西南交通大学出版社 2017 年版。

57. [美]唐 · 布莱克:《社会学视野中的司法》,郭星华等译,法律出版社 2002 年版。

58. 王铭铭、王斯福主编:《乡土社会的秩序、公正与权威》,中国政法大学出版社 1997 年版。

59. 王三秀主编:《法律社会学:理论与应用》,华中科技大学出版社 2021 年版。

60. 王子琳主编:《法律社会学》,吉林大学出版社 1991 年版。

61. 乌丙安:《民俗学原理》,辽宁教育出版社 2001 年版。

62. 吴增基等主编:《现代社会学》,上海人民出版社 1997 年版。

63. 夏勇主编:《走向权利的时代:中国公民权利发展研究》,中国政法大学出版社 1995 年版。

64. 徐国栋:《民法基本原则解释——成文法局限性之克服》,中国政法大学出版社 1992 年版。

65. [古希腊]亚里士多德:《政治学》,吴寿彭译,商务印书馆 1965 年版。

66.《亚里士多德全集》(第 8 卷),中国人民大学出版社 1992 年版。

67. 由嵘等主编:《外国法制史》,北京大学出版社 1992 年版。

68. 喻中:《宪法社会学》,中国人民大学出版社 2016 年版。

69. 张洪涛:《法律的嵌入性》,东南大学出版社 2016 年版。

70. 张洪涛:《中国传统礼法合一国家治理体系研究》,法律出版社 2022 年版。

71. 张文显:《二十世纪西方法哲学思潮研究》,法律出版社 1996 年版。

72. 张文显:《法学基本范畴研究》,中国政法大学出版社 1993 年版。

73. 赵震江主编:《法律社会学》,北京大学出版社 1998 年版。

74. 郑杭生主编:《社会学概论新修》,中国人民大学出版社 2003 年版。

75. 周立民:《法律社会学:经典理论与经验研究》,同济大学出版社 2022 年版。

76. 朱景文:《比较法社会学的框架和方法:法制化、本土化和全球化》,中国人民大学出版社 2001 年版。

77. 朱景文:《现代西方法社会学》,法律出版社 1994 年版。

二、文章类

1. 陈伯礼:《论公民法律素质与立法》,载《现代法学》1996 年第 4 期。

2. 陈静:《新时期网络媒介在人的社会化进程中所起作用的研究》,载《北方经济》2012 年第 14 期。

3. 戴健林:《中国农民的法律心理:一种本土化的解释》,载《学术研究》1997 年第 9 期。

4. 杜万华:《法律文化在立法中的作用》,载《学习与探索》1990 年第 5 期。

5. 杜万华:《国外法社会学研究现状一瞥》,载《外国法研究》1989 年第 3 期。

6. 关鑫:《自媒体对当代大学生社会化影响探析》,载《中北大学学报(社会科学版)》2020 年第 5 期。

7. 郭道晖:《立法的效益与效率》,载《法学研究》1996 年第 2 期。

8. 郭道晖:《论立法的社会控制限度》,载《南京大学法律评论》1997 年第 1 期。

9. 郭开元:《网络社会化视阈中青少年法治教育的问题及对策》,载《中国青年社会科学》2022 年第 5 期。

10. 韩旭:《司法社会学导论》,载《外国法译评》1996 年第 2 期。

11. 罗述勇、[美]J. 威尔逊:《功能分析介绍》,载《国外社会科学》1986 年第 10 期。

12. 蒋传光:《对我国社会控制模式选择的法社会学思考》,载《政法论坛》1997 年第 5 期。

13. 李清伟:《法律职业化发展的法社会学思考》,载《法制与社会发展》1996 年第 5 期。

14. 李晓安、曾敬:《法律效益探析》,载《中国法学》1994 年第 6 期。

15. 李一:《网络社会化:网络社会治理的"前置要素"》,载《浙江社会科学》2019 年第 9 期。

16. 鲁篱:《论法律成本》,载《现代法学》1994 年第 1 期。

17. 强世功:《"法律不入之地"的民事调解——一起"依法收贷"案的再分析》,载《比较法研究》1998 年第 3 期。

18. 苏力:《当代中国法律中的习惯——一个制定法的透视》,载《法学评论》2001 年第 3 期。

19. 苏力:《农村基层法院的纠纷解决与规则之治》,载《北大法律评论》第 2 卷第 1 辑,法律出版社 1999 年版。

20. 苏力:《为什么“送法上门”?》,载《社会学研究》1998 年第 2 期。

21. 苏力:《现代化进程中的中国法治》,载赵汀阳等:《学问中国》,江西教育出版社 1998 年版。

22. 孙笑侠:《论法律规范的社会渊源》,载《法律科学(西北政法学院学报)》1995 年第 2 期。

23. [美]唐纳德·布莱克、韩旭:《论法律社会学》,载《外国法译评》1997 年第 2 期。

24. [美]唐纳德·布莱克、韩旭:《论诉讼社会学》,载《外国法译评》1998 年第 1 期。

25. 王晨光:《韦伯的法律社会学思想》,载《中外法学》1992 年第 3 期。

26. 王勇飞:《论法的职能和功能》,载《当代法学》1990 年第 1 期。

27. 王涌:《社会法学与当代中国法的理念与实践——一个初步的检讨和构想》,载《中外法学》1996 年第 1 期。

28. 严存生、郭军明:《自然法·规则法·活的法——西方法观念变迁的三个里程碑》,载《法律科学(西北政法学院学报)》1997 年第 5 期。

29. 颜菲:《电子媒介对儿童社会化的影响》,载《中国高新科技》2020 年第 15 期。

30. 杨柳:《模糊的法律产品》,载《北大法律评论》第 2 卷第 1 辑,法律出版社 1999 年版。

31. 张洪涛:《边缘抑或中心:大历史视野中习惯法命运研究》,载《法学家》2011 年第 4 期。

32. 张洪涛:《从“以礼入法”看中国古代习惯法的制度命运》,载《法商研究》2010 年第 6 期。

33. 张洪涛:《德法并举的社会控制新论》,载《成都理工大学学报(社会科学版)》2006 年第 1 期。

34. 张洪涛:《调解的技术合理性——一种中观的组织结构—功能论的解读》,载《法律科学(西北政法大学学报)》2013 年第 2 期。

35. 张洪涛:《法律洞的司法跨越——关系密切群体法律治理的社会网络分析》,载《社会学研究》2011 年第 6 期。

36. 张洪涛:《基于社会学观点对法律运行过程的展开》,载《西南交通大学学报(社会科学版)》2008 年第 2 期。

37. 张洪涛:《近代中国的"以礼入法"及其补正——以清末民初民事习惯法典化为例的实证研究》,载《比较法研究》2016 年第 2 期。

38. 张洪涛:《论我国法社会学结构性缺陷》,载《西南交通大学学报(社会科学版)》2005 年第 3 期。

39. 张洪涛:《民法典学者建议稿信息结构及其参与者的社会网络》,载《环球法律评论》2014 年第 3 期。

40. 张洪涛:《社会学视野中的法律与习惯》,载谢晖、陈金钊主持:《民间法》第 2 卷,山东人民出版社 2003 年版。

41. 张洪涛:《审判委员会法律组织学解读——兼与苏力教授商榷》,载《法学评论》2014 年第 5 期。

42. 张洪涛:《司法之所以为司法的组织结构依据——论中国法院改革的核心问题之所在》,载《现代法学》2010 年第 1 期。

43. 张洪涛:《我国习惯的法律治理模式之反思——一种大历史的内在视角》,载《山东大学学报(哲学社会科学版)》2009 年第 5 期。

44. 张洪涛:《习惯在我国制定法中制度命运的制度分析——兼与苏力教授商榷》,载《法制与社会发展》2009 年第 5 期。

45. 张洪涛:《习惯在行政中的制度命运——一种组织结构—功能分析的视角》,载《东南大学学报(哲学社会科学版)》2010 年第 4 期。

46. 张洪涛:《再论我国法社会学研究的结构性缺陷——从方法的角度》,载《西南交通大学学报(社会科学版)》2006 年第 3 期。

47. 张洪涛:《中国法院压力之消解——一种法律组织学解读》,载《法学家》2014 年第 1 期。

48. 张文显:《论立法中的法律移植》,载《法学》1996 年第 1 期。

49. 赵旭东:《习俗、权威与纠纷解决的场域——河北一村落的法律人类学考察》,载《社会学研究》2001 年第 2 期。

50. 赵越:《互联网视野下人的社会化问题研究》,载《哈尔滨市委党校学报》2015 年第 4 期。

51. 朱景文、[美]斯图尔特 · 马考利:《关于比较法社会学的对话》,载《比较法研究》1998 年第 1 期。